知识溢出

解码中国经济增长逻辑

吴文学 ◎ 著

科学技术文献出版社
SCIENTIFIC AND TECHNICAL DOCUMENTATION PRESS
·北京·

图书在版编目（CIP）数据

知识溢出：解码中国经济增长逻辑 / 吴文学著 . -- 北京：科学技术文献出版社, 2024. 6. -- ISBN 978-7-5235-1511-2

Ⅰ. F124.1

中国国家版本馆 CIP 数据核字第202417WA36号

知识溢出——解码中国经济增长逻辑

策划编辑：丁坤善 崔 静 责任编辑：韩 晶 责任校对：张永霞 责任出版：张志平

出 版 者 科学技术文献出版社
地 址 北京市复兴路15号 邮编 100038
出 版 部 (010) 58882943，58882087（传真）
发 行 部 (010) 58882868，58882870（传真）
官 方 网 址 www.stdp.com.cn
发 行 者 科学技术文献出版社发行 全国各地新华书店经销
印 刷 者 北京时尚印佳彩色印刷有限公司
版 次 2024 年 6 月第 1 版 2024 年 6 月第 1 次印刷
开 本 710×1000 1/16
字 数 225千
印 张 16
书 号 ISBN 978-7-5235-1511-2
定 价 78.00元

序一

解码中国经济高速增长之谜

对改革开放后中国经济高速增长奇迹，已经有大量文献从理论上进行了分析和解读。《知识溢出——解码中国经济增长逻辑》一书，从知识溢出的视角给出一种新的解释，读后令人耳目一新，印象深刻。

经典的经济学理论对落后区域追赶先进区域的解释，主要基于经济趋同假说。新古典经济增长理论认为，经济趋同的主要动力是生产要素的区际流动，由于生产要素的边际收益递减，先进区域生产要素边际收益将低于落后区域。如果不同区域间相互开放，生产要素为追求更高的收益率，必然要向边际收益更高的经济区域流动。生产要素区际流动将导致区域之间的要素供给逐渐趋向均衡，从而促进经济增长逐步趋同。

但在现实中，经济趋同理论无法解释，为什么有些经济体在较短时间内实现了对先进经济体的追赶，如第二次世界大战后的日本和"亚洲四小龙"，特别是中国改革开放后经济实现高速增长，迅速缩小与发达经济体的差距，而拉美和部分东南亚国家的追赶过程很快就终结了，甚至落入"中等收入陷阱"，还有很多发展中国家经济长期低迷，难以摆脱低收入困境。因而，有不少经济学家的研究指出，不能证实区域之间存在经济增长趋同现象，进而提出从世界范围看绝对趋同的假设并不成立。同样，对中国经济高速增长并实现追赶的原因，不同学者也得出了不同的结论。

那么，为什么经济学家的研究会得出不同的结论？是什么因素导致经济趋同理论无法有效解释不同国家或地区在追赶过程中存在的巨大差异？本书作者敏锐地抓住了世界已进入知识经济时代这个大背景，认为新古典经济增长理论将落后地区经济趋同主要归因于传统生产要素边际收益递减的自然趋同力，已不能解释知识经济时代的经济增长方式，知识（在数字时代可以转化为数据）已成为经济增长的新型生产要素，而且是决定性和基础性生产要素，知识扩散能够带来传统生产要素的创新性配置，从而深刻改变经济增长动力结构。

为此，本书作者在综合内生经济增长模型和空间知识溢出模型基础上，通过对新经济增长理论两部门模型（物质生产部门、研发部门）中知识生产函数进行改进，并引入从区域外获取知识溢出的因素，重构区域经济增长总量模型，进而从理论上解释落后区域可以通过从先进区域获取知识溢出，实现对先进区域的经济趋同。

以上述理论框架为依据，作者认为中国出现经济增长奇迹的主要原因是成功对外获取知识溢出，主要途径包括直接引进技术与设备、引入外商投资企业、对国外先进产品进行技术模仿与逆向工程、与国外主体建立经济联系、劳动力流动与交流等。书中提到，外资企业的进入等于从外部引入了一个知识源，再通过这些企业的生产经营活动传播技术知识和制度知识，这是在更广大的范围内民众知识体系更新的一般途径。这些分析验证了通过对外开放获取发达经济体知识溢出对中国经济增长的重要性。

开放带来进步，封闭必然落后。本书通过梳理中国经济发展脉络，阐释了中国抓住知识经济时代的历史机遇，积极推进改革开放，成功对外获取知识溢出，是实现经济高速增长的主要动因。作者从知识溢出视角对中国经济高速增长的解释，无疑提供了一个全新视角。

当前，中国经济发展的外部环境发生深刻变化，新一轮科技革命和产业变革加速演进，国际力量对比深刻调整，我国发展进入战略机遇和风险挑战并存、不确定难预料因素增多的时期。随着一些国家砌筑"小院高墙"和推行"脱钩断链"，我国已难以像过去那样主要通过获取发达经济体的知识溢出来实现经济追赶，必须更多依靠自主创新和自主知识生产。如何协调自主创新和扩大开放的关系，如何把握自主知识生产和对外获取知识溢出的关系，如何增强原始创新能力，在更多领域形成先发优势，从而在国际竞争中赢得战略主动，都需要理论工作者结合新情况进行新的探索。

是为序。

2024 年 6 月

序二

解析中国经济增长奇迹的新视角

中国作为世界上最大的发展中国家，改革开放 40 多年来，经济高速增长，在世界经济发展中"一枝独秀"，独领风骚，迅速实现向发达国家的经济追赶，跨入中等收入国家行列，创造了世界经济增长的奇迹。中国经济高速增长，实现经济追赶的主要原因是什么、发展中国家可以从中国经济增长中学到什么等问题，成为全球政治和经济学家们长期探讨和研究的热点问题。新古典经济增长理论无法解释中国经济高速增长的现实。无论是中国学者还是外国学者，对中国经济奇迹的解说，大多数是总结性和描述性的，从学理上阐释中国奇迹、从经济发展规律上解释中国道路，仍然是空白。

吴文学先生敏锐地抓住了世界已进入知识经济时代这个大背景，认为新古典经济增长理论将落后地区经济趋同主要归因于传统生产要素边际收益递减的自然趋同力，已不适应知识经济时代的发展。在知识经济时代，知识已成为经济增长的重要动力，是一个基础的生产要素，它揭示了现代经济新的增长方式。为此吴文学先生着重研究了区域知识增长方式，在综合内生经济增长模型和空间知识溢出学者在模型化过程中关于区域知识增长方式认识成果的基础上，引入从区域外获取的知识溢出，创新性地重构了知识增长模型，并在将新经济增长理论所提出的两部门模型进行一般化基础上，重新构建了区域经济增长知识溢出总量模型。通过对该模型的均衡分析，得出了新的区域经济增长条件均衡公式。该公式很好地揭示了知识经济时代区域经济发展长期均衡增长的规律。

通过区域经济增长条件均衡公式的分析，得出落后区域很难依靠高人口自然增长率的趋同力来实现对先进区域的经济追赶，对外获取知识溢出成为主要的趋同力。落后区域可以通过向先进区域获取知识溢出，从而实现对先进区域的经济追赶。实现的关键在于落后区域能否具有足够的知识吸收能力，从而保持长期较高速的对外获取知识溢出的增长。知识追赶正是中国改革开放以来经济快速增长的主要途径。中国抓住了知识经济时代到来的历史机遇，顺应了知识经济时代发展的经济规律，积极推进改革开放，成功对外获取知识溢出，从而实现了对先进地区的快速经济趋同。成功对外获取知识溢出，是中国实现经济增长奇迹的主要原因。

在此基础上，吴文学先生进一步回答了世界之问：为什么成功的是中国？在中国改革开放初期，印度、巴西、阿根廷、马来西亚等国家，从西方发达国家获取知识溢出的条件都应比中国好，它们与西方先进国家具有地理临近、政治体制和意识形态相似、高等教育水平较高及语言方面的优势，从基本的常识推理，西方的先进产业知识应更有条件溢出到这些国家，从而创造出远超中国的经济繁荣。但为什么事实相反，而中国成功了？

吴文学先生认为中国优秀的传统文化和独特的经济体制为中国成功对外获取知识溢出创造了条件。中国传统文化中开放包容、自强不息、厚德载物的精神及和而不同的思想，使得中国能够在知识经济时代、全球化的大背景下，保持开放和自信的姿态，积极学习外国的优秀成果，为自身的发展注入新的动力，为中国成功获取先进区域知识溢出提供了良好的文化基础。

中国以公有制为主体、多种所有制经济共同发展的基本经济制度，极大地促进了中国改革开放后各种经济主体的快速发展，以及向国外先进区域学习并获取先进知识。特别是国有企业发挥了对外获取知识溢出的先驱者和主力军作用，充当了国外先进知识的引进者、消化吸收再创造者和传播者的重要角色，在民族产业发展壮大过程中发挥了先进知识的二次溢出者和放大器的独特作用。正是以国有企业为骨干、多种所有制经济共同发展的混合经济体制，成就了中国改革开放以来的伟大经济奇迹。

中国共产党独特的领导品格，铸就了中国独特而成功的经济体制。中国共产党作为马克思主义政党，没有自己的党派利益，只有全民的利益，坚持马克思辩证唯物论，坚定信奉生产力决定论。为此中国共产党人为了解放和发展生产力，主动自我革命，推动和深化改革开放，从而探索出适合中国经济社会发展的中国特色社会主义市场经济体制，走出了一条独特的中国发展道路。

吴文学先生的研究，为我们进一步增强道路自信、理论自信、制度自信和文化自信，提供了理论依据。

中共中央党校（国家行政学院）经济学教研部

副主任、教授，博士生导师

序三

助力新质生产力佳作

　　吴文学先生是马来西亚汉文化中心的好朋友。在他担任北京出版集团总经理期间，双方签署战略合作伙伴协议，在北京及吉隆坡互设办公室，开展中马两国在文学翻译、青少年读物推广、作家居住地等方面的创新合作项目。

　　最近获悉他准备出版《知识溢出——解码中国经济增长逻辑》，令我非常惊喜。惊的是他能在业务行政管理工作繁忙的情况下，静下来思考中国经济在快速发展背景下所面对的未来挑战，确实不易；喜的是他孜孜好学、微观研究、学术求证、分析有序并最终整理出这本书的精神，令人敬佩。

　　我觉得这本书对发展中国家，特别是东盟国家之一的马来西亚，有很大的借鉴价值，我们能从中了解中国的新时代发展经验。建议此书在马来西亚推广，让更多人从中学习中国改革开放40多年来所走过的道路，看看哪些可以借鉴，哪些可以作为前车之鉴。

　　当前，无论是中国学者还是外国学者，对中国经济奇迹的解说，大多数是总结性和描述性的，从中外共识经济学原理角度的解释还一直是空白，这影响了全世界对中国未来发展前景的一致性认识，也影响了发展中国家对中国经验的借鉴与学习。吴文学先生以知识追赶为出发点，系统地阐释了中国经济增长奇迹的经济学奥秘，对发展中国家很有启发和借鉴意义。

　　最后，希望这本书可以翻译成世界其他重要的语言，让更多人了解中国快速实现向发达国家经济追赶的原因，以及跨入中等收入国家行列的经历。

拿督 吴恒灿

马来西亚汉文化中心主席

内容提要

为了回应对中国经济增长前景的忧虑，讲清中国经济增长的逻辑，本书紧紧抓住知识经济时代知识作为最重要生产要素这一时代命题，重新构建了知识经济时代知识溢出的经济增长总量模型，创新性地提出了区域经济增长条件均衡公式，从理论上研究了发展中国家和地区经济追赶的基本途径，对经济趋同机理进行了探索，并对"中等收入陷阱"形成机理进行了理论阐述，对中国改革开放 40 多年来经济增长的奇迹，进行了经济学原理的阐释，为发展中国家和地区，特别是我国，如何加强对先进国家和地区的经济追赶、如何跨越"中等收入陷阱"提供了建设性的建议，对中国未来经济增长前景进行了展望。

第一，在构建知识增长模型基础上，建立了区域经济增长知识溢出总量模型，导出了区域经济增长条件均衡公式。基于知识增长方式的视角，在内生经济增长模型基础上，引入从区域外获取的知识溢出，构建了知识增长模型。而且，在新经济增长理论两部门模型一般化基础上，构建了区域经济增长知识溢出总量模型。利用极值方法，导出了区域经济增长条件均衡公式。该公式表明，区域人均经济长期均衡增长率是对外获取知识溢出增长率、就业增长率和人口自然增长率的线性函数，而区域知识生产能力越高，对外获取知识溢出增长率、就业增长率这两个因素的影响权重就越大。

第二，基于区域经济增长条件均衡公式，对经济趋同机理进行了研究，揭示了知识溢出、经济趋同和经济增长的关系。知识从先进区域向落后区域溢出，使得落后区域存在向先进区域经济趋同的可能。趋同能否成功在一定程度上取决于落后区域是否具有相应的知识溢出吸收能力，能否持续保持较高的对外获取知识溢出的增长速度。同时，各国学者对经济趋同实证研究所得出的互相不一致的结论，进行了理论上的阐释。

第三，通过模型分析，对落后区域经济长期均衡增长方式与途径进行了理论研究，揭示了知识溢出、就业增长、人口增长与经济长期增长的关系。与传统经济增长理论模型的结论"人口增长率提高意味着稳态收入的降低"不同，本书提出了维持适度的人口自然增长率将有利于长期经济增长的结论。在此基础上，对落后区域如何实现经济长期较快增长并实现对发达国家的经济追赶，进行了理论研究。

第四，从知识溢出角度，提出了"中等收入陷阱"分析的理论模型和框架，揭示了发展中国家经济落入"中等收入陷阱"的原因。"中等收入陷阱"产生的原因是，随着落后区域经济发展到达中等收入阶段，其与发达区域知识的差距大幅缩小，而自主知识创新能力未有效提升，对先进知识的吸收能力未有效提高，从而无法维持较高的对外获取知识溢出的增长速度，导致对外获取知识溢出增长率迅速下降，经济均衡增长速度迅速下降，形成"中等收入陷阱"。从而得出摆脱"中等收入陷阱"的相应措施，并对如何防止我国落入"中等收入陷阱"，提出了相应建议。

第五，分析了全球典型发展中国家"中等收入陷阱"现象，验证了"中等收入陷阱"现象是发展中国家普遍面临的挑战。运用主成分分析、门槛回归等方法，以中国1984—2013年的时间序列数据及2003—2013年30个省份（除西藏）的面板数据为样本，开展对外获取知识溢出和自主创新的实证研究，印证了"中等收入陷阱"形成机理，以及自主创新在不同的发展阶段对经济增长存在不同程度的推动作用。

第六，落后区域可以通过向先进区域获取知识溢出，从而实现对先进区域的经济追赶。知识追赶正是中国改革开放以来经济快速增长的主要途径。中国抓住了知识经济时代到来的历史机遇，顺应了知识经济时代发展的经济规律，积极推进改革开放，成功对外获取知识溢出，从而实现了对先进区域的快速经济趋同。成功对外获取知识溢出，是中国实现经济增长奇迹的主要原因。

第七，本书进一步回答了世界之问：为什么成功的是中国？在中国改革开放初期，印度、巴西、阿根廷、马来西亚等国家，从西方发达国家获取知识溢出的条件都应比中国好，它们与西方先进国家具有地理临近、政治体制和意识形态相似、高等教育水平较高及语言方面的优势，从基本的常识推理，西方的先进产业知识应更有条件溢出到这些国家，从而创造出远超中国的经济繁荣。但为什么事实相反，而中国成功了？本书认为中国优秀的传统文化和独特的经济体制为中国成功对外获取知识溢出创造了条件。

第八，本书从长期经济均衡增长角度对中国当前经济下行困难进行了分析。我们认为中国 2020 年和 2022 年较低的经济增长率，是短期因素冲击的结果，只要妥善应对，不会改变中国中长期较高的经济均衡增长水平。由此推算，中国将在 2029 年摆脱"中等收入陷阱"，进入高收入国家行列。

第九，在所构建的区域经济增长知识溢出总量模型分析基础上，我们发现了经济无限增长的"奇点"。经济增长的"奇点"，同许多学者和企业家所预见的以科学技术为主体、人类知识呈指数型超高速发展所带来的"奇点临近"的现实相互印证。经济无限增长"奇点"的理论预期，为人类共产主义的伟大理想提供了生产力基础。

关键词：发展中国家；经济趋同；经济追赶；"中等收入陷阱"；对外获取知识溢出；区域经济增长条件均衡公式

Abstract

Addressing concerns about the prospects of China's economic growth and eluci-
dating its underlying logic, this book focuses on the era's crucial proposition that
knowledge is the most essential production factor in the knowledge economy era. The
text reconstructs a comprehensive economic growth model predicated on knowledge
spillovers and introduces an innovative regional economic growth equilibrium formu-
la. It theoretically explores the fundamental mechanisms enabling developing coun-
tries and regions to achieve economic convergence and catch-up, while investigating
the economic convergence processes and the formation mechanisms of the "middle-
income trap". Furthermore, it provides an economic explanation for the remarkable
economic growth experienced by China over the past four decades of reform and
opening up, offering constructive recommendations for developing countries and re-
gions—particularly China—on strategies to strengthen economic convergence with
advanced economies and avoid the "middle-income trap". The book also provides
projections for China's future economic growth.

**1. Knowledge Growth Model and Regional Economic Growth Equilibri-
um.** By constructing a knowledge growth model, the book establishes a comprehen-
sive model of regional economic growth based on knowledge spillovers and derives the
regional economic growth equilibrium formula. From the perspective of knowledge
growth modes and based on the endogenous economic growth model, it introduces ex-
ternal regional knowledge spillovers, constructing a knowledge growth model. The

book further develops a comprehensive model of regional economic growth knowledge spillovers based on the two-sector model of new economic growth theory. Utilizing extremum methods, the regional economic growth equilibrium formula is derived, indicating that the long-term equilibrium growth rate of regional per capita economy is a linear function of the external knowledge spillover growth rate, employment growth rate, and natural population growth rate. The impact of regional knowledge production capacity on these factors is also analyzed.

2. Economic Convergence Mechanisms. Based on the regional economic growth equilibrium formula, the book explores the mechanisms of economic convergence, revealing the relationships between knowledge spillovers, economic convergence, and economic growth. It posits that knowledge spillovers from advanced to lagging regions facilitate economic convergence, contingent on the lagging regions' capacity to absorb knowledge spillovers and maintain a high external knowledge spillover growth rate. This scholars also theoretically explains the disparate empirical findings on economic convergence.

3. Long-term Equilibrium Growth in Lagging Regions. Through model analysis, the book conducts theoretical research on the long-term equilibrium growth modes and paths of lagging regional economies, elucidating the relationships between knowledge spillovers, employment growth, population growth, and long-term economic growth. Contrary to traditional economic growth theories, which posit that increased population growth rates decrease steady-state income, this work suggests that maintaining an appropriate natural population growth rate benefits long-term economic growth. It further explores how lagging regions can achieve rapid long-term economic growth and catch up with developed countries.

4. "Middle-income Trap" Analysis. From the perspective of knowledge spillovers, the book proposes a theoretical model and framework for analyzing the "middle-income trap", elucidating why developing countries fall into this trap. The "middle-income trap" is attributed to the narrowing knowledge gap with advanced regions as developing regions reach middle-income stages without commensurate improvements in innovation capacity and knowledge absorption, leading to a decline in external knowledge spillover growth rates and economic growth rates. The book suggests measures to escape the "middle-income trap" and offers strategies to prevent China from encountering it.

5. Empirical Analysis of the "Middle-income Trap". The book analyzes the "middle-income trap" in typical developing countries, confirming it as a common challenge. Employing principal component analysis, threshold regression, and other methods, it empirically studies external knowledge spillovers and independent innovation using China's time series data (1984—2013) and panel data from 30 provinces (excluding Tibet) (2003—2013), verifying the formation mechanisms of the "middle-income trap" and the differential impacts of independent innovation on economic growth at various development stages.

6. Economic Catch-up through Knowledge Spillovers. The book argues that lagging regions can achieve economic catch-up with advanced regions through external knowledge spillovers. China's rapid economic growth since reform and opening up is attributed to successfully acquiring external knowledge spillovers. The country capitalized on the historical opportunity presented by the knowledge economy era, adhered to its economic laws, promoted reform and opening up, and achieved rapid economic convergence with advanced regions through external knowledge spillovers. This successful acquisition is identified as the primary reason for China's economic growth miracle.

7. Global Perspective on China's Success. The book further addresses the global question of why China succeeded. During the early stages of reform and opening up, countries such as India, Brazil, Argentina, and Malaysia had better conditions for acquiring knowledge spillovers from Western developed countries than China. Despite geographical proximity, political systems, higher education levels, and language advantages, these countries did not achieve the same economic prosperity as China. The book argues that China's excellent traditional culture and unique economic system facilitated the successful acquisition of external knowledge spillovers.

8. Analysis of China's Current Economic Challenges. From the perspective of long-term economic equilibrium growth, the book analyzes China's recent economic slowdown, arguing that the lower growth rates in 2020 and 2022 result from short-term factors that, if properly addressed, will not affect China's medium- and long-term high economic equilibrium growth levels. The book estimates that China will escape the "middle-income trap" and join the ranks of high-income countries by 2029.

9. Discovery of Unlimited Economic Growth "Singularity". Based on the constructed regional economic growth knowledge spillovers model, the book identifies the "singularity" of unlimited economic growth. This theoretical expectation aligns with the anticipated reality where human knowledge, driven by science and technology, grows exponentially and ultrafast, providing a productivity foundation for the ideal of human communism.

Keywords: Developing countries; Economic convergence; Economic catch-up; "Middle-income trap"; External knowledge spillovers; Regional economic growth equilibrium formula

前　言

　　新冠疫情以来中国经济增速下降，美国、欧洲、日本、印度等国家近年股市都不断上涨，唯独中国上证 A 股一直在 3000 点左右徘徊，而美国联合其西方盟友围堵中国，国际上唱衰中国的声音不绝于耳，使得许多朋友陷入了对中国经济增长的忧虑和对未来选择的焦虑。孩子要不要出国留学？在国外留学后要不要回国？自己辛辛苦苦打下的家业、产业要不要转移到国外？问题的核心在于如何看待中国的未来，是对中国未来的信心问题。

　　回应中国经济增长焦虑，必须讲清中国经济增长逻辑。改革开放 40 多年来，中国经济高速增长，迅速实现向发达国家的经济追赶，跨入中等收入国家行列，这其中的主要原因是什么，一直是政治和经济学家们多年研究的热点问题。但是无论是中国学者还是外国学者，对中国经济奇迹的解说，大多数是总结性、描述性的，如何从当前中外共识的经济增长原理角度去解释，还一直是空白，这影响了大家对中国未来发展前景的理性认识。除此之外，对中国等发展中国家的经济增长研究，理论上还有不少需要解决的问题。

　　第一，如何实现对先进区域的经济追赶和经济趋同，是落后区域经济增长研究面临的最大经济学问题，目前从理论研究到实证研究，并没有一致明确的结论。基于新古典经济增长理论，经济趋同假说被提出。但是许多经济学家对不同国家或地区进行了实证研究，得出的结论不尽相同。部分学者研究证实，区域之间存在着经济增长趋同现象，但也有不少学者的研究指出，不能证实区域之间存在经济增长趋同现象，从世界范围看，绝对趋同的假设不成立。不同学者对中国区域经济增长趋同的实证分析也同样得出了不同的结论。

第二，落后区域在经济追赶过程中，出现了"中等收入陷阱"现象。随着中国跨入中等收入国家行列，中国是否会落入"中等收入陷阱"，也成为热点问题。对"中等收入陷阱"形成机理，理论上还没有一个成熟的模型加以解释，也成为落后区域经济增长研究中急待解决的难题。目前，各国学者对"中等收入陷阱"的研究主要从实证的角度，对落入"中等收入陷阱"的拉美国家和部分东南亚国家进行观察、经验总结，并通过将这些国家同日韩等成功跨越"中等收入陷阱"的国家进行国际比较研究，对"中等收入陷阱"的表现、特征、形成原因及应对策略进行阐述。

理论首先要能解释世界，然后才能改造世界。经济研究中通行的实证研究往往有助于解释特定研究对象的经济现象，但要对不同经济学家对不同对象的实证研究得出的不同结论进行解释，必须要对基础理论模型进行创新性重构，因为基础理论模型反映的是更根本、更共通的经济逻辑。特别感谢我的博士生导师韩伯棠教授将我带入知识溢出的研究领域，使我在当今知识经济时代背景下找到了一个全新的"望远镜"，去观察世界经济与社会的发展，去观察和分析中国的经济社会发展。我在北京理工大学写了博士论文《知识溢出与落后区域经济增长》，我认识到要解决落后区域经济发展面临的这些重大问题，必须紧紧把握知识经济的大时代背景，开展经济理论研究和创新。为此，我们立足知识经济时代，着重研究了知识溢出对落后区域实现经济长期增长，进而实现经济趋同的作用机理。依托空间知识溢出及创新扩散等理论中知识溢出对经济增长产生重大贡献的论断，以及知识溢出的特性分析，应用经济学研究中常用的长期均衡分析工具，重新构建了知识溢出的经济增长总量模型，从理论上研究了落后区域经济追赶的基本途径，对经济趋同机理进行探索，并很好地解释了为什么许多经济学家对不同国家或地区进行的实证研究，会得出不尽相同的结论。同时对"中等收入陷阱"形成机理进行理论研究，提出了"中等收入陷阱"形成机理模型，为发展中国家，特别是我国，如何实现对先进国家和地区的经济追赶、如何跨越"中等收入陷阱"提供了启示。

2023 年 9 月，习近平总书记在黑龙江考察时首次提出要大力发展新质生产力，立即引起了全社会的关注热议和理论界的广泛探讨与研究。我们认为，新质生产力是习近平总书记在世界进入知识经济大时代，知识已成为新的最重要的生产要素、成为推动经济发展的决定性生产力的大背景下，在中国特色社会主义建设进入新时代新阶段后，对知识生产力的新概括、新提炼、新总结。中国的经济增长奇迹正是中国知识生产力高速增长和发展的结果。但中国进入新时代，过去的增长动力正在减弱，需要新的知识和新的知识增长途径来推动中国进一步发展。新质生产力，既包含新的知识，也包含新的知识增长方式，还包含新的知识扩散传播方式，它是对如何生产和利用新知识形成新的生产力的高度概括和总结，是对新知识的生产并最终形成生产力的全过程、全环节、全要素的概括和总结。大力发展新质生产力，不仅要关注新时代的新知识，而且要高度关注获取知识的来源，除了要不断开放引进吸收外源知识，最重要的是要创新自主知识，加强自主知识生产能力建设。

2023 年 6 月，习近平总书记在文化传承发展座谈会上进一步强调，在新的起点上继续推动文化繁荣、建设文化强国、建设中华民族现代文明，要坚定文化自信，坚持走自己的路，立足中华民族伟大历史实践和当代实践，用中国道理总结好中国经验，把中国经验提升为中国理论，实现精神上的独立自主。为了用好我们自己研究的成果，助力新质生产力的探讨研究，我产生了将 2015 年的博士论文修改成书的想法。本书基本保留了原论文的内容，为了帮助读者更好地把握研究逻辑和结论，我们特意加了绪章，类似总论，将繁复的推理运算过程省略，增加可读性。在绪章中，利用论文研究成果，以中国经济增长奇迹的经济学解析为纲，对中国改革开放 40 多年来，中国经济高速增长、迅速实现向发达国家的经济追赶、跨入"上中等收入"国家行列的奥秘，进行了经济学原理的解释。通过解析，进一步明晰了改革开放以后中国特色社会主义的道路自信、理论自信、制度自信和文化自信。同时，对中国当下面临的经济增长的困难局面进行了分析和未来展望，得出中国将在 2029 年摆脱"中等收入陷阱"，进入高收入国家行列的预期。通过区域经济增长知识溢出总量模型分析，发现了经济无限增长的"奇点"，同许多学者和企业家所预见的以科学技术为主体、人类知识呈指数型超高速发展所带来的"奇点临近"的现实相互印证。经济无限增长"奇点"的理论预期，为人类共产主义的伟大理想提供了生产力基础。

认清来时路，才能更好地选择未来途。希望本书能对您更好地理解中国与中国经济，更好地认识中国未来有所帮助。论文成稿较早，许多引文也相对较早，但并不落后，文中不当之处，欢迎批评指正。

Preface

Since the outbreak of the COVID-19 pandemic, China's economic growth rate has declined. Meanwhile, stock markets in countries such as the United States, Europe, Japan, and India have been rising continuously, with only China's Shanghai A-shares fluctuating around 3000 points. The United States, together with its Western allies, has been encircling China, and voices undermining China have been heard internationally, causing many to worry about China's economic growth and feel anxious about future choices. Should children study abroad? After studying abroad, should they return to China? Should the family business, built with hard work, be moved overseas? The core of these questions lies in how to view China's future and the confidence in China's future.

To address the anxiety about China's economic growth, it is essential to clarify the logic behind it. Over the past 40 years of reform and opening up, China's economy has grown rapidly, quickly catching up with developed countries and entering the ranks of middle-income countries. The main reasons for this have always been a hot topic of research for political scientists and economists. However, whether they are Chinese or foreign scholars, most explanations of China's economic miracle are summary and descriptive. How to explain it from the perspective of the current universally accepted principles of economic growth has remained a blank area, affecting rational understanding of China's future development prospects. Additionally, there are many theoretical issues to be solved in the study of economic growth in China and other developing countries.

First, how to achieve economic catch-up and convergence with advanced regions is the biggest economic issue faced by research on the economic growth of less developed regions. Currently, from theoretical research to empirical research, there is no consistent and clear conclusion. Based on the neoclassical economic growth theory, the hypothesis of economic convergence has been proposed. However, many economists have conducted empirical research on different countries or regions, and their conclusions vary. Some scholars' research confirms the existence of economic convergence among regions, but many other scholars' research points out that the phenomenon of economic growth convergence among regions cannot be confirmed, and on a global scale, the hypothesis of absolute convergence is not valid. Different scholars have also reached different conclusions from empirical analyses of China's regional economic growth convergence.

Second, during the economic catch-up process of less developed regions, the phenomenon of the "middle-income trap" has emerged. As China has entered the ranks of middle-income countries, whether it will fall into the "middle-income trap" has also become a hot issue. There is no mature model to explain the formation mechanism of the "middle-income trap" theoretically, which has become an urgent problem to be solved in the study of economic growth in less developed regions. Currently, scholars from various countries mainly study the "middle-income trap" from an empirical perspective, observing and summarizing experiences from Latin American countries and some Southeast Asian countries that have fallen into the "middle-income trap" and conducting international comparative studies between these countries and South Korea and Japan, which have successfully crossed the "middle-income trap". These studies elaborate on the manifestations, characteristics, formation reasons, and response strategies of the "middle-income trap".

Theory must first be able to explain the world before it can transform the world. Empirical research commonly used in economic studies often helps explain economic phenomena of specific research objects. However, to explain the different conclusions drawn from different economists' empirical studies of different objects, it is necessary to innovatively reconstruct the basic theoretical models because they reflect more fundamental and common economic logic. I am particularly grateful to my doctoral supervisor, Professor HanBotang, for introducing me to the field of knowledge spillovers, enabling me to find a brand-new "telescope" to observe the development of the world economy and society and to analyze and understand China's economic and social development. I wrote my doctoral thesis "Knowledge Spillovers and Economic Growth in Less Developed Regions" at Beijing Institute of Technology. I realized that to solve the major issues faced by the economic development of less developed regions, it is necessary to grasp the background of the knowledge economy era and conduct theoretical and innovative economic research. Therefore, based on the knowledge economy era, we focused on studying the mechanism by which knowledge spillovers enable less developed regions to achieve long-term economic growth and economic convergence. Based on the analysis of the significant contributions of knowledge spillovers to economic growth in spatial knowledge spillover and innovation diffusion theories, and using the commonly used long-term equilibrium analysis tools in economic research, we reconstructed the total economic growth model of knowledge spillovers. We theoretically studied the basic ways for less developed regions to achieve economic catch-up, explored the mechanisms of economic convergence, and effectively explained why many economists' empirical studies of different countries or regions have drawn different conclusions. At the same time, we conducted theoretical research on the formation mechanism of the "middle-income trap", proposing a model for the formation mechanism of the "middle-income trap", providing insights for developing countries, especially China, on how to achieve economic catch-up with advanced countries and regions and how to cross the "middle-income trap".

In September 2023, during his inspection tour in Heilongjiang, General Secretary Xi Jinping proposed for the first time to vigorously develop new quality productive forces, which immediately attracted widespread attention and extensive discussion and research within the theoretical community. We believe that new quality productive forces are a new generalization, refinement, and summary of knowledge productive forces under the backdrop of the knowledge economy era, where knowledge hasbecome the most important production factor and the decisive productive force driving economic development, in the context of the new stage of socialism with Chinese characteristics entering a new era. The miracle of China's economic growth is the result of the rapid growth and development of China's knowledge productive forces. However, as China enters the new era, the driving forces of past growth are weakening, requiring new knowledge and new ways of knowledge growth to drive China's further development. New quality productive forces include new knowledge, new ways of knowledge growth, and new ways of knowledge diffusion and dissemination. They are a highly generalized summary of how to produce and utilize new knowledge to form new productive forces, encompassing the entire process, all links, and all factors of the production and eventual formation of new knowledge into productive forces. Vigorously developing new quality productive forces requires not only focusing on new knowledge in the new era but also paying great attention to the sources of acquiring knowledge. Besides continuously opening up, introducing, and absorbing external knowledge, the most important aspect is to innovate autonomous knowledge and strengthen the construction of independent knowledge production capabilities.

In June 2023, General Secretary Xi Jinping further emphasized at the symposium on cultural inheritance and development: "To continue promoting cultural prosperity, building a culturally strong country, and constructing modern civilization of the Chinese nation from a new starting point, we must have cultural confidence, adhere to our own path, base ourselves on the great historical practice and contemporary practice of the Chinese nation, summarize the Chinese experience with Chinese principles, elevate the Chinese experience to Chinese theory, and achieve spiritual independence and self-reliance. " To make good use of our research results and assist in the exploration and research of new quality productive forces, I decided to revise my 2015 doctoral dissertation into a book. This book basically retains the content of the original thesis. To help readers better understand the research logic and conclusions, we specifically added an introductory chapter, similar to a general introduction, omitting complex reasoning and calculations to enhance readability. In the introductory chapter, we used the research results of the thesis to outline the economic interpretation of China's economic growth miracle, explaining the economic principles behind China's rapid economic growth over more than 40 years of reform and opening up, its quick economic catch-up with developed countries, and its entry into the ranks of upper-middle-income countries. Through this analysis, we further clarified the confidence in the path, theory, system, and culture of socialism with Chinese characteristics after reform and opening up. We also analyzed the current economic difficulties faced by China and provided future prospects, concluding that China is expected to overcome the "middle-income trap" by 2029 and enter the ranks of high-income countries. By analyzing the regional economic growth knowledge spillover model, we discovered the "singularity" of unlimited economic growth, which corresponds with the reality predicted by many scholars and entrepreneurs, where the rapid exponential development of human knowledge, especially science and technology, brings the "singularity near". The theoretical expectation of the "singularity" of unlimited economic growth provides aproductive foundation for the great ideal of human communism.

To better choose the future, we must recognize the path we have taken. I hope this book will help you better understand China and its economy and have a clearer understanding of China's future. The thesis was written quite early, and many citations are relatively old but not outdated. Any inappropriate parts in the text are open to criticism and correction.

目　录

Table of Contents

绪　章

中国增长奇迹的经济学奥秘

　　中国是世界上最大的发展中国家，改革开放 40 多年来，中国经济高速增长，创造了世界经济增长的奇迹。1978—2023 年的 45 年，中国人均国内生产总值由 385 元增长到 89 358 元，年均复合增长率高达 12.87%。中国在世界经济发展中"一枝独秀"，独领风骚，迅速向发达国家追赶，跨入中等收入国家行列。中国已成为发展中国家发挥"后发优势"、实现经济追赶及趋同的"样板"。中国经济高速增长，实现经济追赶的主要原因是什么、发展中国家可以从中国经济增长中学到什么等问题，成为全球政治和经济学家们长期探讨和研究的热点问题。

　　对中国经济高速增长原因的研究很多。在国际上引起重大反响的是 2004 年 5 月美国高盛公司高级顾问乔舒亚·库珀·雷默（Joshua Cooper Ramo，2004）在英国思想库伦敦外交政策中心发表的题为《北京共识》（*The Beijing Consensus*）的论文。他认为，中国改革发展成功的经验为创新、稳定、自主。但是，无论是中国学者还是外国学者，对中国经济奇迹的解说，大多数是总结性和描述性的，从当前中外共识经济学原理角度的解释还一直是空白，影响了全世界对中国未来发展前景的一致性认识，也影响了发展中国家对中国经验的借鉴与学习。

　　而西方新自由主义学派，从科斯定理出发，以世界银行学者约翰·威廉姆森（John Williamson，1989）提出的"华盛顿共识"为标志，提出了一系列经济私有化的改革措施和政策宣言，一度得到世界银行、国际货币基金组织的支持，在全世界广泛传播，为包括美国里根政府、英国撒切尔政府、苏联、东欧和拉丁美洲的私有化经济改革提供了理论和政策依据。

但是，西方所期待的"私有制奇迹"并没有产生。经济增长奇迹，并没有在奉行"华盛顿共识"的苏联、东欧和拉丁美洲地区产生，却在完全背离其理论假定的中国产生了。中国奇迹缺乏世界通行的经济学理论的解释，造成长期以来唱衰中国论调甚嚣尘上。

为此，以世界通行的经济学理论解析中国奇迹，对更好地总结中国经济高速发展的经验教训、系统谋划中华民族伟大复兴具有重大意义，对发展中国家更好地借鉴中国发展经验具有现实意义。

一、知识经济时代为中国经济腾飞提供了时代基础

（一）传统生产要素投入无法解释中国经济增长奇迹

新古典经济增长理论，以美国的经济学家罗伯特·索洛（Robert M. Solow，2009）为代表，其早在1956年就以柯布-道格拉斯生产函数为基本模型，提出了经济增长模型。他们将产出的增长解释为要素投入的增长，是资本与劳动增长的函数。由于要素的边际产品递减，资本边际产品终将递减到0，经济增长将达到稳态。也正因为此，他们认为经济趋同的主要动力是要素的区际流动。

相对落后的经济追上发达经济的过程称为趋同。新古典经济增长理论预言，具有相同的储蓄率、相同的人口增长率并能得到相同技术的诸经济体，将达到同样的稳态收入，即出现绝对的趋同。新古典经济增长理论提出，在生产要素完全流动的假设下，区域收入水平随着经济的增长最终可以趋同的假说。

新古典经济增长理论认为，经济趋同的主要动力是生产要素的区际流动。由于生产要素的边际收益递减，发达区域要素边际收益将低于相对落后区域要素边际收益。如果区域之间相互开放，生产要素为追求高收益率，必然要

往边际收益较高区域流动。要素区际流动将导致区域之间的要素供给逐渐趋向均衡，从而促使经济增长趋向均衡。换句话说，在市场经济环境中，受规模收益递减规律的支配，要素将在区域之间自由流动，并使区域经济发展不平衡状态进行自我修正，从而促使区域间人均收入水平趋向均衡。因此，经济欠发达区域存在向经济发达区域的经济趋同。

新古典经济增长理论进一步认为，由于市场机制的作用，区域之间经济增长的初始条件（稳态）相同或相似是区域经济增长趋同发生的关键。一个区域的初始经济增长水平越低，其经济长期增长的速度就越快。尽管各区域在初始发展阶段的经济增长可能存在比较大的差异，但从较长时期看，欠发达区域将比发达区域发展速度更快，最终各区域的经济增长水平会趋向均衡。为此，区域间经济趋同的重要前提是其初始条件（稳态）相同或相似。

巴罗等（Robert J. Barro et al., 1991, 1992, 1995）进行了大量的实证研究，并进一步把趋同分为 σ 趋同和 β 趋同。σ 趋同是指各国或地区的人均收入水平差距随着时间的推移而趋于缩小。β 趋同是指欠发达区域的相对人均收入增长速度快于发达区域的相对人均收入增长速度。

自区域收入趋同假说被提出后，国际上对区域趋同开展了大量研究。许多经济学家，如马丁等（Ron Martin et al., 1998），从不同的角度对不同国家或地区进行了理论探索和实证研究，确认了区域趋同的存在，并发现各国每年的 β 趋同速度大约为 2%。

但新古典经济增长理论无法解释中国近 30 年来经济快速增长并向发达国家趋同的现象。1980 年，中国人均产出占美国人均产出的 6%。根据经济趋同理论，假设各国影响收入水平的其他变量是一样的，各国每年的 β 趋同速度大约为 2%，则到 2015 年，即 35 年后，中国人均产出占美国人均产出的比例可以翻倍至 12%。这种趋同非常缓慢，这意味着中国人民不能期待仅仅依靠自然的趋同力就能实现对美国经济的追赶。而根据麦迪逊的统计，到 2008 年中国人均产出占美国人均产出的比例已由 1980 年的 6% 升至 22%。

问题的关键在于新古典经济增长理论将经济趋同的主要动力归因于要素边际收益递减的自然力所驱动的生产要素的区际流动。大量实证研究表明，自然的趋同力虽然存在，但每年的 β 趋同速度大约为 2%，这无法解释第二次世界大战后许多新兴经济体［如中国内地（大陆）和"亚洲四小龙"］的快速增长和趋同现象。

看来，传统生产要素投入是无法解释中国经济增长奇迹的，必须回到经济增长动力这个根本问题，寻求新的解决办法。

（二）知识经济时代，知识成为决定性和基础性生产要素

我们必须看到，中国改革开放是在世界已进入知识经济时代的大背景下展开的。20 世纪 80 年代初保罗·罗默（Paul M. Romer，1986）提出的"新经济增长理论"标志着知识经济在理论上的形成。世界银行（1998）把《世界发展报告》（1998 年版）改名为《发展的知识》，目的在于强调要"以知识促发展"，且明确宣称"世界正在进入知识经济时代"。经济合作与发展组织（OECD）对知识经济的定义为："知识经济是以现代科学技术为核心，以知识为基础的经济，是建立在知识信息的生产、存储、使用和消费之上的经济。"

新经济增长理论指出知识是经济增长的重要动力，是一个重要的生产要素，从而在理论上确定了知识经济的形成。知识具有一个重要的特性，就是知识溢出。知识溢出是指一个部门在对外进行经济、业务交往活动时，其知识和技术会自然输出和外露。由于知识具有无损耗性，知识溢出不会耗损或减少知识存量，因而知识生产出来后，理论上可以无成本或低成本复制，具有较强的溢出特性。知识溢出的存在，使得内含知识的社会生产，除了具有私产收益，还会产生社会报酬。因此，知识作为当下最重要的生产要素，可以克服其他生产要素（如资本和劳动力）所必然具有的边际报酬递减属性，使得整个社会经济将不再受要素边际收益递减规律的局限，从而推动整个社会经济持续增长。

知识经济作为一种经济产业形态的确立，其主要标志是信息产业的兴起及以微软公司为代表的软件产业的兴起。知识经济时代是以知识产业的迅猛发展为基础的。微软这样的高新技术企业在 1996 年就创造了美国企业新增产值的 2/3，对美国国内生产总值的贡献率已高达 27%。以上表明，20 世纪末

期，世界已进入了知识经济时代，知识已成为最基础的生产要素。

主要生产要素的变化是划分经济时代的重要依据。在农业经济时代土地是主要生产要素，在工业经济时代资本是主要生产要素。在知识经济时代，知识作为最基础的生产要素，成为第一生产力。当今时代，知识在经济增长中已开始发挥决定性和基础性作用。知识经济时代准确反映了当今世界经济发展的特点、现实和未来方向，它标志着人类社会又一崭新的经济时代的到来。

知识经济时代，以知识高速增长为重要特点，即形成所谓的知识爆炸。巴克明斯特·富勒（R. Buckminster Fuller）在 20 世纪 80 年代提出了知识倍增曲线的概念。他认为，人类知识呈指数式增长，这一过程主要由技术进步和连通性驱动。他指出，直到 20 世纪前，人类知识大约每个世纪翻一倍。第二次世界大战后，这一比率提高到大约每 25 年翻一倍。21 世纪初，《奇点临近》（*The Singularity is Near：When Humans Transcend Biology*）的作者雷·库兹韦尔（Ray Kurzweil）指出，当下的知识增长速度可能更快，间隔可能短至每 12 小时翻一倍。

知识经济给世界经济与产业格局带来了深刻的影响和变化。首先，高新技术产业已发展成为世界性的支柱产业，引起世界产业结构的重大变化。区别于工业经济时代以工业为主导、以农业为基础的产业结构，在知识经济时代，则是以知识产业为主导、以工业和农业为基础的产业结构。其次，劳动力结构发生了重大变化，知识劳动者将成为劳动大军的主力。最后，国家产业竞争已转变为科技与教育的竞争，科教兴国成为许多发展中国家的基本国策。知识经济的核心是知识的创造、分配与应用，关键是掌握知识的人才，而人才成长的基础为教育。在知识经济时代，科技与教育处于经济发展的中心地位。

知识经济揭示了现代经济新的增长方式。传统经济时代，主要由传统的人、财、物等要素配置带来经济的增长。知识经济时代，知识在现代经济中已产生基础性作用，彻底改变了经济增长的驱动力量，并形成新的主导产业。

　　知识经济时代，由于知识在经济增长中发挥着基础性作用，开启了社会财富创造的新途径。知识经济时代，意味着传统的物质生产领域已经无法满足人们物质和文化生活的需要，当今和未来经济增长的动力，将超越物质生产领域，进入知识领域，新的经济增长方式正在发挥着重要作用。为此在研究当今世界经济增长规律时，必须深入理解知识经济时代的大背景，深入理解现代经济增长的实质与内涵。在研究落后区域经济增长与经济趋同等问题时，更应充分考虑知识经济时代的大背景、大特点，只有这样，才能真正理解落后区域在经济增长与经济趋同中面临的问题，为落后区域实现经济增长与经济趋同提供理论指引和政策建议。

二、知识追赶是中国经济趋同的主要途径

　　根据新经济增长理论对经济增长动力源泉的研究，经济增长的主要来源不是资本积累，而是技术进步。为此根据新经济增长理论，我们提出区域经济趋同的主要动力是知识增长，或者说是落后经济体对发达经济体的知识追赶。在经济学研究中，一般应用人均经济指标来表征区域经济增长。

　　新经济增长理论，在索洛模型假定基础上，进一步假定社会生产由两个部门进行——研发部门生产知识，物质生产部门生产产品，进而构建了两部门模型：

$$Y(t) = \left[(1-a_K) K(t) \right]^{\theta} \left[A(t)(1-a_L)L(t) \right]^{1-\theta} \quad 0<\theta<1 。 \quad (0-1)$$

　　其中，θ 为资本弹性系数，$(1-\theta)$ 为收入中劳动与知识的弹性。我们假设人均经济收入 $y=Y/L$，人均资本 $k=K/L$，g 为增长率，则可进一步推导出人均经济增长率：

$$g_y = \theta g_k + (1-\theta) g_A 。 \quad (0-2)$$

　　人均经济增长率 g_y 由人均资本增长率 g_k 和知识增长率 g_A 决定。针对西方国家经济的大量实证研究表明，资本弹性系数 θ 约为 0.25。由式（0-2）可知，知识增长对人均经济增长的贡献率占 75% 左右，说明知识增长是人均经

济增长的主要动力。

假定有先进区域 D 和落后区域 C，C 区域经济要向 D 区域经济趋同，则要求 C 区域人均经济增长速度大于 D 区域。由式（0-2）可得出人均经济追赶方程：

$$g_{yC}-g_{yD}=\theta(g_{kC}-g_{kD})+(1-\theta)(g_{AC}-g_{AD})。 \qquad (0-3)$$

人均经济追赶方程说明，区域间人均经济增长率的差异主要由人均资本增长率的差异和知识增长率的差异引起。由于 θ 约为 0.25，则人均经济增长率差异的 75% 由知识增长率的差异引起。人均经济追赶方程还说明，落后区域要实现对发达区域的经济趋同，不仅传统生产要素要实现较快增长，更重要的是知识也要实现较快增长，以实现对发达经济体绝对知识量的追赶。由此说明，知识追赶是经济趋同的主要途径。

以上的理论分析结论，同大量的实证研究结论一致。国际上大量的实证研究表明，70% 左右的经济增长不能用传统的生产要素投入增长进行解释。胡鞍钢（1999）对中国长期经济统计数据进行分析，认为中国 80% 的经济增长不能用传统的生产要素投入增长进行解释。由此，知识因素成为解释各国和地区之间经济增长率差距的最重要因素。知识增长是经济增长的主要动力。

同时大量的实证研究表明，第二次世界大战后日本、韩国和一些东亚经济体（如中国香港、中国台湾和新加坡等）的经济对美国经济的趋同都证明了知识追赶是经济趋同的主要途径。

第二次世界大战失败之后，日本重新回到了人均产出约占美国 1/5 的水平。到了 20 世纪 70 年代初，日本人均产出已发展到美国的 70%。1990 年，日本人均产出抵达巅峰水平，接近美国的 90%。从 20 世纪 50 年代中期起，日本花了 20 年左右的时间，基本实现了国民经济现代化，从一个后进的工业国发展成为工业技术高度发达、在当今世界举足轻重的经济大国，可谓是世界经济发展史上的奇迹。新古典经济增长理论的自然趋同力是无法解释这一发展奇迹的。多恩布什等（Rudiger Dornbusch et al., 1998）研究表明，1950—1992 年，日本人均年经济增长率惊人地高出美国 3.79%。人均资本增长率差异 4.43 个百分点，只能解释日美人均经济增长率差异 3.79% 中的 1.11%，剩余的 2.68% 只能由技术变革的相对差异来解释，即技术进步或知识追赶，解释了 70% 以上的人均经济增长率差异。研究说明，第二次世界大战后日本积极从西方引进技术，从较低的技术水平起步，大量的人均经济增长率差异是通过"知识追赶"来实现的。第二次世界大战后日本对美国的经济趋同或经济追赶中，知识追赶是主要因素。

利用人均经济追赶方程，我们对中国改革开放 30 年来对美国经济追赶的研究，也得出相同的结论。我们通过查阅《中国统计年鉴 2012》和美国经济分析局公布的相关数据，分析得出中美经济增长相关数据。由于没有直接的人均资本统计数据，我们通过两国当年固定资产形成总额除以当年人口总数，求出人均固定资产占有数，代替人均资本数。表 0-1 是我们通过调研形成的中美 1980—2010 年人均经济相关增长率数据。

表 0-1 中美 1980—2010 年人均经济相关增长率

年份	人均 GDP 增长率			人均资本增长率		
	美国	中国	差异/个百分点	美国	中国	差异/个百分点
1980—2010	4.58%	14.9%	10.32	3.52%	16.68%	13.16

由表 0-1 可见，1980—2010 年中国人均 GDP 增长率高出美国 10.32 个百分点，人均资本增长率差异更是高达 13.16 个百分点。根据式（0-3）的人均经济追赶方程可得：

$$\theta(g_{kC}-g_{kD})= 0.25 \times 13.16\% = 3.29\%。 \qquad (0-4)$$

中美人均资本增长率差异 13.16 个百分点，只能解释中美人均 GDP 增长率差异 10.32 个百分点中的 3.29 个百分点，剩余的 7.03 个百分点只能由技术变革的相对差异来解释，即中国人均 GDP 增长率高出美国 10.32 个百分点，技术进步或知识追赶的贡献率占 68% 左右，而传统要素增长的贡献率仅占 32% 左右。

以上分析研究说明，知识追赶是中国改革开放以来经济快速趋同的主要途径。

但是，全世界都进入知识经济时代，知识追赶为什么没有发生在奉行西方价值观的苏联、东欧和拉丁美洲地区，而发生在中国？新经济增长理论的两部门模型对知识增长方式的研究不够具体全面，我们无法根据其模型来弄清楚中国以什么方式实现了快速的知识增长。为此，我们必须引入知识增长方式的研究，进一步创新经济理论，重构经济增长模型。

三、成功对外获取知识溢出是中国实现知识追赶的主要原因

（一）对外获取知识溢出是落后区域知识增长的重要方式

知识经济时代，知识成为经济增长的基本要素和主要动力。为此对区域知识增长方式的合理假定，成为当代经济增长模型重构的核心。

新古典经济增长理论，以资本和劳动为核心生产要素，认为知识生产是一个外生过程，与生产过程本身无关。但是，由于现实社会中知识和技术对经济增长的重要性已不言而喻，罗伯特·索洛（Robert M. Solow，1956）在传统的生产函数 $Y=F(K,L)$ 的基础上，为突出知识和技术，引入了知识因子（技术进步因子）A，将生产函数变为 $Y=F(K,AL)$。但是，由于罗伯特·索洛认为知识生产是一个外生过程，因此假定知识因子 A 是一个外生参数。索洛模型的中心结论是，由于要素的边际产品递减，在缺乏连续技术进步的情况下，人均增长将最终停止，经济体系无法实现持续的增长。

20 世纪 80 年代中期，保罗·罗默（Paul M. Romer，1986，1990）发现，索洛模型的结论与一个多世纪以来所观察到的多国经济增长率存在上升趋势的事实不符，发现由于知识溢出的存在，资本产生社会报酬，社会经济总的要素报酬没有递减，经济将会持续增长。

在此基础上，新经济增长理论认为知识是内生的，但对知识生产方式有不同认识。肯尼斯·约瑟夫·阿罗（Kenneth J. Arrow，1962）认为，知识的积累不完全依靠新知识的增加和创新，知识被吸收掌握的过程即干中学，对经济增长有重要作用，并假定知识是以干中学的方式获得，无须进行专门的

投资，从而提出干中学模型。

保罗·罗默（1986，1990）认为知识生产需要专门的部门进行，需要消耗社会物质资源。其假定社会生产由两个部门进行——研发部门生产知识、物质生产部门生产产品，从而提出两部门模型。

新经济增长理论虽然发现了知识溢出的存在，反映了知识在经济增长中的重要作用，但并没有在其区域经济增长模型中直接体现从区域外获取知识溢出的作用。

新经济增长理论发现了知识溢出对经济长期增长的重要作用，许多学者开始探讨知识溢出对经济增长的影响，特别是在城市与区域空间范围内探讨知识溢出与扩散的机理，以及知识溢出促进集聚、创新和增长过程中的空间特性。他们在对空间知识溢出的研究中，对区域知识增长方式有不少研究和假定。

弗森伯格（Bart Verspagen，1991，1993）通过研究区域间技术追赶问题，开始进行知识溢出的研究。弗森伯格认为区域知识存量增长由两部分构成。一部分是区域自然的知识增长，它不受本地经济因素的影响，是外生的增长因素。这实际上是采用了罗伯特·索洛（1956）知识外生的假定。另一部分是从其他区域获得的知识溢出效应引起的知识存量的增长，而且落后区域可以从先进区域获得知识溢出，但先进区域不能从落后区域获得知识溢出。因此，弗森伯格构建的空间知识溢出模型，在索洛模型知识因子 A 为外生的基础上，增加了从区域外获取的知识溢出效应。

凯尼尔斯的空间知识溢出蜂巢模型，成为多数空间溢出学者研究的基础。凯尼尔斯（M. C. J. Caniels，2000）在《知识溢出和经济增长——欧洲间区域增长差异》一文中对区域知识溢出进行了深入研究。凯尼尔斯引入新经济增长理论中的干中学概念，将干中学效应作为重要的知识增长因素，纳入区域知识溢出研究范围，对弗森伯格（1991，1993）知识溢出模型进行了修正。在弗森伯格假定的基础上，凯尼尔斯在区域经济增长的知识增长方式方面引入了肯尼斯·约瑟夫·阿罗（1962）的干中学效应，认为区域知识生产和创新来源于干中学、获取周边区域的知识溢出 S、外生增长率 ρ 三方面因素。

弗森伯格和凯尼尔斯对区域经济发展知识增长方式的假定引入了从区域外获得的知识溢出 S，对区域自身创造的知识，只考虑了干中学效应；对区域自身通过研发主动创造的知识，则沿用索洛模型假设，作为外生的知识增长 ρ。干中学作为非主动无意识的知识创造活动，在较原始的经济生产过程中可能起到较重要的作用，在现代经济社会中，大多数技术进步都要归功于企业主动的有意识的研究开发活动。因而空间知识溢出学者对某区域经济发展知识增长方式的假定，没有完全吸取新经济增长理论中知识生产内生化的精华。

为此，总结新经济增长理论和空间知识溢出学者对知识增长方式的研究，我们认为，区域知识增长方式主要为区域自身创造的知识和从区域外获得的知识溢出。区域自身创造的知识又分为区域通过研发生产创造的知识和通过干中学效应获得的知识。特别是在研究落后区域经济增长中，由于落后区域往往知识存量较少，知识生产能力不足，知识增长的主要方式应是从区域外获得的知识溢出。因此，在重构落后区域经济增长总量模型中，将从区域外获得的知识溢出作为一个重要参数，将其作用显性化，非常必要。

（二）重构区域经济增长总量模型

在区域知识增长方式研究的基础上，我们通过对两部门模型中的知识生产函数进行改进，进而重构区域经济增长总量模型。

物质生产函数沿用索洛模型假定，将知识生产函数改进为知识增长函数。区域知识增长方式主要为区域自身创造的知识和从区域外获得的知识溢出（以下符号化为 T）。

本书沿用索洛模型假定，厂商投入生产要素资本 K 和劳动力 L，生产出产品。生产过程中投入资本 K，资本消耗为 δ。家庭提供劳动力 L，获得产品。同时进一步沿用两部门模型的假定，知识需要研发投入而创造。社会生产由两个部门进行——研发部门生产知识 P，物质生产部门生产产品 Y。将资本 K 和劳动力 L 也分成两个部分，其中 α_L 为用于研发部门的劳动力的比例，α_K 为用于研发部门的资本的比例；$1-\alpha_L$ 和 $1-\alpha_K$ 分别是用于物质生产部门的劳动力和资本的比例。A 为知识存量，同时进一步假定知识存量没有折旧，两个部门共享知识，知识不需要购买。在知识增长方式上，除区域自身创造的知识之外，还存在该区域从区域外获得的知识溢出 T。

首先，构造研发部门的知识增长函数。

对于区域自身创造的知识，利用 Cobb-Douglas 生产函数构造知识生产函数：

$$P = B(\alpha_K K)^\beta (\alpha_L L)^\gamma A^\theta \quad B>0, \beta>0, \gamma>0, \theta \geqslant 0 \,。 \tag{0-5}$$

其中，$B>0$，为常数，为所有影响知识生产的外部因素在知识生产中的综合效应。β 为知识的资本弹性，γ 为知识的劳动弹性，θ 为知识的新旧弹性。

在此基础上，增加从区域外获得的知识溢出 T。为了突出讨论 T 对经济增长的影响，暂不将 T 函数进一步细化解析。构造的区域知识增长函数为

$$\dot{A} = B(\alpha_K K)^\beta (\alpha_L L)^\gamma A^\theta + T \quad B>0, \beta>0, \gamma>0, \theta \geqslant 0 \,。 \tag{0-6}$$

其次，构造物质生产部门的生产函数。采用新经济增长理论模型通常使用的形式，利用 Cobb-Douglas 生产函数来构造。一般假设物质生产的规模报酬不变，因此物质生产部门的生产函数是一次齐次的。

构造的区域物质生产部门的生产函数为

$$Y(t) = [(1-\alpha_K)K(t)]^\alpha [A(t)(1-\alpha_L)L(t)]^{1-\alpha} \quad 0<\alpha<1 \,。 \tag{0-7}$$

再次，进一步简化资本和劳动力的关系。新古典经济增长总量模型和新经济增长总量模型，通常也做此假定。资本增长通过储蓄形成，s 为储蓄率。n 为劳动增长率，劳动力的长期增长，在正常稳定的社会通常应等于人口的自然增长，则

$$\dot{K} = sY \quad s>0; \tag{0-8}$$

$$\dot{L} = nL \quad L>0, n \geqslant 0 \,。 \tag{0-9}$$

最后，联列以上四式，就构成了简化的区域经济增长知识溢出总量模型：

$$\dot{A} = B(\alpha_K K)^\beta (\alpha_L L)^\gamma A^\theta + T \quad B>0, \beta>0, \gamma>0, \theta \geq 0;$$

$$Y(t) = [(1-\alpha_K)K(t)]^\alpha [A(t)(1-\alpha_L)L(t)]^{1-\alpha} \quad 0<\alpha<1;$$

$$\dot{K} = sY \quad s>0;$$

$$\dot{L} = nL \quad L>0, n \geq 0_\circ$$

(三)区域经济增长条件均衡公式

均衡研究是长期经济规律研究的重要方法。在现代经济学中,均衡是一个核心概念,尤其在探讨经济增长、市场稳定性及社会福利水平时,通常都应用均衡分析工具。区域经济的长期均衡分析,有助于我们深入理解经济运行的内在机理,从而为政策制定者提供理论支撑和决策依据。

极值曲线分析是探讨长期经济均衡的重要手段。本书用 g 表示增长率,其下标代表所讨论的因素,如设 g_A 表示知识增长率,g_T 表示对外获取知识溢出增长率,g_K 表示资本增长率。令 $\mu = T/(P+T)$,μ 为区域知识对外依赖系数,它表征一定时期内区域所增加的知识中通过外部获取的知识占比,假设其在一定时期内为相对稳定值。

第一,利用知识增长函数,研究知识增长运行规律。先推导出知识增长率 g_A,求其极值曲线,得出知识增长曲线 A(图 0-1):

$$g_K = \frac{(1-\mu)\gamma n + \mu g_T}{\beta(1-\mu)} + \frac{1-(1-\mu)\theta}{\beta(1-\mu)} g_{A\circ} \qquad (0-10)$$

第二,同理,研究资本运行规律,推导资本增长曲线 K(图 0-1):

$$g_K = g_A + n_\circ \qquad (0-11)$$

第三,经济均衡增长分析。

区域经济增长的核算,以人均经济增长 y 为主。下面根据知识增长曲线 A 和资本增长曲线 K 之间的相互关系,研究经济长期均衡增长的规律。

① 当知识生产能力还未达到一定高度时,长期经济收敛增长。如图 0-1 所示,对于曲线 A 和曲线 K,当 $\beta+\theta<1/(1-\mu)$ 时,两曲线相交于 E 点,表明长期经济增长将收敛到 E 点。

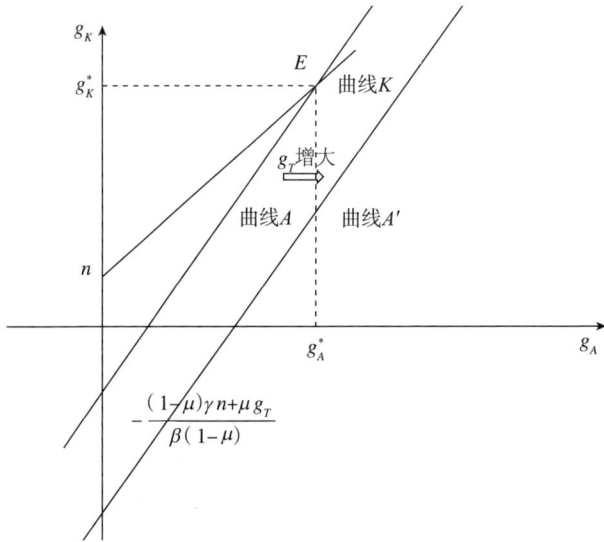

图 0-1　区域经济增长条件均衡示意

求解经济均衡点 E，可得区域经济增长条件均衡公式：

$$g_y^* = \frac{\mu}{1-(1-\mu)(\theta+\beta)}g_T + \frac{(1-\mu)(\gamma+\beta)}{1-(1-\mu)(\theta+\beta)}n + (n-r)。 \qquad (0-12)$$

其中，β、γ、θ 为知识生产函数的各项弹性系数，表征知识生产效率的高低，r 为人口自然增长率。

区域经济增长条件均衡公式可简化为

$$g_y^* = \xi_T g_T + \xi_n n + (n-r) \quad \xi_T > 0, \xi_n > 0。 \qquad (0-13)$$

条件均衡公式表明，区域长期均衡的人均经济增长率是对外获取知识溢出增长率、就业增长率、人口自然增长率的函数，而区域知识生产能力将影响各因素发挥作用的程度，知识生产能力越高，对前两个因素的乘数作用越大。

综上，区域长期经济增长将实现有条件的均衡：当区域知识生产效率还未达到较高水准时，世界各国和各地区区域长期的人均经济增长将按区域经济增长条件均衡公式收敛。从目前来看，世界上还没有证据证明某国家知识生产规模效益达到递增这一水平，因此我们可以假定，该区域经济增长条件均衡公式可以适用于当前世界上多数国家和地区。

② 当知识生产能力较高时，长期经济发散增长。如图 0-2 所示，当知识生产效率极大提高，使得 $\beta + \theta \geq 1/(1-\mu)$ 时，对于曲线 A 和曲线 K，在第一象限无交点，长期经济增长不收敛，长期经济将随 g_K 和 g_A 增长而不断发散增长。

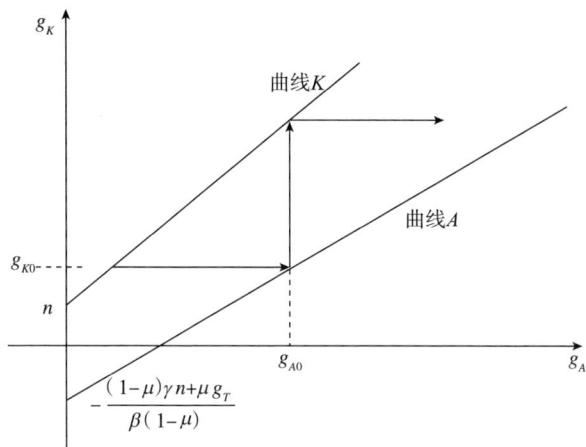

图 0-2　长期经济发散增长示意

此时，曲线 A 处于曲线 K 之下，两曲线没有交点。将初始的 g_K 设为 g_{K0}，由曲线 A 可得最大的 g_{A0}；g_{A0} 由曲线 K 可得最大的 g_{K1}。依此类推，g_K 和 g_A 在曲线 A 和曲线 K 之间的区域不断发散增长。这说明，当知识生产规模报酬递增且足够大时，长期的 g_K 和 g_A 相互促进，不断增长。

综上，当区域知识生产效率较高，使得 $\beta + \theta \geq 1/(1-\mu)$ 时，知识生产规模效益递增，g_K 和 g_A 相互促进，不断发散增长，从而实现区域人均经济的长期发散增长。

第四，区域经济增长条件均衡公式的现实意义。

在经济学研究中，长期均衡指的是社会经济在向充分就业状态调整的过程中，不出现新的经济震荡，社会资源得到有效配置，市场保持稳定发展，社会福利水平得到有效保障，区域经济最终可以达到的一种理想状态。现实中区域社会经济发展总会受到各种短期因素的冲击，使得每年的经济增长率都在波动变化，有时甚至出现剧烈波动，影响人们对区域经济增长前景的判断。区域经济长期均衡增长率，过滤掉短期波动因素的冲击，能揭示区域长期经济增长潜质和趋势，对研判区域的长期经济增长前景、制定区域长期经济发展政策具有重要参照作用。

区域经济增长条件均衡公式揭示，由于知识溢出的特性，知识作为最具有革命性的生产要素，使得区域长期经济均衡增长不再服从新古典增长理论的结论：收敛到0。

区域长期均衡的人均经济增长率将由4个因数来决定：一是对外获取知识溢出增长率；二是就业增长率；三是人口自然增长率；四是区域知识生产能力，它将影响各因素发挥作用的程度。要提升区域长期均衡的人均经济增长率，必须至少要从这4个方面研究制定相应政策措施，从而为区域长期经济政策制定提供理论依据和分析框架。

第一方面，要认真研究制定提高对外获取知识溢出增长率的有效措施和途径。为此大力推行对外开放政策，不断改革政府管理机制，提升社会对域外先进知识的吸收意愿和能力，加大社会对域外先进知识的消化吸收再创新，成为重要的政策选向。

第二方面，要将有效提升区域就业增长率作为重要的区域发展战略来系统谋划。一是在人口自然增长率的限制下，研究如何有效提升就业增长率。为此提升人口受教育水平，以提升人口就业能力和就业层次；提升人口健康保障水平，以提升人口劳动参与率；提升妇女就业水平，以提升人口就业率；等等。它们都是很有效的政策举措。二是提升人口就业效率。将大量的农业人口从农村转移到城市，实现更高产出效率的就业，也是重要的战略选择。三是长期持续的鼓励移民的政策，也是有效提升区域长期就业增长率的有效途径。

第三方面，适度提升人口自然增长率。在长期均衡状态，区域就业增长率将受制于人口自然增长率。适度提升人口自然增长率，将有助于提升区域长期的就业增长率上限值，是一个重要的政策方向。

第四方面，要将提升区域知识生产效能作为重要的区域发展战略，进行系统谋划。一是要加强自主知识生产能力建设，以提升知识生产效能，既能有效提升区域知识存量，也有助于提升对域外先进知识的吸收能力。二是要创新知识的扩散传播方式，建立健全促进知识扩散、传播与应用的机制，加强知识应用转化，促进知识形成生产力。

（四）成功对外获取知识溢出是落后区域实现知识追赶的主要原因

现在我们可以利用区域经济增长条件均衡公式来研究落后区域对先进区域经济追赶问题。假定世界由两个区域构成，一个为先进区域 D，另一个为落后区域 C，C 区域知识生产效率较 D 区域低，两个区域长期经济增长都将按区域经济增长条件均衡公式收敛。

C 区域的经济要追赶上 D 区域，必要条件是 C 区域的长期经济均衡增长率要高于 D 区域的长期经济均衡增长率，即 $g_{yC}^* > g_{yD}^*$。但要实现经济的较快趋同，C 区域的人均长期经济均衡增长率还必须明显高于 D 区域。

第一，对外封闭的落后区域只能依靠自然趋同力，很难实现对先进区域的较快速趋同。

区域对外封闭，没有对外获取的知识溢出 T。由于缺乏外部因素的刺激，对于长期均衡的经济体来说，长期均衡的劳动增长率将收敛到人口自然增长率，即 $n=r$，则由区域经济增长条件均衡公式可得

$$g_y^* = \xi_n r。 \tag{0-14}$$

该公式说明，封闭区域长期经济增长水平将最终由人口自然增长率来决定，此时，落后区域对先进区域的趋同力为人口自然增长率 r。

落后区域人口自然增长率 r 一般高于先进区域，且国家经济发展程度越高，其人口自然增长率越低。根据联合国发布的 2010 年世界各国人口自然增长率数据，高收入国家为 0.64%，中等收入国家为 1.12%，中等偏下收入国

家为 1.54%，低收入国家为 2.10%。

现代科学技术起源于西方，封闭落后区域由于不能从先进区域获取知识溢出，其自主的知识生产体系将会非常弱小，经我们推算落后区域的 ξ_n 要小于 2。中国 1960—1978 年的 18 年，由于中苏交恶和西方的封锁，一直处于对外封闭状态，这期间人口总数由 6.62 亿增长到 9.63 亿，年均复合人口自然增长率高达 2.10%，但年人均国内生产总值仅从 220 元增长到 385 元，年均复合增长率仅为 3.16%（表 0-2）。由此推算出这期间中国的 ξ_n 为 1.5。封闭落后区域知识生产能力不足，将抵消其人口自然增长率较高的优势，使其长期经济均衡增长率很难显著高于先进区域 D 的长期经济均衡增长率。这也从一个侧面证明了，封闭的落后区域很难通过自然趋同力来实现对发达区域的经济趋同。

表 0-2　中国国内生产总值增长及相关情况

指标	2023 年	2012 年	1978 年	1960 年	1952 年
国内生产总值/亿元	1 260 582.1	538 580	3678.7	1470.1	679.1
人均国内生产总值/元	89 358	39 771	385	220	119
年末总人口/万人	140 967	135 922	96 259	66 207	57 482

数据来源：国家统计局①。

人口的自然增长率不可能说变就变，是一个长期复杂的社会发展过程。知识生产能力的提高，也是一个长期不断积累的过程，很难在短期内见效。因此，封闭的落后区域很难实现对先进区域的经济追赶和趋同。

综上，对于封闭的落后区域，人口自然增长率可能在短期内形成趋同力，但这种趋同力很难持久。因此，落后区域很难依靠高人口自然增长率的趋同力来实现对先进区域的经济追赶和趋同。

第二，落后区域通过对外开放获取知识溢出，可以实现对先进区域的经济趋同。

---

① 基于统计时间、统计口径等原因，本书中一部分数据与官网公布数据略有差异。

由于知识溢出的主要方向总是从先进区域向落后区域进行溢出，假定知识从先进区域向落后区域溢出，落后区域 C 对外开放，可以从先进区域 D 获取知识溢出，而先进区域 D 却不能从落后区域 C 获取知识溢出。区域 C 和区域 D 的经济长期均衡增长都满足区域经济增长条件均衡公式。经分析可得出简化的落后区域对先进区域的经济追赶方程：

$$g_{Y_C}^* - g_{Y_D}^* = \xi_{T_C} g_{T_C}。 \tag{0-15}$$

由以上简化的经济追赶方程可知，经济追赶主要决定于两个因素：一个是落后区域的对外获取知识溢出增长率 g_T；另一个则是由区域知识生产能力决定的 ξ_{TC}。

第一，落后区域可通过提高对外获取知识溢出增长率 g_T，加快对外获取知识溢出，从而获得明显高于先进区域的经济均衡增长率，进而实现对先进区域的经济追赶和趋同。

第二，落后区域可通过提高知识生产效率，增大知识生产各项弹性系数 γ、β、θ，从而增大系数 ξ_T，放大对外获取知识溢出的作用，加速落后区域对先进区域的经济追赶。

从中国的发展实践来看，从 1978 年对外开放到 2023 年的 45 年，中国人均国内生产总值由 1978 年的 385 元增长到 2023 年的 89 358 元，45 年间年均复合增长率为 12.87%。而这期间年均复合人口自然增长率仅为 0.85%，经我们推算落后区域 ξ_n 要小于 2，即使到 2，其也只能解释 1.75% 的经济增长率。显然我们无法用人口增长的自然趋同力去解释中国经济的高速增长。这可从反面证明，对外获取知识溢出是这个阶段中国经济高速增长的重要动力。

为此，得出在知识经济时代的经济趋同机理：知识从先进区域向落后区域溢出，使得落后区域存在向先进区域经济趋同的可能。趋同能否成功的关键在于落后区域能否具有相应的知识溢出吸收能力，从而保持持续较高的对外获取知识溢出的增长速度。

综上，由于落后区域很难依靠高人口自然增长率的趋同力来实现对先进区域的经济追赶，因此对外获取知识溢出成为主要的趋同力。落后区域可以通过向先进区域获取知识溢出，从而实现对先进区域的经济追赶。实现的关键在于落后区域能否具有足够的知识吸收能力，从而保持长期较高速的对外获取知识溢出的增长。

（五）成功对外获取知识溢出是中国出现经济增长奇迹的主要原因

新中国成立后，作为落后大国，其经济向发达经济体趋同，必然遵循经济趋同的共同规律，很难依靠高人口自然增长率的趋同力来实现对先进区域的经济趋同，对外获取知识溢出成为主要的趋同力。新中国作为世界上最大的发展中国家，取得了举世瞩目的经济发展成就，这主要归因于中国抓住了知识经济时代到来的历史机遇，顺应了知识经济时代发展的经济规律，推进改革开放，成功对外获取知识溢出，从而实现了对先进区域的快速经济趋同。

新中国成立以后，经济发展从知识来源角度大致可分为 3 个阶段。

第一阶段为 1950—1960 年，以苏联、东欧国家外源知识技术为主要来源的产业发展阶段。在这个阶段，中国通过从苏联和东欧国家成功获取知识溢出，推动了中国经济高速发展。1952—1960 年 8 年间，我国人均国内生产总值从 119 元增长到 220 元，年均复合增长率达 7.99%。

沈志华在《新中国建立初期苏联对华经济援助的基本情况（上）》一文中，通过对中国和苏联的档案材料进行详细分析，总结了苏联通过提供低息贷款、援建重点项目、发展双边贸易、开办合股公司、提供技术资料、派遣苏联专家、培养中国专家和协助编制经济计划等 8 个方面对华经济援助的方式和途径，对新中国国民经济发展的重大影响。

旧中国的经济发展长期滞后，还是以传统农业为主的产业结构，近代工业产值仅占工农业总产值的 12.3%，而其中生产资料的生产比重仅占 5.5%。同时，因工业设施不配套、分布不合理及供销不畅通，即使在完好的工业企业，其设备利用率也只有 45% 左右。农业生产同样落后，1949 年粮食平均亩产 137 斤，棉花平均亩产 21 斤。交通运输业也遭到严重破坏。

在经济恢复时期，中国现代工业基本建设的核心就是苏联帮助援建的重点项目，即 156 项引进工程中的第一批 50 个项目。1950 年 2 月中苏领导人会谈的结果是苏联政府答应帮助中国援建恢复经济急需的煤炭、电力、钢铁、有色金属、化工、机械和军工部门的 50 个重点项目。随着这些重点项目的逐步开工建设，1950—1952 年全国固定资产实现新增金额合计 59 亿元，能源和原材料主要产品生产能力实现新增：电力 22.2 万千瓦/年，煤炭开采 1563.7 万吨/年，生铁 76.4 万吨/年，钢锭 55.8 万吨/年，钢材 33.6 万吨/年。部分重点项目完全建成后实现新增固定资产合计 41.39 亿元，生产能力实现新增：电力 87.55 万千瓦，煤炭开采 780 万吨/年，生铁 250 万吨/年，钢锭 320 万吨/年，钢材 250 万吨/年。苏联援建项目对中国经济发展起了巨大作用。

156 项引进工程的第二批项目是伴随中国经济发展第一个五年计划的制定开始的。从包括在建的 50 个项目在内的 141 个企业的建成，到 1959 年中国的工业能力大大增长，中国不仅有自己的汽车工业和拖拉机工业，钢铁、煤炭、电力和石油等主要工业产品达到苏联第一个五年计划时的水平，接近或超过日本 1937 年的水平。

总之，正如周恩来给苏联政府备忘录的回文中所说，苏联政府对于建设和改建中国的 91 个新企业和正在进行中的 50 个企业的援助，以及其他方面对于发展中国经济的种种援助，将使中国人民"逐步地建立起自己的强大的重工业和国防工业，这对于中国工业化和走向社会主义是具有极其重大作用的"。

对于中国经济建设必不可少的科学技术资料，苏联主要是通过两种途径提供的，即图书资料交换和项目与设备进口合同。苏联科学院图书馆不断提高给中国的寄书量，到 1953 年共寄给中国图书 12 万余套。1953 年，接受苏联科学出版物的中国机关达到 300 个，其中有 31 个大型图书馆。为了配合第一个五年计划的编制工作，周恩来致信莫洛托夫，希望苏联政府继续向中国提供以下方面的技术资料：苏联现行的工业产品标准，即国家标准、全苏标准、暂行技术条件及各企业的制造规格；建设矿山、工厂、学校、医院的典型设计；工业及交通企业的技术操作规程；机器制造图纸和先进企业的原材料、电力、燃料消耗的技术经济定额等。1950—1953 年，苏联根据中苏两国政府间科学技术协定向中国提供科学文献和技术资料共 2928 套（件）。

新中国经济建设所面临的严重问题之一是缺乏科学技术人才。新中国接收的工程师和专家总共只有 2 万人。派遣大量苏联专家和技术人员来华，对于中国国民经济的恢复和建设，不仅是必要的，而且是急需的（沈志华，2001）。1950—1953 年苏联来华的经济技术专家（不算教师）总数在 1100 人以上，同期在华工作的为 250~480 人。在具体工作中，苏联专家的意见和建议为中国经济建设提供了巨大帮助。苏联专家传授了先进的油田勘探方法，解决了低压油田的产油问题。在煤炭工业方面，经苏联专家研究，恢复和扩建了大部分矿井，使得 1952 年全国煤矿生产能力比上年提高 60%，大部分矿井的服务年限延长了 20~40 年。在林业方面，苏联专家提出的木材流送新方案把流送损失率从 10% 降到 1.37%，而他们的林业方格调查法使东北森林调查所需时间由 25 年缩短为 5 年。在工矿企业的经营管理方面，也因得到苏联专家的帮助而大为改观，对于制订生产计划、确定生产责任制度、简化统计报表、建立经济核算制度等各项工作，专家们都提供了许多宝贵意见，并收到良好效果。此外，苏联专家还通过讲课等方式向中方人员传授经验和技术，在实际工作中为中国培养了大批技术骨干。

苏联帮助培养中国专家主要是通过接受中国留学生学习和技术干部实习两种途径。据中国有关档案材料计算，1952 年由中央和东北局计划委员会抽调在职干部 273 名，由教育部及各经济部门所属高等院校挑选学生 287 名，派往苏联留学。同年到苏联实习的技术干部为中央 9 个部委 174 名、东北工业部所属各公司 560 名。1953 年教育部准备送往苏联的留学生为 1100 名，在留学生派出计划之外，中央财经委员会还计划选派 500~600 名实习生。另外，根据当年中国技术进口公司和全苏技术出口公司签订的相应合同，苏联以提供科学技术援助的方式，接收了 144 名中国专家在苏联进行生产技术实习。

1952—1960 年 8 年间，我国人均国内生产总值年均复合增长率达到 7.99%。这充分表明新中国成功引进吸收了苏联和东欧国家的先进知识，极大地推动了本阶段中国经济的发展。

第二阶段为 1960—1978 年，在消化吸收苏联、东欧产业知识基础上的知识扩散与自我创新发展阶段。

从 1960 年开始中苏交恶，同时中国还面临西方发达国家的封锁，中国无法大规模地从国外获得知识溢出，中国的经济发展主要依靠自力更生，主要是在消化吸收"一五"和"二五"时期从苏联引进知识的基础上进行自主创新，但这极大地影响了我国的知识增长能力。我们从图书出版品种来看，1952 年已达 13 692 种，1960 年快速增长到 30 797 种，但 1978 年又下降到 14 987 种，基本回到了 1952 年水平。

这期间，由于无法获取外来知识溢出，中国经济增长所需的知识，只能主要依靠过去向苏联、东欧地区学习的知识在中国广大地域内的知识扩散和二次创新。这极大地影响了中国发展的速度和水平。从我国人均国内生产总值看，1952—1960 年 8 年间，年均复合增长率已达 7.99%，但 1960—1978 年 18 年间，仅从 220 元增长到 385 元，年均复合增长率仅为 3.16%（表 0-2）。这期间我国人口总数由 6.62 亿增长到 9.63 亿，年均复合人口自然增长率为 2.10%，这也从一个侧面证明了，封闭的落后区域很难通过自然趋同力来实现对发达区域的经济趋同。

第三阶段为 1979 年至今，对外开放政策实施以来的较长时间里，中国产业发展所需知识主要依赖西方发达国家外源知识溢出。

改革开放以来，中国经济高速发展，创造了世界经济增长的奇迹。中国迅速从一个农业国转变为一个工业国，很多产品从零开始，发展成为产量世界第一，以至于中国有"世界工厂"的美誉。如表 0-2 所示，1978—2012 年的 34 年间，中国人均国内生产总值由 385 元增长到 39 771 元，年均复合增长率为 14.6%，再增长到 2023 年的 89 358 元，45 年间年均复合增长率为 12.87%。

中国产业高速、超常规发展，必然需要知识总量的突发性增长为支撑和推动力。一般来说，一国或地区产业知识的增长，一方面来源于本国企业的自主创新；另一方面来源于国外先进产业知识溢出。除非有重大的、引起整个产业革命的自主知识创新，否则自主创新不会带来一国突发性的知识总量增长，而应是循序渐进的增长。因此，有理由认为，对外开放政策实施以来很长一段时期内，中国产业爆发性发展主要依赖西方发达国家外源知识溢出。西方先进产业知识的引入，打破了中国产业知识缓慢自我积累、滚动发展的惯性，在较短时间内使中国产业知识总量迅速增长。

对外获取知识溢出并不是知识的"盗取"。知识溢出是知识的基本特性，是人类社会经济活动中的一种普遍现象。正是知识交流、传播与共享，推动了人类社会不断地发展进步。自 19 世纪以来的各种技术革命，使得知识无论是在数量上还是在质量上都实现了巨大的飞越，也使得知识溢出在经济社会发展中的重要性日益突显。

知识溢出研究者对知识溢出的途径进行了大量研究，西方发达国家对中国知识的溢出也主要通过这些途径产生。

一是通过直接的技术与设备引进获取先进知识。改革开放后，通过向国外购买先进的技术和设备，直接获得西方先进的产业知识，是提高当地企业产业水平最为简单和快捷的方式，是我国引入西方先进知识的重要途径。

二是通过引入外商投资企业获取知识溢出。外来企业到当地投资，往往会雇用当地劳动力，也会与当地的供应商与客户发生联系。除了劳动力的流动和联系效应产生知识溢出之外，投资本身通过竞争效应与示范效应也会对当地企业产生知识溢出。外来企业对当地企业最大的影响是竞争效应，外来企业的进入，会改变当地原来的市场结构与竞争格局，加剧当地的市场竞争，迫使当地企业提高劳动生产率。首先，可以降低当地企业的"非效率"。外来投资带来了巨大的竞争压力，可以促使当地企业的管理人员更为敬业，员工更加积极地工作，提高生产效率。其次，可以提高当地企业从事研发与采用新技术的速度。迫于生存的压力，当地企业会加快技术进步，更积极地采用新技术。只要外来企业相对于当地企业具有市场竞争优势，或者利润率高于当地企业，外来企业的先进技术和管理就会为当地企业的技术创新和管理创新产生良好的示范效应，当地企业就会通过各种途径学习外来企业的组织管理方式、技术等，提高自己的市场竞争力。

三是通过对国外先进产品进行技术模仿与逆向工程研究获取知识溢出。产品一旦生产出来，就内含着知识。模仿主要是通过仿照其他企业的生产技术、产品的特征和包装、管理经验等，达到提高自身技术水平的目的，包括简单仿制和模仿上的创新。模仿是否出现，取决于模仿者的能力、产品或技术的示范效应、模仿预期收益、企业内在的发展需要、市场竞争的外在压力等因素。由于知识产权制度的约束，模仿者多数不只是简单仿制，而会采取、消化和改进原来的产品或技术，甚至会实行第二次创新。"逆向工程"，是根据已经存在的产品模型，反向推出产品的设计数据的过程。它不是传统意义上的"仿制"，而是综合应用有关专业知识，对已有的产品进行剖析、理解和改进，是对已有设计的再设计。由于企业直接到市场购买就可获得竞争对手的产品，因此，"逆向工程"是获取产品技术信息的重要而便捷的手段。

四是通过与国外主体建立经济联系获取知识溢出。主体间的联系包括企业与企业之间的联系，也包括企业与大学、研究机构之间的联系，这种关联效应可以产生知识溢出。当我们的企业与国外企业之间发生产业链的前后向联系时，双方都可能从对方的产品、技术或市场知识中"免费搭车"，获取知识溢出。在后向联系中，企业通过购买并使用供应商高质量的产品，可以促进自身产品工艺和质量的提高，经由售后服务和培训又产生技术扩散。在前向联系中，下游客户对企业所提供的产品的规格、式样、质量、技术标准等提出高要求，迫使企业加快技术进步。横向合作也是企业获取知识溢出的重要途径。企业与大学和科研机构联系越密切，距离越近，获得的知识溢出越多。大学没有动机保守研究秘密，是创新的重要来源。企业之间进行知识联盟之类的合作，共同研发新的知识和进行知识转移，会提高各自的创新能力与生产率。通过知识联盟，可以降低研发成本和风险，提高成功率，也可以增强技术互补性。

五是基于劳动力流动与交流获取知识溢出。当受过培训或积累了经验的劳动力流动到其他企业、地区时，知识溢出就会出现。他们会带走在流出企业或地区所获取的一些知识，这有助于提高流入企业或地区的创新与经济绩效。劳动力在企业之间或区域之间的流动促进了知识的扩散与溢出，由此对企业的发展和区域经济的增长产生影响。人际交流也会产生知识溢出。劳动力不离开原来的企业或地区，其从某企业获得的知识与技能以间接方式也可扩散到同一产业和区位。通过位于同一地区、同一产业的劳动力之间的社会互动，不同企业之间会出现网络外部性。在这种企业网络中，通过人际正式或非正式交流，也会产生知识溢出。在正式的会议或非正式的闲谈中，言者无意，听者有心，在不知不觉中把别人的知识与技能学到手。

改革开放后，中国正是有效利用了以上这些途径，采用合理合法的手段，也付出了高额学费，从先进国家和地区获得了大量发展所需的知识溢出，极大地推进了中国经济的高速增长。

朱锡庆（2008）在《中国经济发展的知识来源》一文中，特别强调了中国改革开放以来经济特区的建设和外商投资的引进，对中国获取西方先进知识溢出所产生的巨大作用。

首先，经济特区建设为我国引入先进产业知识和市场经济的契约知识起到了重要作用。1979年，中央政府批准成立深圳、珠海、汕头、厦门4个出口特区。1980年，4个出口特区转变为经济特区。1984年，14个沿海港口城市对外开放。1985年，长三角、珠三角和福建南部地区相继成区域对外开放。1988年，环渤海地区对外开放，至此沿海开放带正式形成。

朱锡庆以深圳经济特区为例对我们如何获取先进地区知识溢出进行了详细分析。从1979年蛇口工业区成立算起，一直到20世纪80年代末期，进入深圳经济特区的绝大多数外资企业是香港企业。1979—1987年，总计有5517个外商投资合同，其中5264个是与港商签署的。这就是说这一时期深圳的外资企业中有95%是港商。建立特区之初，深圳还是小渔港，属于典型的农业区域，只有几家国有小工厂生产农具和化肥。此时，恰逢香港产业结构升级，于是一大批劳动力密集的加工企业搬迁到深圳，有电子厂、服装厂、饮料厂、塑料厂、玩具厂，还有一些服务企业。这些企业的搬迁不仅仅是因为土地和劳动力廉价，还因为两地相连，语言、风俗习惯相同，香港人和深圳人甚至讲同一种方言，两地的联系也一直没有中断过。进入深圳的企业有独资的也有合资的，但是无论是哪类企业，从生产到销售的每一个环节，都有两边人员参与。就是在这种日常的活动中，技术知识和合约知识在无声地传播。香港是一个国际化大都会，通过100多年的积累，香港人已掌握了丰富的合约知识；香港的工业种类并不齐备，但是在少数的工业种类上积累了丰富的技术知识。这些知识，通过搬迁到深圳的香港企业，经由日常的生产经营活动，得以传授给深圳的民众。现在回过头来看，香港是中国社会转型的一个重要知识来源地。当然，基于同文同种的缘故，减少了知识传播障碍，所以传播速度很快。

其次，外资企业的进入等于从外部引入一个知识源，再通过这些企业的生产经营活动传播技术知识和制度知识，这是在更广大的范围内民众知识体系更新的一般途径。从 20 世纪 80 年代中期开始，整个沿海地区已变成一条开放带。明显不同于深圳经济特区，外资企业的来源地多样化。1992 年，中央政府决定，长江沿岸地区，以及几条交通干线的沿线地区，对外资企业开放，形成外资企业进入中国的第一次高潮。日资企业、韩资企业、美资企业、欧资企业、东南亚国家的华人企业，以及台资企业，成群进入。外资企业的来源地多样化，意味着知识来源的多样化。来自世界各地的知识和资讯，通过日常的活动在民众中传播和普及。从这个时候开始，外源知识被传播到内陆的广大地区。2001 年，中国加入 WTO，出现了第二次外资企业进入高潮。第一次外贸企业进入高潮带来的一个显著变化是外资企业来源地的多样化，第二次高潮后，多样性变得更加丰富。这种多样性被有效地利用，其中的一种利用方式是交叉合资，即一个外资企业同多家中国企业合资经营，同时，一家中国企业同多家外资企业合资经营。这种交叉合资带来的一个显著效果是外资企业加快了技术转移的速度，而且多个来源地的知识在一地汇集有互补效应。

总之，中国改革开放后，整体对外开放，由于我国现代科技知识同国外先进区域差异较大，因此从国外获取知识溢出成为主要的知识增长方式。由于中国东部沿海地区对外开放的地理优越性及开放政策的优先性，客观上形成了国外先进知识首先向中国东部地区溢出，再向中部地区、最后向西部地区溢出的阶梯现象。

四、中国优秀的传统文化和独特的经济体制为中国成功对外获取知识溢出创造了条件

从国际比较分析角度来看，我们必须回答一个问题。在中国改革开放初期，印度、巴西、阿根廷、马来西亚等国家，从西方发达国家获取知识溢出的条件都应比中国好，它们与西方先进国家具有地理临近、政治体制和意识形态相似、高等教育水平较高及语言方面的优势，从基本的常识推理，西方的先进产业知识应更有条件溢出到这些国家，从而创造出远超中国的经济繁荣。但为什么事实相反，而中国成功了？

（一）中国优秀的传统文化为中国成功对外获取先进知识提供了良好的人文基础

中国传统文化，根植于中华民族数千年的历史长河，历经风雨洗礼，源远流长，博大精深，其深厚的底蕴中蕴含着独特的气质。

首先，中国传统文化是积极进取、不甘落后的文化。自古以来，中华民族便以"天行健，君子以自强不息"为座右铭，鼓励人们在面对困难与挑战时，要勇往直前，奋发有为。这种积极进取的精神，不仅塑造了中华民族自强不息、百折不挠的坚韧性格，也为中国的发展进步提供了源源不断的精神动力。新中国成立后，面对西方发达国家的全面封锁，我们没有气馁，而是自力更生、不断学习，建起了独立的较为完备的工业体系，为改革开放后的大发展打下了较好基础。

其次，中国传统文化是开放包容的文化。中国传统文化历来主张"海纳百川，有容乃大"，这种开放包容的精神使得中华民族能够积极吸收外来文化的优秀元素，不断丰富和发展自己的文化体系，形成了独具特色的中华文化。从汉唐时期的丝绸之路，到明清时期的西学东渐，再到近代以来的中外文化交流，中国传统文化始终保持着开放包容的姿态，不断吸纳外来文化的优秀元素，丰富自身内涵。这种包容并蓄的精神，使得中国传统文化能够在不断变革中焕发出新的生机与活力。中国人相信，"三人行必有我师焉"，愿意向强者学习。在面对外国先进知识时，中国人能够保持谦虚好学的态度，积极学习借鉴，不断提升自己的能力和水平。中国人善于对外学习，但不盲从，强调以我为主，兼收并蓄，吐故纳新，因而对先进知识善于消化吸收再创新。正是因为中国有着向外国学习的优良文化传统，中国改革开放后，无论是在科技、教育、经济，还是在文化领域，中国都积极引进外国的先进理念和技术，同时注重在引进的基础上进行消化吸收再创新，进而走出了一条具有中国特色的现代化道路。

最后，中国文化是和平发展的文化。从哲学上，中国传统文化强调天人合一、和谐共生的思想，倡导人与自然、人与社会、人与人之间的和谐关系。从方法论上，中国传统文化强调和而不同的思想，尊重不同的人、地区、国家和文化的不同点，不仇外排外，主张相互交流学习，求同存异，和谐共荣。中国人的生意观是"和气生财"，不推崇零和竞争。"君子喻于义，小人喻于利"，中国传统文化重情重"义"不重"利"。中国人在发展上讲究"道法自然"，即重规律，讲道理，重王道而非霸道。

总之，中国传统文化中开放包容、自强不息、厚德载物的精神及和而不同的思想，使得中国能够在知识经济时代、全球化的大背景下，保持开放和自信的姿态，积极学习外国的优秀成果，为自身的发展注入新的动力，为中国成功获取先进区域知识溢出提供了良好的文化基础。

（二）以公有制为主体、多种所有制经济并存的经济体制为中国成功对外获取先进知识提供了良好的制度基础

第一，西方主流舆论一直以国有企业缺乏效率为由否定国有企业，但中外学者们大量的实证研究，并不能支持其观点的有效性。西方主流观点认为，应限制国有企业发展。他们主要依据市场配置资源的效率假说，从科斯定理出发，认为国有企业没有效率，所以应被限制。传统的市场理论认为，完全竞争的市场最有效率，但由于存在垄断、外部性和信息不对称的情况，导致"市场失灵"。因此，国有企业可作为市场的补充，存在于市场失灵的领域，而应从竞争性领域退出。依据科斯定理，新自由主义学派认为，产权清晰能大大降低交易成本，国有企业由于产权不清晰，应该从市场中退出。他们认为，即使是为了弥补"市场失灵"的缺陷，政府也可以通过提供资金给私有企业，由私有企业来完成公共品的供给，因此创办和发展国有企业并非经济发展的必然选项。为此他们以"华盛顿共识"为标志（John Williamson，

1989），提出了一系列经济私有化的改革措施，受到世界银行、国际货币基金组织的支持，在全世界广泛传播，为包括美国里根政府、英国撒切尔政府、苏联、东欧和拉丁美洲的私有化经济改革提供了理论和政策依据。

20世纪80年代及之前，多数西方发达国家也有大量的国有企业，这期间中外许多学者对国有企业效率问题进行了大量实证研究，但是没有得出一致的结论。通过对直到1982年的实证文献的研究，Millward（米尔沃德，1982）指出："似乎没有足够理由相信国有企业的内部管理效率低于私营企业。"通过对1975—1999年所公开发表的52篇关于国有企业效率的研究文献进行分类，Mary M. Shirley等（雪莉 等，2000）指出：有5篇文章的结论认为国有企业效率高于私营企业，有15篇文章的结论认为两者没有明显差异，有32篇结论为国有企业效率较私营企业低。按照不同的市场类型，在完全竞争市场，有11篇文献认为私营企业效率高，有5篇持中性观点；而在垄断性市场，有6篇文献支持私营企业效率高，有5篇持中性观点，有5篇认为国有企业的效率较高。

第二，从中国的实践看，中国国有企业在中国经济大发展中起了重要作用，以国有经济为主体、多种所有制并存的中国特色社会主义市场经济体制，是成功的制度保障。

马克思辩证唯物论认为，生产力决定生产关系，先进的生产关系必须适应生产力的发展。生产力的标准可进一步具体化为经济增长标准。国有经济作为一种产权制度，是一种生产关系。因此，判断中国国有经济是否促进中国当代生产力的发展，应看中国国有经济是否促进了中国经济增长。为此我们要站在宏观历史发展高度，看待中国国有企业发展的实践，从中国崛起和中国国企改革实践中去研究国有经济是否促进了中国经济增长和如何促进中国经济增长。

改革开放以来，我们逐步确立了以国有经济为主体、多种所有制并存的社会主义市场经济体制，在国有经济不断做强做优做大的同时，非公经济也得到了长足发展，使得我国经济持续高速增长，迅速超越了以资本主义经济制度为主的其他发展中国家，创造出世界经济增长的奇迹。2004年5月，美国高盛公司高级顾问乔舒亚·库珀·雷默（Joshua Cooper Ramo，2004）在英国思想库伦敦外交政策中心发表了一篇题为《北京共识》（*The Beijing Consensus*）的论文，向全世界宣告了中国特色经济制度的成功。这有力说明，以国有经济为主导的社会主义市场经济体制，创新性地促进了多种所有制经济的合作发展，提高了我国当前社会主义初级阶段生产力和生产关系的协调程度，代表了一种符合中国国情的、比单纯资本主义经济制度更具活力的制度安排。

随着中国改革开放的深入，民营企业不断发展壮大，国有企业从个体数量、营业收入及雇员人数上，已小于其他所有制企业的总和，但依然是中国国民经济的骨干。中国已发展成为以国有经济为骨干、多种所有制形式共同发展的多元混合经济体制，它更加具有多元性、包容性和稳定性。国有企业作为经济的主力军，其强大的实力和稳健的运营，为中国提供了坚实的经济基础。而与此同时，其他所有制形式的存在，则为经济注入了更多的活力和灵活性。这种多元化混合的经济体制，使得中国能够更加灵活地应对各种经济挑战，同时也更容易吸收和借鉴国外的先进经验。

第三，中国的国有企业在中国经济对外开放过程中，充当了国外先进知识的引进者、消化吸收再创造者和传播者的重要角色。

在知识经济时代，知识成为经济增长的主要源泉。落后地区和国家对发达国家的经济追赶，关键在于知识的追赶。从发达国家获取知识溢出，成为知识追赶的主要途径。新中国成立以来，我们从"一穷二白"发展到世界第二大经济体，知识从何而来？新中国成立后的两次经济大飞跃，也伴随着两次产业知识的大流入。20世纪50年代，中国依靠从苏联获取的知识溢出，创建了大量的国有企业，再由这些国有企业将新获得的产业知识溢出到其他企业，从而使我国基本建成了较为完整的国民经济体系。

20世纪80—90年代，产业发展所需知识主要依赖从西方获取知识溢出。改革开放初期，中国的非公有制经济非常弱小，此时的国有企业义无反顾，事实上担当起了获取知识溢出的重任。通过市场化地引进技术、设备、人才，派人出国考察和学习培训，以及创建合资合作企业等方式方法，中国获取了不少先进的产业知识。同时，由于国有企业的特殊性，通过大量人才流动，又将这些知识在中国加速溢出。当时，绝大多数民营或乡镇企业的创业者、中高级管理人员和技术骨干，都来源于国有或集体企业。正是由于国有企业在中国两次知识大飞跃中，充当了国外先进知识溢出的吸收者和二次溢出者，成为国外先进知识在中国传播的放大器和加速器，使得中国社会快速获取了现代产业发展所需的知识，夯实了中国经济腾飞的基础。从这个意义上看，中国的国有企业是中国经济发展的知识创造者、引进者与传播者。

第四，国有企业成为中国民族产业在国际产业竞争中的排头兵、探路者、领头羊。由于中国产业在国际产业链中严重低值化、低端化，中国产业的大发展、大升级，必须有一大批具有全球产业竞争能力的世界级企业。国有企业在中国过去、现在的产业发展中，都是中国民族产业在国际产业竞争中的排头兵、领头羊，是中国经济崛起的标杆。中国国有企业在载人航天、绕月探测、高速动车、特高压电网、青藏铁路、三峡工程、西气东输、南水北调、重要 IT 产品制造等关键技术和重大工程攻关中发挥着不可替代的重要作用。例如，京东方科技集团股份有限公司，通过引进消化吸收再创新，2005 年建设起国内第一家液晶面板企业。但是，国际竞争巨头采用不正当竞争手段，联合打压控价，投产一年后，其主导产品价格从 320 美元降低到 125 美元，现金流缺口巨大，面临倒闭危机，但在北京市及各地政府的共同支持下，经过漫漫 8 年的巨额亏损后，于 2013 年实现了经营性盈利，成为民族面板显示产业的领头羊，并为中国消费者创造了巨大的"消费者剩余"。

从世界经济发展的历史来看，为数众多的经济体凭借其庞大的国有经济部门取得成功，而许多不成功的经济体的国有经济部门却非常小。比如，新加坡、奥地利、法国、挪威和联邦德国等都有为数庞大的国有经济部门，且运作很好。世界知名的新加坡航空、法国雷诺汽车、巴西航空工业公司、韩国浦项钢铁都是以国有企业起家的，至今仍是各国经济发展的重要领头羊。

第五，以国有经济为骨干、多种所有制形式并存的混合经济体制，非常有利于中国对外获取先进知识的溢出。

落后区域对外获取知识溢出的速度，不仅受落后区域与先进区域知识差距的影响，更重要的是受其对外获取知识溢出的能力，即区域知识吸收能力的限制。

一般来说，落后区域与先进区域的知识差距越大，越有利于先进区域向落后区域进行知识溢出，越能提高落后区域获取知识溢出的速度。但是，落后区域的知识吸收能力将限制其对外获取知识溢出的速度。落后区域的知识吸收能力主要受区域对外学习文化及区域自身知识生产能力两大因素的影响。区域自身的知识生产能力不足，将严重影响落后区域从先进区域引进、消化吸收和应用先进知识，影响从区域外获取知识溢出的能力。

同时，随着落后区域不断向先进区域获取知识溢出，落后区域与先进区域的知识差距会逐渐缩小，相应地将降低其从先进区域获取知识溢出的速度。特别是在高科技知识领域，一是由于知识吸收能力不足，落后区域很难有效获取高端知识领域的知识溢出；二是随着知识更新速度加快，高新技术与知识开发投资更大，而产品开发周期和产品换代周期大大缩短，新知识吸收与应用风险加大，使得落后区域获取先进区域知识溢出的难度增加。随着知识溢出获取速度不断变慢，落后区域已很难继续主要依赖知识溢出获取手段，在高新技术与知识领域发挥后发优势，实现对先进区域的知识追赶。这也是许多发展中国家没能充分享受知识经济时代发展红利的原因。因此，落后区域不可能完全采取对外知识依赖策略，而不提升必要的自主知识生产能力，就能完全实现对先进区域的经济追赶和趋同。为此，落后区域必须加强区域知识基础的建设，加大研发投入，提高自主知识生产能力，才能提高区域知识消化吸收应用的能力，才能真正实现知识获取，从而实现经济追赶和趋同。

改革开放之初，中国依靠从苏联获取的知识溢出，创建了大量的国有企业，再由这些国有企业将新获得的产业知识溢出到其他企业，从而使我国基本建成了较为完整的以国有企业为主体的国民经济体系。此时中国的国有企业已具有较高的、较为系统的知识吸收能力，同时又拥有优于民营企业的资金实力、深厚的产业基础和市场份额，使得在改革开放后较长一段时期，国有企业在国际经济交流中具备了较民营企业更强的话语权和影响力。国有企业用资金购买先进产品、设备和技术，通过市场和人力资本与国外同行进行交换，与国外先进企业开展了大量的合资合作与产业交流，使得国有企业成为中国获取国外先进知识溢出的先驱和主力。国有企业充当了国外先进知识溢出的吸收者和再创新者。

同时，多种所有制经济形式并存的经济体制，也为中国提供了一个开放包容的创新环境。在这种环境下，各种所有制企业可以相互学习、相互借鉴，共同推动技术的创新和应用。外资企业通过在中国的投资和生产，将先进的技术和管理经验引入中国。国有企业通过市场化地引进技术、设备、人才，派人出国考察和学习培训，以及创建合资合作企业等方式方法，获取了不少先进的产业知识，并通过大量人才流动、签订技术合同或建立合资企业等方式，向民营企业提供了技术和经济管理方面的支持，将这些知识在中国加速溢出，成为先进知识的二次溢出者，成为国外先进知识在中国传播的放大器和加速器。民营企业在市场竞争中，通过观察和学习国有企业的成功经验和技术管理方法进行模仿和创新，并凭借其敏锐的市场洞察力和灵活的经营策略，往往能够更快地将捕捉到的先进知识和技术形成产品而推向市场。这种多种所有制企业的互动和融合，使得中国的混合经济体制成为一个真正的知识共享平台。

随着民营企业的不断壮大，国有企业从数量、营业收入及雇员人数上，已小于其他所有制企业的总和，但依然是中国国民经济的骨干。国有企业在关键领域和重大基础设施建设方面，特别是在关系国家安全、国民经济命脉的重要行业和关键领域，如能源、交通、通信等行业，仍发挥着主导作用，仍然是确保国家经济安全和稳定运行的骨干力量。国有企业在中国民族产业走向国际市场过程中，继续发挥着排头兵、领头羊的重要作用。中国国有企业在自主创新能力建设上也发挥着重要的带动作用，带领中国产业人在载人航天、绕月探测、高速动车、特高压电网、青藏铁路、三峡工程、西气东输、南水北调、重要 IT 产品制造等关键技术和重大工程中不断创新。孟巧爽等（2023）的实证研究表明，企业知识向竞争同行外溢显著地降低了非国有企业的基础研究投入，而国有企业则不显著，从侧面进一步证明了国有企业加强基础研究对全行业知识溢出的独特作用。

综上，中国以国有企业为骨干、多种所有制形式并存的混合经济体制，极大地促进了中国改革开放后从国外先进地区获取先进知识。特别是国有企业发挥了对外获取知识溢出的先驱者和主力军作用，充当了国外先进知识的引进者、消化吸收再创造者和传播者的重要角色，在民族产业发展壮大过程中发挥了先进知识的二次溢出者和放大器的独特作用。正是以国有企业为骨干、多种所有制形式并存的混合经济体制，成就了中国改革开放以来的伟大经济奇迹。

五、中国共产党独特的领导品格铸就了中国独特而成功的经济体制

但是，更进一步，为什么其他国家不能，而只有中国能构建起适应知识经济时代落后区域经济追赶的、独特的、以国有企业为骨干且多种所有制形式并存的混合经济体制？

中国经济增长的奇迹毫无疑问是在中国共产党人领导下创造的，但是并不是共产党领导下就一定能取得成功。苏联和东欧社会主义国家都是在共产党领导下，但它们却失败了。那么，中国共产党成功的秘诀是什么？中国共产党为什么能够做到？

首先，中国共产党奉行的马克思辩证唯物主义和历史唯物主义，是中国共产党制胜的理论法宝。

马克思辩证唯物论认为，生产力决定生产关系，先进的生产关系必须适应生产力的发展，实质是生产力决定论。而西方奉行的是资本主义至上论，预设了私有制是最好的经济体制，实质是生产关系决定论。

新中国成立以来，实行的是从苏联学习的计划经济体制。改革开放前夕，中国共产党认识到，计划经济在新中国成立初期为中国迅速摆脱"一穷二白"的局面起到了重要作用，但不再适应知识经济时代的中国生产力发展。为此中国共产党主动推进经济体制改革，发展中国特色的社会主义市场经济。不同于苏联和东欧的共产党，中国共产党不是教条地学习和理解马克思主义，而是奉行其辩证唯物论的世界观和方法论，特别是生产力决定论。我们并不简单地将社会主义等同于计划经济，而是将马克思主义同中国社会主义建设

实践相结合，认为有利于中国社会主义经济发展的经济体制，都可以应用于中国的社会主义实践，从而创造性地开拓了以国有企业为骨干、多种所有制形式并存的中国特色的社会主义市场经济体制。

其次，中国共产党没有自己的党派利益，才能真正彻底地信奉生产力决定论，为了发展生产力，不断自我革命，从而探索出一条适合中国经济社会发展的中国特色社会主义市场经济道路。

中国共产党是以实现共产主义为最高理想的党。共产主义是马克思通过深入研究人类社会发展史，对人类多种文化所追求的终极理想社会的总结和提炼。共产主义将人的自由而全面的发展作为人类社会发展的理想目标，马克思等（1848）指出"每个人的自由发展是一切人的自由发展的条件"。在这个理想的终极社会里，生产力的极大发展是前提，人们可以按需分配，自由发展，无各种所有制存在的必要，自然也无阶段和党派存在的必要。迈向共产主义"理想国"的道路，就是不断发展社会生产力的道路。为此中国共产党人不预设意识形态前提，不进行意识形态对抗，不排斥资本主义国家，主动推行对外开放，积极吸收资本主义国家所产生的优秀人类文明成果。中国共产党人认为，资本主义道路和社会主义道路，都是人类社会迈向终极理想社会的不同实践道路，不适于生产力发展的制度终将被社会所淘汰，这是人类社会发展的历史自觉。

中国共产党作为马克思主义政党，没有自己的党派利益，只有全民的利益，中国共产党才会坚定地信奉生产力决定论。中国共产党人为了解放和发展生产力，主动自我革命，推动和深化改革开放，从而探索出适合中国经济社会发展的中国特色社会主义市场经济体制，走出了一条独特的中国发展道路。

六、未来展望

（一）中国会掉入"中等收入陷阱"吗？

近年来，随着中国经济由高速增长转向中高速增长，西方出现了不少唱衰中国的言论，认为中国必然会掉入"中等收入陷阱"。特别是新冠疫情以来，中国经济遇到前所未有的困难，经济增速明显下降。1978—2012 年的 34 年间，中国人均国内生产总值年均复合增长率为 14.6%，2012—2019 年的 7 年间下降为 8.43%，2019—2023 年的 4 年间，年均复合增长率进一步下降为 6.26%，2022 年人均国内生产总值（不变价格）较上年增长率仅为 3%，2023 年又恢复到 5.4%（表 0-3）。

表 0-3 我国近 5 年经济增长情况

指标	2023 年	2022 年	2021 年	2020 年	2019 年
国民总收入/亿元	1 251 297	1 191 767.1	1 141 230.8	1 005 451.3	983 751.2
国内生产总值/亿元	1 260 582.1	1 204 724	1 149 237	1 013 567	986 515.2
人均国内生产总值/元	89 358	85 310	81 370	71 828	70 078
当年国内生产总值较上年增长率（不变价格）	5.2%	3%	7.7%	2.2%	6%

关于中国是否会掉入"中等收入陷阱"，目前学术界还没有一致的结论。一些学者认为，虽然中国在经济和社会发展的过程中产生一些问题，但按照目前情况来判断，中国掉入"中等收入陷阱"的概率很小。霍米·卡拉斯（Homi Kharas，2011）认为，由于中国政府从出口导向型经济增长战略转向扩大内需型经济增长战略，可以避免"中等收入陷阱"。不少学者则指出，中国很可能掉入"中等收入陷阱"。马克（2010）认为，长期以来中国未能有效解决经济结构失衡的问题，虽然经济总量迅速增大，但面临可持续发展的挑战，中国面临陷入"中等收入陷阱"的危险。王一鸣（2011）总结出中国经济和社会发展面临的六大挑战，认为中国可能陷入"中等收入陷阱"。

目前，关于"中等收入陷阱"的理论解说、研究文献不多，还没有公认成熟的理论体系。各国学者对"中等收入陷阱"的研究主要从对掉入"中等收入陷阱"的拉美国家和部分东南亚国家教训的实证观察、经验总结，以及这些国家同日韩等成功脱离"中等收入陷阱"国家的国际比较研究出发，对

"中等收入陷阱"的表现、特征、形成原因及应对策略进行阐述。多恩布什（Rudiger Dornbush，1998）在《宏观经济学》（第七版）中，提出"解释一个无增长与高增长国家并存的世界，我们需要一个模型，既能容纳无增长、低收入均衡，又能包含正增长、高收入的均衡"，为此多恩布什提出了一个假想的生产函数，其生产函数开始的前一阶段为边际产品递减的曲线，生产函数的后一阶段为向上倾斜的直线，以"结合新古典增长与内生增长原理"。基于这个假想的生产函数，多恩布什解释了"中等收入陷阱"形成的机理。

首先，我们应用区域经济增长条件均衡公式来研究"中等收入陷阱"形成机理。

根据区域经济增长条件均衡公式的分析，目前世界上绝大多数国家或地区由于知识生产能力还未达到一定高度，长期经济增长将按区域经济增长条件均衡公式所揭示的规律收敛。当收敛点经济增长水平较低时，即形成所谓"收入陷阱"或"均衡陷阱"。收入陷阱表征了区域经济发展到一定阶段后增长乏力，长期停滞于某一经济发展水平的现象。

落后区域的知识生产效率还不高，知识生产的规模收益递减，即其知识生产弹性系数 $\beta+\theta+\gamma<1$。根据区域经济增长条件均衡公式，长期经济增长将收敛。

对于知识生产效率较低的落后区域，现代生产知识大部分是从西方先进国家和地区引入，必然产生高度的对外知识依赖，其区域对外知识依赖系数 μ 较高，我们假设 $\mu>1/2$，即一半以上知识对外依赖。同时区域长期均衡增长分析中，一般假定会实现充分就业状态，即 $n=r$。此时若 g_T 趋近 0 甚至小于 0，则根据区域经济增长条件均衡公式可推导得出人均经济增长率将低于人口自然增长率：

$$g_y^* < r。$$

根据联合国发布的 2010 年世界各国人口自然增长率数据，高收入国家为 0.64%，中等收入国家为 1.12%，中等偏下收入国家为 1.54%，低收入国家为 2.10%。如按此计算，中等收入国家平均经济增长率将小于 1.12%，经济将低速增长，掉入"中等收入陷阱"。

因此，落后区域由于知识生产能力较低，长期经济增长收敛，对外获取知识溢出增长率较低，将使得长期经济增长收敛水平较低，即形成所谓"收入陷阱"。从较长发展时间来看，由于人口自然增长率通常较低，如果仅依赖人口增长因素，而不能有效提高对外获取知识溢出的增长率，经济将陷入低速增长或无增长，出现增长停滞，形成所谓"收入陷阱"。当该国或地区处于中等收入阶段，即形成所谓"中等收入陷阱"；当该国或地区处于低收入阶段，即形成所谓"低收入陷阱（均衡）"；当该国或地区处于高收入阶段，也将掉入所谓"高收入陷阱"。我们利用知识增长曲线和资本增长曲线更能形象地反映中等收入形成的机理。图0-3为"中等收入陷阱"机理示意。随着落后区域知识与经济的发展，其与发达区域知识的差异必将迅速缩小，对外获取知识溢出的增长速度必将迅速减缓，即 g_T 将迅速减小。由于没有从根本上提高知识生产效率，知识生产效率还无法达到能使得长期经济增长不收敛这样的高度。随着资源要素禀赋的边际收益递减，引进外资的增速必然减慢。g_K 将在区域内部经济增长规律的支配下，逐步收敛减小。经济将在两条曲线之间递减收敛到较低的均衡点 E，即形成所谓的"中等收入陷阱"。

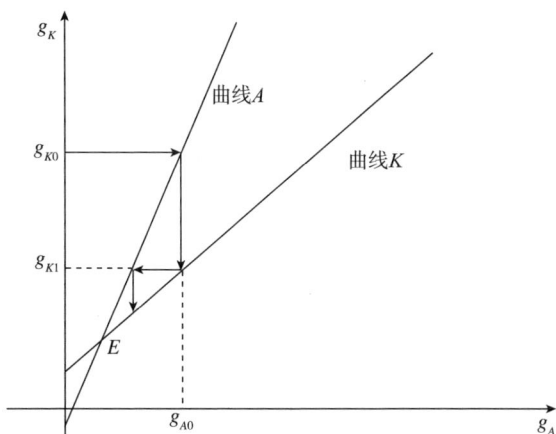

图0-3 "中等收入陷阱"机理示意

其次，我们对"中等收入陷阱"现象做进一步解释。

由此对当前世界上许多发展中国家和地区在进入中等收入国家后，人均国内生产总值增长长期处于停滞状态，即掉入所谓"中等收入陷阱"的现象，可以做如下解释："中等收入陷阱"产生的直接原因是，随着落后区域经济的发展到达中等收入阶段，其与发达区域知识的差距大幅缩小，其对外获取知识溢出的增长率必将迅速下降，导致经济均衡增长速度迅速下降。

落后经济体，由于知识生产效率低下，服从区域经济增长条件均衡公式所示的规律，经济长期均衡增长将收敛。其在经济发展初期，通过改革开放，利用区域的资源禀赋，持续对外引资引智，采用知识获取战略，保持较高的区域知识对外依赖系数 μ，使对外获取知识溢出增长率 g_T 持续增长，也提高了区域劳动增长率 n，从而使经济增长稳定收敛水平 g_y^* 处于较高水平，"推动"区域经济较快发展，跨越低收入陷阱（均衡），在相对较短时期内发展到中等收入阶段。

但是进入中等收入阶段后，特别是进入中高收入阶段后，随着资源要素禀赋的边际收益递减，引资引智的增速必然减慢。对外获取知识溢出增长率 g_T 的较高水平不会无限进行下去。随着落后区域知识与经济的发展，其与发达区域知识的差异必将迅速缩小，对外获取知识溢出增长率必将迅速减缓，即 g_T 将迅速减小。特别是随着知识获取战略的长期实施，落后区域与先进区域在中低端知识领域的知识差距已越来越小了。但如果已摆脱低收入阶段，未能有效发展区域内在的知识生产能力，知识吸收能力未能得到有效提高，必然导致在高端知识领域无法获取高端知识溢出，对外获取知识溢出的增长率 g_T 将迅速下降，如图 0-4 所示。

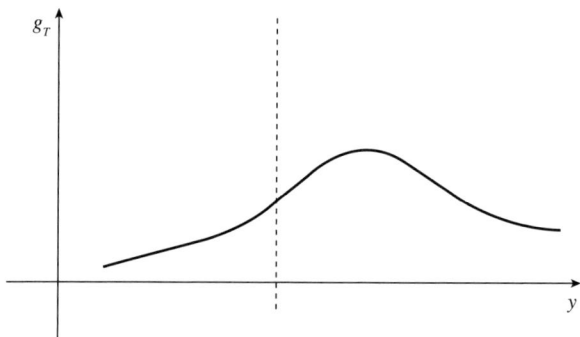

图 0-4　g_T 演进示意

　　而且，各国随着经济发展，人口自然增长率不断下降，较高水平的劳动增长率 n 也难以为继。根据联合国发布的世界各国人口自然增长率数据可以发现，国家经济发展程度越高，其人口自然增长率越低。2010 年，高收入国家为 0.64%，中等收入国家为 1.12%，中等偏下收入国家为 1.54%，低收入国家为 2.10%。而且各国随着经济发展，人口自然增长率不断下降。例如，巴西人口自然增长率，从 1960 年的 2.96% 下降到 2000 年的 1.44%，到 2010 年又下降到 0.88%；中国人口自然增长率，从 1960 年的 1.83% 下降到 2000 年的 0.79%，到 2010 年又下降到 0.48%。1978—2023 年的 45 年间，年均复合人口自然增长率仅为 0.85%。

　　而此时，由于长期的对外知识依赖，内在的知识生产或自我创新能力不足，知识生产效率还无法达到一定高度，知识生产各项弹性系数的增加所产生的条件均衡公式简式中 g_T 和 n 项参数 ξ_T 和 ξ_n 的放大作用，还无法弥补由于 g_T 和 n 项的减少而造成 g_y^* 下降的影响。为此许多发展中国家最终跌入"中等收入陷阱"。

　　综上，"中等收入陷阱"产生的直接原因是，随着落后区域经济发展到达中等收入阶段，其与发达区域知识的差距大幅缩小，其对外获取知识溢出增长率必将迅速下降，导致经济均衡增长速度迅速下降。其深层次原因在于，由于长期采取对外知识依赖战略，未能有效提高自主知识生产能力，对先进知识的吸收能力未能有效提高，导致在高端知识领域无法有效获取知识溢出，从而发展到一定阶段后就无法有效维持较高的对外获取知识溢出的增长速度，区域将转而长期处于较低速增长，形成"中等收入陷阱"。因此，知识生产效率低下、自主创新能力弱，是形成"中等收入陷阱"的根本原因。

　　再次，关于中国是否会陷入"中等收入陷阱"，目前理论界还没有证据，也没有得出明确一致的研究结论。但我们的研究认为，只要我们妥善应对当前的短期冲突，中国必然能摆脱"中等收入陷阱"。

　　根据前述我们对区域经济增长条件均衡公式的分析，发展中国家和地区在低收入阶段必然面对"低收入陷阱"（均衡），进入中等收入阶段必须面对"中等收入陷阱"。"中等收入陷阱"是中国发展到中等收入阶段必须面临的问题。

中国改革开放以来，在 1978 年人均 GDP 仅为 155 美元的起点上，用了 23 年的时间，于 2001 年达到 1038 美元，突破了 1000 美元的"低收入陷阱"大关，正式进入中等收入国家。目前，中国已进入中等收入国家行列 23 年了。目前，巴西、南非、墨西哥、马来西亚在中等收入阶段"滞留时间"分别已经达到 49 年、52 年、51 年和 48 年，还没有走出"中等收入陷阱"。俄罗斯、智利从中等收入国家进入高收入国家行列分别花费 22 年和 37 年。中国能否顺利走出"中等收入陷阱"成为我们每个人关心的问题。

中国学者吴延兵（2006）运用中国大中型工业企业行业的面板数据，在测算 R&D 资本存量的基础上，构建了中国的知识生产函数模型，进而得出中国"知识生产函数具有规模报酬不变或递减的性质"，即 $\beta+\theta\le 1$。该项研究说明中国内在的知识生产效率还不足以推动经济发散增长，必然服从区域经济增长条件均衡公式揭示的规律。同时通过我们的实证研究证实，随着中国经济的增长，对外获取知识溢出增长率即 g_T 已开始减缓。同时人口自然增长率 r 已明显减缓，2012—2023 年的 11 年间，中国年均复合人口自然增长率仅 0.33%，未来将对劳动增长率 n 产生深远影响。

近年来中国经济增长速度明显在下降，由高速增长阶段转到中高速增长阶段。1978—2012 年的 34 年间，中国人均国内生产总值年均复合增长率为 14.6%。2012—2023 年的 11 年间，中国人均国内生产总值年均复合增长率下降为 7.63%，比 1978—2012 年的年均复合增长率下降 47.7%。近年来，受新冠疫情影响，经济增速明显下降。特别是 2020 年受疫情影响人均国内生产总值（不变价格）较上年增长率仅为 2.2%，2021 年反弹到 7.7%，但 2022 年又回落到 3%，使许多人开始担心中国增长会不会就此一蹶不振，开启低速增长阶段，从而掉入"中等收入陷阱"。

最后，我们的研究认为，中国有信心、有条件、有能力成功摆脱"中等收入陷阱"。我们要正确理解和认识 2020 年，特别是 2022 年中国人均国内生产总值增长率降至 3% 及以下的严峻形势。中国目前的经济增长困境，是中国经济长期增长动力转换与短期干扰因素——新冠疫情的影响及美国等西方发达国家打压的叠加共振效应。根据区域经济增长条件均衡公式有

$$g_y^* = \xi_T g_T + \xi_n n + (n-r) \quad 0 < \xi_T \leqslant 1, \xi_n > 0,$$

决定区域长期均衡的人均经济增长率，有两个正向因素——对外获取知识溢出的增长率和就业增长率，有一个负向因素——人口自然增长率。而区域知识生产效能将作为两个正向因素的系数，影响其发挥作用的程度，知识生产效能越高，对两个正向因素的乘数作用就越大。

当前决定区域长期均衡的人均经济增长率的两个正向因素都处于下降周期。一是对外获取知识溢出的增长率 g_T 正处于下降趋势。如前所述，中国改革开放以来，通过获取先进区域知识溢出，创造了较高的对外获取知识溢出的增长率，推动了中国经济的高速增长。但当前，中国经济发展到达中高收入阶段，其与发达区域知识的差距大幅缩小，必然导致其对外获取知识溢出的增长率迅速下降，从而拉低经济均衡增长速度。因此，从知识增长的长期发展战略角度看，中国正处于长期发展动力的转型"阵痛"期：从以知识外生增长为主，转变为以知识内生增长为主，也就是以对外获取知识溢出增长率主，转变为以提高知识生产效能，即提升参数 ξ_T 和 ξ_n 的放大作用为主，兼顾稳定 g_T。

二是就业增长率 n 也处于下降趋势。随着中国城镇化率的提升，中国转型实行新型城镇化战略，过去的劳动力红利正在下降，就业增长率 n 也在不断下降。特别是中国人口自然增长率不断创新低，从长期来看，将不断拉低长期的就业增长率 n。

而近两年，中国的经济面临着许多前所未有的短期经济波动因素的强力干扰，进一步拉低了中国的经济增长率。新冠疫情造成许多小微企业倒闭，影响当前的经济增长、劳动就业和消费信心，并进一步影响到房地产业的复苏，导致部分房地产企业出现债务风险。国际经济下行和国际贸易环境恶化、美国等西方发达国家打压和技术贸易壁垒，使中国出口增速放缓，也严重拉低了中国的经济增速。

但是，我们要看到，对于影响当前经济增长的许多短期经济波动因素，只要应对得当，它们就只作为区域经济长期均衡过程中的扰动因素。只要不造成经济的"硬着陆"，它们就将随时间推移而被长期趋势抹平，不会对区域长期增长率产生趋势性影响。这些短期经济扰动因素，终将随着中国政府的保增长、促就业，以及支持小微企业和房地产业平稳发展的政策措施的实施，而平稳"落地"。

同时更应看到，受到如此巨大的短期冲击因素的影响，2022 年中国 GDP 按不变价格计算为 113 万亿元，增速仍为 3%。

根据国家统计局相关测算，2022 年房地产及相关产业占中国 GDP 比重约为 13%~14%，2022 年商品房销售额下降速度为 26.7%，则拉低 GDP 增速 2 个百分点以上，这从反面说明，如果排除掉这些短期因素的影响，中国长期的人均经济均衡增长率将有可能保持在高于 5% 的水平。而 2023 年中国的 GDP 增速就又回到了 5% 以上，实现 5.2% 的增长率，这进一步证明，中国长期的人均经济均衡增长率很有可能保持在高于 5% 的水平。

同时，我们推算，只要我们保持年人均经济均衡增长率在 5% 以上，中国将在 2029 年走出"中等收入陷阱"，跨入高收入国家行列。根据世界银行 2024—2025 财年的最新标准，高收入国家人均 GNI 门槛值约为 14 005 美元。2020 年，其公布的高收入国家人均 GNI 标准为 12 696 美元，高收入国家人均 GNI 门槛值的 2020—2024 年年均复合增长率为 2.5%。若按此增长率假定，2030 年后高收入国家人均 GNI 门槛值将达到 16 241.5 美元。

以美元计价，我国 2023 年人均 GNI 为 12 596.6 美元。按平均每年 5% 的增长率计算，2029 年后将达到 16 880.6 美元，超过上述估算的高收入国家门槛值，将摆脱"中等收入陷阱"！

为此，我们有信心，只要中国能充分利用好有利条件，有效稳定和延缓 g_r 和 n 的下降速度，积极推动长期发展动力的转型，强化自主知识生产能力建设，就一定能成功摆脱"中等收入陷阱"。目前的中国，正走在摆脱"中等收入陷阱"的正确道路上。

一是中国政府不断深化对外开放战略，将有效延缓中国跌入"中等收入陷阱"的趋势。"中等收入陷阱"产生的直接原因是，随着落后区域经济发展到达中等收入阶段，其对外获取知识溢出增长率必将迅速下降，导致经济均衡增长速度迅速下降。中国将对外获取知识溢出作为一个长期的国家战略，可以有效减缓与发达区域知识差距大幅缩小而导致的对外获取知识溢出增长率的迅速下降趋势,从而有效减缓经济均衡增长速度的下降。

二是中国大力推进创新型国家建设,不断完善国家自主创新体系建设,强调发展新质生产力,不断提高自主创新能力,能有效提高中国知识生产效率,走上彻底摆脱"中等收入陷阱"的必由之路。"中等收入陷阱"产生的根本原因在于区域知识生产效率低下,自主创新能力弱,导致在高端知识领域无法有效获取知识溢出,从而发展到一定阶段后就无法有效维持较高的对外获取知识溢出的增长速度。2023年以来,习近平总书记特别强调要大力发展新质生产力,新质生产力的核心是中国进入新时代后的新知识,关键是获取知识的来源,除了开放引进吸收以外,更重要的是自主创新。当前知识竞争主赛道是数字化、网联化和智能化。新质生产力,是在世界进入知识经济时代、中国到达新时代新发展阶段的大背景下,习近平总书记对知识生产力的一个新提炼、新总结。

提高自主知识创新能力,增强自主知识生产能力,一方面,可以有效提高中国对高端科技知识的理解、消化、吸收和应用能力,有效克服高端科技知识溢出吸收能力下降的问题,提高区域知识吸收能力,从而可以有效减缓对外获取知识溢出增长率迅速下降的趋势;另一方面,从区域经济增长条件均衡公式看,自主知识创新能力提升、区域知识生产效率提高,可使得知识生产函数各项弹性系数 γ、β、θ 增大,从而增大条件均衡公式简式中的系数 ξ_T,进而放大对外获取知识溢出的作用,可以有效抵销对外获取知识溢出增长率的下降带来的对经济均衡增长水平的不良影响。同时,区域知识生产效率提高及知识生产函数各项弹性系数 γ、β、θ 增大,也将提高 ξ_{nC},从而提升劳动增长率 n_C,整体提高区域经济均衡增长水平。

三是中国大力推进新型城镇化战略,能有效提升劳动增长率和劳动就业效率,从而实现较高经济均衡增长水平。中国有大量的农村劳动力处于隐性失业状态,大力推进城镇化战略,可以将大量的农村富余劳动力转到城镇,实现显性就业,从而实现劳动增长率在较长时期内的较高增长,进而推动中国实现较高经济均衡增长水平。

　　城镇化不是简单的"土地城镇化"和"人口城镇化"，核心在于实现农村富余劳动力的城镇有效就业，提高劳动增长率和就业效率。一方面，要不断完善城镇发展体系，发展城镇经济，促进产业结构升级，健全城镇功能，改善城镇环境，加强吸引农村富余劳动力到城镇就业和生活；另一方面，要加强农业现代化建设，促进农业产业结构升级，有效提升农业生产效率，将更多的农业劳动人口释放出来，实现更有效率的就业。

　　四是中国放弃限制生育政策，进而采取积极的鼓励生育政策，长期看将会有效减缓人口出生率下降的趋势，对长期的劳动增长率产生良性影响。新古典增长理论和新增长理论经济增长模型都得出："人口增长率提高意味着稳态收入降低"的结论，即人口增长率提高将拉低人均收入的增长。但是我们通过对区域经济增长条件均衡公式分析认为，维持适度的人口自然增长率 r，将有利于长期的经济增长。首先，由区域经济增长条件均衡公式可知，提高劳动就业增长率 n 将提高人均经济均衡增长率。一般来说，劳动就业增长率 n 不可能快速且无限增长。n 受诸多因素的影响，特别是受人口与劳动政策、人口自然增长率和经济增长水平的影响。事实上，n 是 r 的函数。对长期均衡的 n，在不考虑外来人口流动的情况下，应等于人口自然增长率 r。因此，较高的均衡的人口自然增长率 r 将有助于形成较高的均衡的劳动就业增长率，从而促进经济增长水平的长期提高。其次，人口自然增长率 r 对经济均衡增长率的影响不应简单推断。从区域经济增长条件均衡公式表面来看，人口自然增长率与长期经济增长率成负相关的关系，与新古典增长理论和新增长理论经济增长模型得出的"人口增长率提高意味着稳态收入降低"的结论是一致的。但区域经济增长条件均衡公式的第三部分 $(n-r)$ 应作为一个整体去看待。因为 n 是 r 的函数，长期的劳动增长率 n 不能脱离人口自然增长率 r 而单独存在。正是长期均衡的人口自然增长率 r，决定了劳动就业长期均衡的增长率 n。因此，没有较高的长期均衡的人口自然增长率 r，就不会有较高的劳动就业长期均衡的增长率 n。当 $(1+\xi_n)n > r$ 时，将促进经济的长期增长；当 $(1+\xi_n)n < r$ 时，会对经济的长期增长产生负面影响。在区域经济实现长期均衡发展时，应实现充分就业，$(n-r)$ 应为 0，不影响长期的经济增长。而由人口自然增

长率 r 引致的劳动增长率 n，将促进长期的经济增长。这说明维持适度的人口自然增长率 r，将有利于长期的经济增长。

（二）美国的"小院高墙"政策，能阻碍中国的崛起和"东升西落"的趋势吗？

21世纪以来，随着经济全球化的深入发展，以及中国、印度等亚洲国家的快速发展，教育、科技、经济等资源有不断从西方国家向东亚等新兴市场国家转移集聚的趋势，形成了世界发展"东升西落"的预期。特别是中国的崛起，更加引起了世界对这一预期的重视。一是中国经济实力显著增强，正在快速实现经济追赶。中国GDP连续多年快速增长，在全球经济中的占比稳步上升，位居世界第二，而一些西方国家的经济则面临增长乏力的困境。二是中国科技创新能力大幅提升，与西方国家的差距逐渐缩小。中国在人工智能、5G通信、航天科技、量子信息科学等高科技领域取得了突破性进展，中国的高铁、新能源汽车、太阳能电池等产业在全球范围内具有竞争力。三是中国制造业规模及水平不断提升，成为名副其实的世界工厂。中国是世界上产业门类最全的国家，很多产品产量都稳居世界第一。

但是，近年来美国为了维护其所谓的"利益和安全"，气势汹汹，不断推行"小院高墙、脱钩断链"政策，旨在遏制中国等特定国家高科技发展，通过对特定技术领域的投资、出口和研发进行限制，以减缓中国等国家的技术进步和产业升级，试图通过贸易壁垒和技术封锁来维护其科技霸主地位，阻止中国的崛起和"东升西落"的趋势。例如，在半导体领域，美国的"小院高墙"政策限制美国企业向清单上的中国企业销售产品，还对高精度芯片实施出口管制和制造设备管制。他们限制中国学生到美国学习STEM（科学、技术、工程、数学），并禁止美国公民和永久居民为中国芯片企业服务。此外，拜登政府还设立了对外投资审查机制，限制美国企业主体投资中国半导体、微电子、量子信息技术和人工智能领域。美国试图在高科技领域对中国实施精准打击。

受美国等西方发达国家的打压，叠加新冠疫情的影响，中国经济面临前所未有的挑战，增速明显下降。2012—2023年，中国人均国内生产总值年均复合增长率高达 7.63%。但 2022 年人均国内生产总值增长率下降为 4.84%，2023 年又进一步下滑到 4.75%。在此严峻形势下，质疑中国的崛起进程和"东升西落"趋势的言论与情绪，唱衰中国论调，甚嚣尘上。

美国推行的"小院高墙、脱钩断链"政策，有可能助推我们对外获取知识溢出的增长率 g_T 的下降趋势，妨碍我们稳定和延缓 g_T 下降的努力，从而拉低我们的长期经济均衡增长率，破坏中国的崛起过程，确实令大家忧心忡忡。

如前所述，中国近两年的经济增长率略低于 5% 的困境，是中国经济长期增长动力转换与前所未有的强力的短期干扰因素叠加共振效应所致，从一个反面说明了中国长期人均经济均衡增长率有可能较高于 5% 的事实。

我们认为只要中国应对适当，美国推行的"小院高墙、脱钩断链"政策，只会加速中国的崛起和"东升西落"的趋势。

首先，美国的"小院高墙、脱钩断链"政策，不能阻止中国获得知识溢出。在全球化的大背景下，一国的政策在短期内可能阻碍知识的流动与溢出，但从长期来看，不可能改变知识溢出的特性。知识本性就会产生溢出和流动，特别是推动经济增长的科技知识，必然通过产品投放市场而产生经济生产力。只要中国坚持改革开放，不自绝于世界市场，就可以通过前述的获取知识溢出的多项途径，从世界市场上获得相关知识，只是时间和代价问题。

其次，"小院高墙、脱钩断链"政策，会激励中国企业的自主创新能力的提升，给我们提供了快速成长的市场机会。美国限制本国及其盟友将其占优势的高技术产品出口中国相关企业，从短期来看，影响了中国相关企业产品性价比的提升和技术更新换代，降低了我们相关企业在国际市场上的竞争力和占有率。但从长期来看，由于中国市场足够庞大，他们放弃了其优势产品在中国市场的压倒性竞争地位，反而助力中华民族产业相关领域产品和技术的发展与成熟，激励中国企业的自主创新能力的提升，给我们提供了快速成长的市场机会。

最后，美国推行的"小院高墙，脱钩断链"政策，以及个别西方政客不断掀起的"仇中排华"舆论，将阻碍他们从中国获取知识溢出。如前所述，中国能抓住知识经济时代的机会，成功从国外获取知识溢出，关键在于中国有强大的知识自主创新能力，从而有强大的知识吸收能力。随着改革开放40多年的发展，中国科技创新能力大幅提升，在许多高科技领域取得了突破性进展，在许多产业领域如高铁、新能源汽车、太阳能电池，已具备了全球竞争力。"脱钩断链"的结果，影响他们民众同中国交流沟通学习的意愿和机会，必然阻碍他们从中国获取知识溢出。

综上所述，中国政府不断扩大和深化改革开放，中国人民如饥似渴地向西方学习先进知识，而以美国为主的西方却在搞"小院高墙，脱钩断链"，自我封闭，必然形成知识的单向流动趋势。从长期的知识增长视角来看，不利于西方的知识增长，使中国在知识竞争中处于有利于地位。长此以往，随着中国自主知识生产能力的不断提升，将使得"东升西落"成为必然的趋势。

针对美国采取的"小院高墙"政策，中国要坚持扩大高水平对外开放、不断深化对外开放政策，致力于构建更加开放包容合作共赢的世界经济体系，加强自主知识创新体系建设，围绕提升长期经济均衡增长水平，做好自己的事情。在此基础上，我们提出以下几点对策建议。

①以利益求合作，突破"小院高墙"。我们应充分利用中国庞大的国内市场机会，加强同欧洲、亚洲国家及其他广大发展中国家的战略合作。通过深化经贸合作，实现互利共赢，形成利益共同体、命运共同体。以利益促合作，以利益破高墙。这不仅可以拓展我们的发展空间，还能增强我们在国际舞台上的影响力。

②以突破求平等，构建知识互换局面。在劣势领域，我们需要采取重点突破策略。要充分发挥体制优势，通过加强科技研发、人才等方面的投入，提升我们的核心竞争力，打造局部优势，力争形成知识互换的局面。

③以优势求尊重，形成优势互补与制衡。在优势领域，我们要进一步强化我们的优势地位，形成更强的竞争优势。不断通过技术创新、品牌建设、渠道拓展等手段，打造出深入人心的国际影响力。特别是要利用好我们制造能力的绝对优势，构建起大宗商品国际定价机制中的中国话语权，以此形成优势互补与制衡的局面，以制约个别强权国家随意挑起贸易战、科技战。这样，我们才能在国际舞台上赢得更多的尊重和支持。

④以实力求安全，推进创新型国家建设。要彻底摆脱对国外的知识依赖，我们必须大力推进创新型国家建设。这需要我们不断完善国家自主创新体系建设，发展新质生产力，提高自主创新能力。通过实施知识内生增长战略，强化自主知识生产能力和创新体系建设，实施"补链强链"行动，有效提高中国知识生产能力和效率，确保国家安全和可持续发展。

（三）无限增长的可能

无限增长，特别是可持续的无限增长，一直是人类的梦想。知识生产要素给人类的梦想带来了可以预见的未来。

新经济增长理论发现知识的溢出特性，指出由于知识溢出的存在，使得社会生产可以实现收益递增。罗默（Romer，1986，1990）指出，社会一旦出现新的发现，每个人都可以利用，社会就可以得到免费的资源，这就产生了知识溢出。知识溢出产生的原因在于知识具有非竞争性和部分排他性特征。根据微观经济学的基本原则，资本投入产生私产报酬，对厂商而言，资本的私产报酬是递减的。但除了私产报酬，由于知识溢出的存在，资本投入还将产生社会报酬，因此资本投入产生的总的要素报酬存在递增的可能，社会经济总的要素收益没有递减。由于社会总的要素报酬没有递减，与新古典经济增长理论相比，新增长理论没有增长停止机制。人均实际 GDP 可以随着资本积累不断增长，人们的创新能力和实际利率将决定增长率的高低。

首先，我们重构的经济增长总量模型从理论上揭示了人类实现无限增长的可能。

如前我们构造的知识生产函数：

$$P = B(\alpha_K K)^{\beta}(\alpha_L L)^{\gamma}A^{\theta} \quad B>0, \beta>0, \gamma>0, \theta \geqslant 0。$$

由于知识溢出的存在，使得知识的生产可能实现规模收益递增，即知识生产函数各项弹性系数之和将大于 1，$\beta+\theta+\gamma>1$，表明知识生产规模收益递增。此时，区域的知识生产将摆脱传统物质生产要素所具有的边际收益递减、规模收益递减的局限。

①区域可以通过不断提升自主知识生产效能，实现极高的长期经济均衡增长水平，从而实现"无限增长"。

如前所述，当 $\beta+\theta<1/(1-\mu)$ 时，长期经济增长将收敛，实现条件均衡。一般假定长期均衡状态下，就业增长率等于人口自然增长率，区域经济增长条件均衡公式可进一步简化为：

$$g_y^* = \xi_T g_T + \xi_n n \qquad \xi_T, \xi_n > 0 。 \qquad (0-16)$$

其中：

$$\xi_T = \frac{\mu}{1-(1-\mu)(\theta+\beta)}, \qquad (0-17)$$

$$\xi_n = \frac{(1-\mu)(\gamma+\beta)}{1-(1-\mu)(\theta+\beta)} 。 \qquad (0-18)$$

本书不具体讨论知识生产函数的各要素弹性大小，只研究要素弹性总体对 ξ 参数的影响。为了方便计算讨论，我们将对外知识依赖系数 μ 和知识生产中的各项弹性系数——β 为知识的资本弹性，γ 为知识的劳动弹性，θ 为知识的新旧弹性，进行理想化假定并赋值试算。我们假定三因子在知识生产函数中具有相同的影响程度，即 $\gamma=\beta=\theta$，可得出表0-4。

表0-4 条件均衡公式参数试算

μ	$\beta+\theta+\gamma=1$			$\beta+\theta=1$			$\beta+\theta=1.1$			$\beta+\theta+\gamma=2$		
	ξ_T	ξ_n	g_y^*	ξ_T	ξ_n	g_y^*	ξ_T	ξ_n	g_y^*	ξ_T	ξ_n	g_y^*
$\frac{3}{4}$	0.9	0.2	7.3%	1	0.33	1.17%	1.03	0.38	1.22%	1.13	0.5	1.38%
$\frac{1}{2}$	0.75	0.5	6.25%	1	1	1.5%	1.11	1.22	1.72%	1.5	2	2.5%
$\frac{1}{4}$	0.5	1	4.5%	1	3	2.5%	1.43	4.71	3.79%	发散	发散	
$\frac{1}{10}$	0.25	1.5	0.75%	1	9	5.5%	10	99	59.5%	发散	发散	
假设	$g_T=8\%$，$n=0.5\%$			$g_T=1\%$，$n=0.5\%$								

通过分析表 0-4 可发现如下现象。

第一，当知识生产未能实现规模收益递增时，区域可以通过维持较高的对外获取知识溢出增长率 g_T 和较高的对外知识依赖度 μ，从而获得较高的人均经济均衡增长率。

如表 0-4 所示，当知识生产函数为规模收益不变时，即 $(\beta+\theta+\gamma)=1$ 时，假定区域有较高的 g_T，等于 8%，而充分就业增长率 n 较低，为 0.5%，当对外知识依赖度 μ 为 3/4 时，人均经济均衡增长率为 7.3%。

第二，当知识生产实现规模收益递增时，区域可以通过增强自主知识生产，而不依赖于从区域外获取知识溢出，实现内生的持续的高速增长，甚至异常的超高速增长。

如表 0-4 所示，我们先假定 $(\beta+\theta)=1$，这时我们假定区域有较低的 g_T，等于 1%，而充分就业增长率 n 仍较低为 0.5%，当对外知识依赖度 μ 较低为 1/10 时，人均经济均衡增长率仍可以高为 5.5%。主要原因是由于知识生产效能的提升，实现了规模收益递增，使得充分就业增长率 n 的系数 ξ_n 产生突变性增长，从而使得区域可以不依赖于较高的对外获取知识溢出增长率 g_T。而且随着知识生产能力的不断提升，同区域外的知识差距必然不断减小，g_T 也必然减小，相应的对外知识依赖度也会不断减小，此时参数 ξ_T 相对较小，固化为 1，也标志着对外知识依赖战略失效。

如表 0-4 所示，当我们将 $(\beta+\theta)$ 值再提高 10% 时，即假定 $(\beta+\theta)=1.1$ 时，随着对外知识依赖度 μ 的不断降低，人均经济均衡增长率将产生异常的突变性增长。我们仍假定区域有较低的 g_T，等于 1%，充分就业增长率 n 仍较低为 0.5%，当对外知识依赖度 μ 较低为 1/10 时，人均经济均衡增长率异常突变为 59.5%！最主要的原因是参数 ξ_n 产生异常突变性，增长到 99！

②经济增长出现"奇点"。2005 年，美国发明家、思想家雷·库兹韦尔（Ray Kurzweil）在《奇点临近》一书中，提出了"奇点"这一概念，即当技术和人工智能的进展超过人类理解和掌控能力时，将引发一系列深刻而不可预测的变化的临界点，并预测人类社会发展的"奇点"可能在 21 世纪中叶到来，届时技术和社会将发生翻天覆地的变化。"奇点"，来源于英文 Singularity

的翻译，原意是表示独特事件及其种种奇异影响，数学家用这个词来表示一个超越任何限制的值。如函数 $y = 1/x$，当 x 无限趋近于 0 时，y 将不断增大，直至无穷！$x = 0$，就是函数 y 的"奇点"。

如前述分析可知，当知识生产效率极大提高，$(\beta+\theta) = 1/(1-\mu)$ 的点，就是经济增长的"奇点"。当 $(\beta+\theta)$ 趋近于 $1/(1-\mu)$ 时，参数将产生爆发性激增，使得经济增长产生突发性巨额增长。如表 0-4 所示，当 μ 为 1/10 时，$1/(1-\mu) = 1.111$，此时当我们设 $(\beta+\theta) = 1.1$，趋近于 $1/(1-\mu)$ 这个"奇点"，带来两个 ξ 参数都产生了剧烈突变，特别是参数 ξ_n 异常突变性增长到 99！也使得人均经济均衡增长水平达到人们无法想象的高度：59.5%！

如前所述，正是由于经济增长"奇点"的出现，当 $\beta+\theta \geq 1/(1-\mu)$ 时，长期经济增长不会收敛，而是发散增长。即只要条件允许，理论上经济增长率可以不断无限提高，从而实现"无限增长"。因此可以得出结论：当区域知识生产效率极大提高时，区域长期经济增长将不会收敛，而是会发散性无限增长。

以上分析说明，当自主知识生产能力达到一定的高水平后，区域不可能再通过对外知识依赖战略实现较高水平的长期经济均衡增长，而可以通过不断提升自主知识生产效能，实现极高的长期经济均衡增长，甚至实现长期经济增长率的发散性增长，从而实现"无限增长"。

经济增长的"奇点"现实吗？

经济无限增长的理论基础在于知识生产的规模收益递增。许多学者和企业家的观察和研究，不断向人类揭示知识及其增长率呈指数式加速增长的现实。

英特尔创始人戈登·摩尔 Gordon Moore 从其观察到的经验出发，提出了摩尔定律。其核心内容为：当价格不变时，集成电路上可以容纳的晶体管数目每经过 18 个月左右便会增加一倍。换言之，每一美元所能买到的电脑性能，将每隔 18 个月翻一倍左右。该定律提出后，因其在许多高科技产品的发展中都得到了相应验证而为世人所公认。京东方原董事长王东升在 2010 年提出"液晶显示面板每 3 年价格下降至一半，而性能提升一倍"的王氏定律，实是摩尔定律在液晶面板产业中的再现。

巴克明斯特·富勒（R. Buckminster Fuller），针对人类知识积累不断加速的观察现实，提出知识倍增曲线的概念。他认为，由于技术进步和连通性驱动，人类知识及其增长率呈指数式增长。他指出直到 20 世纪前，人类知识大约每个世纪翻倍一次。第二次世界大战后，这一比率提高到大约每 25 年翻倍一次。最近的进展表明，增长速度可能更快，间隔可能短至每 12 小时翻倍。

雷·库兹韦尔（Ray Kurzweil）在《奇点临近》（*The Singularity is Near：When Humans Transcend Biology*）一书中回顾了科技发展的历史，指出技术进步是加速回归定律、范式变迁和指数增长的结果，人类社会未来发展将呈现指数级增长，而非线性发展。他详细描述了人工智能的潜力及其未来影响，指出当技术和人工智能的进展超过人类理解和掌控能力时，将引发一系列深刻和不可预测的变化，人类社会发展的"奇点"正在来临。

总之，越来越多的企业家和学者认为，人类社会知识增长的"奇点"终将来临。特别是近年来核聚变能源利用技术的不断突破，让人们看到了未来取之不尽、用之不竭几乎无成本的能源应用前景，人类社会有可能找到彻底摆脱资源和环境约束的光明未来。同时，人工智能与机器人的不断发展，让人们看到了可能彻底摆脱人力资源限制的光明未来。为此我们也可以做出人类经济增长的"奇点"终将来临的乐观预期！

另外，无限增长理论预期的现实意义。

无限增长，为人类实现共产主义的社会理想指出了理论可行性。共产主义社会将人的自由全面的发展作为人类社会发展的理想目标，是马克思通过深入研究人类社会发展史，对人类所追求的终极理想社会的一个总结和提炼。马克思指出"每个人的自由发展是一切人的自由发展的条件"。要实现在这个终极的社会理想，生产力的极大发展是前提，人们可以按需分配，自由发展，无各种所有制的必要，自然也无阶段和党派存在的必要。只有实现社会生产无限增长，才有可能实现共产主义。

但是，在当下的现实社会生产中，无限增长受到资源和环境约束。1972年，德内拉·梅多斯等学者所著的《增长的极限》一书，为人类无限增长的梦想浇了一盆凉水。他们指出，由于各种资源及环境的有限性，增长是有极限的。此书一经出版，就引起了持续数十年的争议，也让人们关注到环境、资源可持续的增长。

近年的科学技术的持续探索和突破，又为人类社会的无限增长梦想点燃了星星之火。人类实现无限增长的最主要的两大障碍分别为：资源和环境约束，可能因核聚变技术的不断突破而消除；人力资源约束，可能因人工智能与机器人的不断发展而消除。人类无限增长的资源桎梏，将随着知识增长的"奇点"到来而彻底粉碎！

知识的极大发展，人类无限增长的梦想终将会成为现实，共产主义的理想也终将会成为现实！

第一章

区域经济增长与知识溢出相关研究

经济增长是社会物质财富通过社会生产不断增加的过程。它表征为一国国内生产总值（GDP）或国民生产总值（GNP）的增加。在经济学研究中，一般用人均经济增长水平来衡量区域的经济增长水平。如何实现经济增长，一直是经济学界的热点课题。

一、知识经济相关概念界定

（一）知识

对于知识的定义，不同的学者有不同的定义。哈耶克（Hayek）和熊彼德（Schumpeter）等经济学家研究表明："知识是一种组织和机构保持竞争优势必要的资源，知识体现在人才、技术、产品和服务等方面"。马歇尔（Marshall）提出："知识是最有效的生产手段"。根据 1997 年《韦氏大词典》的定义，"知识是通过实践、研究、联系或调查获得的关于事物的事实和状态的认识，是对科学、艺术或技术的理解，是人类获得的关于真理和原理的认识的总和"。它可以划分为编码知识（Codified Knowledge）和沉默知识（Tacit Knowledge）。经济合作与发展组织（OECD）把知识划分为 4 种，即 Know-what（知其何）、Know-why（知其因）、Know-how（知其然）、Know-who（知其谁）。其中："知其何"和"知其因"两种又称为编码化的知识，即以一定的形式如文字、语言或其他形式进行传播的知识，属于编码知识；而"知其然"和"知其谁"两种知识属于沉默知识，是不能以语言和文字进行传播或表达的知识。朱美光等（2005）在总结以上认识的基础上，提出："知识是组织系统所拥有的将输入转化为输出的资源和能力，也就是将输入转化为输出的所有手段和方法及掌握与运用这些手段的方法及人才"。

随着科技进步的不断加快，信息化、网络化和全球化的深入发展，个人与组织、区域与国家，如何迅速、便利地取得大量知识，成为全球竞争的关键。一个组织和机构（区域）拥有知识越多，其竞争力就越强。

在当今知识经济时代，新知识的产生与生产的关系更加密切，许多新知识是通过"干中学"而产生的，或者是通过知识的交流与分析而产生的。因此，不仅自身创造知识很重要，知识溢出的获取、传播和扩散对落后区域实现技术追赶尤为重要。

（二）知识存量

从广义上讲，知识存量是指某一特定的经济或组织系统，在某一特定时间段内，所有拥有的知识资源的总和。它体现为经济或组织系统中各微观组织、人员、机器与设备等所蕴含的所有知识。它是人们通过学习和实践所积累的知识总量。它反映了经济组织系统的创新能力和知识生产状况，是一种宏观的概念。

知识存量是个静态概念，是指某一特定时间点某一特定对象累积的知识总量，具有时间和空间的双重属性。也就是说，知识存量总是存在于特定时间的社会、国家、地区、组织和个人之中，存在于特定的时间和空间范围内。历史时间不同、对象不同，知识存量具有不同的表现形式，即知识具有异质性，这使得知识存量具有一定的结构性，也使知识具有非加和性特征。另外，知识存量具有非负特征，不断涌现出的新知识具有衍生性，是时间的增函数。知识存量具有一定的波动性，知识存量的波动主要取决于从外部获取的知识溢出、组织的技术创新及现有知识的折旧速度。上述特点使知识存量无法直接计量。

（三）知识流量

OECD 认为，知识流量是指在某一特定时间段内进入某一经济系统的知识存量。知识流量是相对于知识存量而言的一个概念，它主要强调了知识的流入。由于技术知识的非竞争性和部分排他性特征，知识具有衍生性。知识溢出不会耗损或减少知识存量，因而知识也具有无损耗性。因此，我们讨论知识流量，主要讨论知识的流入与新增。

知识流量是指某一特定经济对象在某一特定时间段内知识的流入增量，是一个动态概念。知识流量具有方向性。知识总是从知识区位高的系统流向知识区位低的系统。知识流动总是发生在特定空间系统和特定时间段内，因而知识流量具有特定的时空特征。知识流量还具有非对称特性。不同经济系统产生不一样的知识需求，相应的知识流量也不相同；同时，时间阶段不同，即使同一经济系统也会有不一样的知识需求，因而知识流量也会不相同。知识流量必然伴随着知识转移，知识接受方必须拥有相应知识的吸收能力。因此，知识流量还与特定对象的知识吸收能力相关。

（四）区域知识吸收能力

科恩等（Cohen et al.，1990）首次提出了"知识吸收能力"概念，萨克瓦等（Zahra S A et al.，2002）把"知识吸收能力"的功能界定为"对外部知识的获取、吸纳、转化并开发利用"。

区域知识吸收能力是指某区域了解认识区域外部相关知识的价值，进而从外部获取相关知识并加以吸收、应用于区域社会生产和生活实践的能力。区域知识吸收能力在很大程度上受区域组织及个人的自主创新能力、学习能力，以及区域的科技文化基础水平和教育程度、区域交通和信息传输的发达程度、区域政府政策等多方面的影响。

（五）知识溢出

对外获取知识溢出并不是知识的"盗取"。知识溢出是知识的基本特性，是人类社会经济活动中的一种普遍现象。正是知识交流、传播与共享，推动了人类社会不断地发展进步。

19 世纪以来的各种技术革命，使得知识无论是在数量上还是在质量上都实现了巨大的飞越，知识交流、传播与共享的速度也不断加快。

由于对知识溢出研究的时间还比较短，所以学术界并没有对于知识溢出给出一个标准定义。20 世纪 60 年代 Macdougall G D A（1960）首次提出知识溢出概念。他在研究东道国接受外商直接投资（FDI）的社会效益时，发现知识溢出效应是 FDI 的一个重要现象。关于知识溢出效应对经济增长的作用，肯尼斯·约瑟夫（Kenneth J. Arrow，1962）最早用资本的外部性来解释。他认为资本积累的副产品使技术进步或生产率提高。新投资产生溢出效应，不仅有利于投资的厂商提高生产率，其他厂商也可以获得知识溢出以提高生产率。斯蒂格利茨等（Atkinson A et al.，1969）把知识溢出定义为"从事类似的事情（模仿创新），并从其他的研究（被模仿的创新研究）中得到更多的收益"。科科（Kokko，1998）把知识溢出定义为"外商企业所拥有的知识未经外商企业的正式转让而被本地企业所获得的现象。"Jaffe 认为：知识溢出是指模仿者没有给予知识创新者直接的补偿，而从知识创新者处获得知识的现象。朱美光（2005）把知识溢出广义地定义为："知识溢出是指一个部门在对外进行经济、业务交往活动时，其知识和技术会自然输出与外露。"许多文献常将知识溢出（Spillover）、知识转移（Transfer）、知识扩散（Knowledge diffusion）交叉使用，等同视之，因为它们在强调知识的流动性方面有同义之处。费拉赫和易卜拉欣（M. Hosein Fallah et al.，2004）区分了知识溢出（Spillover）、知识转移（Transfer）的含义。他们认为，知识溢出是知识"无意识"地转移，是知识外部性的体现；知识转移则是知识"有意识"地在组织和区域中交流与转移。由于本书重点研究从区域外获取的知识所引起区域的知识增长问题，因此本书所使用的知识溢出概念包含 Fallah 和 Ibrahim 所指的知识溢出和知识转移两个方面。

知识溢出具有企业、产业和区域 3 个层面的区分。其中，企业间知识溢出是指企业之间由于相互间技术交流、人员往来、商品贸易等形成知识交流和知识扩散。企业间知识溢出促进区域产业集聚。产业间知识溢出是指不同产业的企业之间产生的知识交流和知识扩散，它是在产业层面先进科学技术逐步扩散的过程。区域间知识溢出是指区域之间知识交流和知识扩散，它是由于区域之间知识差距的存在而产生的。将区域间知识溢出划分为潜在知识溢出和实际知识溢出。其中，潜在知识溢出是指区域之间可能发生的最大知识溢出效应，而实际知识溢出是指区域之间实际发生的知识溢出效应。

上文中我们已将知识溢出传播途径，特别是先进区域向落后区域的传播明确为5种方式。第一，直接引进技术与设备，是快速获取西方先进知识、提升本地企业水平的有效方式。第二，外资企业的入驻不仅带来就业，还通过竞争与示范效应促进本土企业技术升级。第三，技术模仿与逆向工程，利用产品内含的知识进行学习与再创新，是获取技术信息的重要途径。第四，企业间及其与大学、研究机构的联系，形成知识共享的关联效应，加速技术流动。第五，劳动力流动与人际交流作为知识传播的载体，促进了区域间的知识溢出，提升了创新与经济绩效。这些途径共同构成了知识溢出的主要机制。

（六）知识经济

知识经济（Knowledge Economy）和以知识为基础的经济（Knowledge Based Economy）两个术语均诞生于 20 世纪 80 年代。按照 OECD 的定义："知识经济即以知识为基础的经济，它以现代科学技术为核心，是建立在知识信息的生产、存储、使用和消费之上的经济"。知识经济是相对于传统的以物质和资本为基础生产要素的物质经济而言的。与传统经济的增长方式不同，知识经济时代的增长方式则以知识的增长为主导。在现代社会中，知识的价值创造能力已远高于人力、资本等物化的传统生产要素，成为最基本的生产要素。

二、新古典经济增长理论

（一）索洛模型

罗伯特·索洛（Robert M. Solow）早在 1956 年就提出了以新古典增长模

型为核心的新古典增长理论。他以柯布—道格拉斯生产函数为基本模型，将产出设定为资本与劳动的函数，将经济增长解释为这两项基本要素投入的增长。知识生产只是一个外生过程。由于要素边际产品递减规律的作用，资本边际产品也终将递减到 0。经济增长将达到稳态。

罗伯特·索洛（Robert M. Solow，1956）将知识要素引入总量生产函数。在传统的生产函数 $Y = F(K, L)$ 基础上，为突出知识和技术对增长的重要性，引入了技术进步因子（也称知识因子 A），并假定 A 通过提高劳动力的生产能力而起作用，即将 A 和 L 绑定在一起为 AL，称其为有效劳动力，因此将生产函数变为：$Y = F(K, AL)$。罗伯特·索洛（1956）认为技术进步也是外生过程，因而假定知识因子 A 是一个外生参数，即 $\dot{A} = gA$，g 为常数。

罗伯特·索洛（1956）将社会生产抽象为两个参与者：厂商和家庭。厂商投入生产要素资本 K 和劳动力 L，生产出产品。生产过程中的资本消耗为 δK，其中 δ 为折旧率（$0 < \delta < 1$）。家庭提供劳动力 L，获得产品。并把手中的产品一部分用于消费 C，一部分用于投资 I。投资又作为下一轮生产的资本。同时，根据新古典增长理论的基本假定：市场充分有效、货币中性、无交易成本，故产品可以无成本地转移到厂商和家庭手中。资本可以无成本地进入流通。因此，构建出如下模型：

$$Y = F(K, AL)，\tag{1-1}$$

$$Y = C + I，\tag{1-2}$$

$$C = G(Y)，\tag{1-3}$$

$$\dot{K} = I - \delta K \quad K_0 > 0，\tag{1-4}$$

$$\dot{L} = nL \quad L_0 > 0，\tag{1-5}$$

$$\dot{A} = gA \quad A_0 > 0。\tag{1-6}$$

其中，生产函数 $Y = F(K, AL)$ 中 F 的形式可以一般化，但要满足生产理性：

$$F(K, L) > 0 \quad F_k = \frac{\partial Y}{\partial K} > 0 \quad F_L = \frac{\partial Y}{\partial L} > 0。\tag{1-7}$$

为进一步简化模型，假定生产函数 F 具有一次齐次性，即 $\forall C \geqslant 0$，

$F(CK,CAL)=CF(K,AL)$。其经济含义是经济系统足够大，规模效益不变。

因为 Cobb-Douglas 生产函数满足上述生产函数的一切条件，在研究中为了便于讨论，经常使用 Cobb-Douglas 生产函数：$F(K,AL)=K^{\alpha}(AL)^{1-\alpha}$，$0<\alpha<1$。

消费函数为 $C=G(Y)$。G 的形式也可一般化，但应当满足消费理性：

$$G_Y=\frac{\mathrm{d}G}{\mathrm{d}Y}>0。 \tag{1-8}$$

为简化模型，便于研究，通常进一步假定消费函数 G 为：

$$C=(1-s)Y \quad 0<s<1, \tag{1-9}$$

s 是储蓄率，等于常数。

因此：$I=sY$，即储蓄无成本地转化为投资。

模型假定劳动力的投入为外生的自然过程 $\dot{L}=nL$，n 为常数。

据此可得到简化的索洛模型：

$$Y=K^{\partial}(AL)^{1-\partial}, \tag{1-10}$$

$$\dot{K}=sY \quad K_0>0 \quad s\text{ 为常数}; \tag{1-11}$$

$$\dot{L}=nL \quad L_0>0 \quad n\text{ 为常数}; \tag{1-12}$$

$$\dot{A}=gA \quad A_0>0 \quad g\text{ 为常数}。 \tag{1-13}$$

索洛模型的中心结论是，如果没有技术进步等外生因素，由于要素的边际收益递减，经济体系无法实现持续增长。索洛模型的另一个重要结论是条件收敛，即一个经济体系离其自身的稳态越远，则其向着该稳态的收敛速度越快。

因此罗伯特·索洛等人认为：只有经济中存在外生因素，如技术进步或人口增长，才能推动经济持续增长。离开了外在的推动力，经济持续增长无法实现。经济的长期增长是技术进步的结果。因此，新古典经济增长理论引入了两个外生的因素，即用技术进步和人口增长率来解释与说明经济的持续增长，但这两个外生的因素并没有能够从理论上说明第二次世界大战后世界经济持续增长的问题。

索洛模型搭建了现代增长理论的研究框架，内生增长模型实质上大多是对于索洛模型的一种扩展。

（二）经济趋同假说

趋同是新古典经济增长理论的基本结论之一。趋同的问题主要表现为初始发展水平不同的经济体，最终能否会达到相同的发展水平。新古典增长理论预言，具有相同的储蓄率、相同的人口增长率，并能得到相同技术的多个经济体，它们将达到同样的稳态收入，即出现绝对的趋同。

新古典经济增长理论认为，生产要素的边际收益是递减的。假定区域之间经济自由开放，为了追求高收益率，边际收益较低区域的经济要素必然要往边际收益较高的区域流动，通过要素供给增长而驱动经济增长。同时，受边际收益递减规律的支配，要素区际流动将逐渐趋向均衡，引致区域间经济增长趋向均衡。即在市场机制的作用下，要素在区域之间受收益递减规律的支配，从发达区域向落后区域有向流动，将自动修正区域间经济发展不平衡状况，从而导致区域之间人均收入趋同。因此，经济欠发达区域存在向经济发达区域的趋同。

新古典经济增长理论进一步认为，在市场经济环境中，区域经济增长趋同发生的关键是区域之间经济增长的初始条件或稳态相同。经济增长初始水平越低的区域，其经济长期增长的速度反而越快。因此，初始条件是否相同或相似是区域之间发生经济增长趋同的重要前提。

自 20 世纪 80 年代威廉姆逊提出区域收入趋同假说后，国际上许多经济学家从不同的角度对不同国家或地区进行了理论探索和实证研究。

1995 年，巴罗等（Barro et al.，1995）进行了大量的实证研究，把趋同分为 σ 趋同和 β 趋同。σ 趋同是指随着时间的推移，落后区域人均收入水平与先进区域人均收入水平的差异会逐渐减小。β 趋同是指区域的人均收入增长速度与其经济发展的初始水平呈负相关关系。β 趋同又分为绝对趋同（非条件趋同）、条件趋同和俱乐部趋同，如表 1-1 所示。

表 1-1　β 趋同的类型

绝对趋同	也称为非条件趋同，是指区域之间发生的 β 趋同，无发生条件
条件趋同	β 趋同的产生有条件，其产生在经济增长条件相同或相似的区域之间
俱乐部趋同	经济结构与初始条件相似的区域之间，产生相互趋同

但新古典经济增长理论存在一定局限性。第一，将落后区域经济趋同主要归因于要素边际收益递减的自然趋同力。大量实证研究指出，自然的趋同力是存在的，且每年的趋同速度大约为 2%。但这无法解释第二次世界大战以后许多新兴经济体的快速增长和趋同现象。例如，1980 年中国的人均产出占美国人均产出的 6%，根据趋同理论，假设影响收入水平的其他变量在两国之间是一样的，则到 2015 年，即 35 年后，中国的人均产出占美国人均产出的比例将翻倍至 12%。这种趋同非常缓慢，这意味着中国人民不能期待仅依靠自然的趋同力就能实现对美国经济的追赶。而根据麦迪逊的统计，到 2008 年中国的人均产出占美国人均产出的比例已由 1980 年的 6% 升至 22%。

第二，不能很好地解释俱乐部趋同的现象。在趋同实证研究中发现，在空间上相邻的区域之间及经济发展初始状态相似或相同的区域之间，经济增长具有关联现象。

第三，多数趋同模型存在局限性。多数趋同模型忽略了区域之间许多重要因素在经济增长方面的相互影响，仅研究区域的初始发展水平与经济增长的关系。

三、新经济增长理论

新经济增长理论（New Growth Theory）在新古典经济增长理论基础之上，发现了知识溢出效应对经济增长的重大影响，从研究经济增长的动力出发，揭示经济增长率差异的原因和解释持续经济增长的可能。

罗默（Romer，1986，1990）认为，索洛模型的结论，与一个多世纪以来所观察到的事实不符。考察各国的经济增长，从时间的纵向来观察，一国的经济增长率随着时间的推移存在不断上升的趋势；从空间的横向来观察，多数发展中国家与发达国家的经济增长水平的差距是日益扩大而非缩小的。新古典经济增长理论不能解释这个基本事实，因为新古典经济增长理论模型假定生产规模、收益是不变的，因此只能假定存在外生的技术进步。而根据这个经济增长的基本事实，罗默（1986，1990）发现了知识溢出的存在，并得出生产是收益递增的结论。

新经济增长理论发现知识的溢出特性，指出知识具有溢出效应。罗默（1986，1990）指出，一旦有新的发现，每个人都可以利用，社会就可以得到免费的资源，这就产生了知识溢出。知识溢出产生的原因在于知识具有非竞争性和部分排他性特征。根据微观经济学的基本原则，资本投入产生私产报酬，对厂商而言，资本的私产报酬是递减的。但除了私产报酬，由于知识溢出的存在，资本投入还将产生社会报酬，因此资本投入产生的总的要素报酬存在递增的可能，社会经济总的要素收益没有递减。由于社会总的要素报酬没有递减，与新古典经济增长理论相比，新经济增长理论没有增长停止机制。人均实际 GDP 可以随着资本积累不断增长，人们的创新能力和实际利率将决定增长率的高低。

新经济增长理论在索罗模型的基础上，通过将技术知识和人力资本加入生产函数，使它们内生化，构成内生增长模型。由于对知识增长方式的认识和假定的差异，又产生了两类经典模型。

（一）干中学模型

阿罗（Arrow，1962）认为，知识的积累不完全依靠新知识的增加和创新。对新知识的消化吸收，对新技术的熟练掌握，能极大地提高劳动生产率。知识技术被吸收掌握的过程即干中学（Learning by Doing），对经济增长有重要作用。

假定技术进步的来源仅通过 Learning by Doing 这一个过程，那么，知识是以干中学的方式获得，无须进行专门的投资，所有的生产资源都用于产品生产。产品生产函数为：

$$Y(t) = K^{\alpha}(t)\left[AL(t)\right]^{1-\alpha}。 \tag{1-14}$$

知识的生产是产品生产 $Y(t)$ 的函数，或者是所有生产资源的函数。

$$A(t) = \Phi\left[Y(t)\right]。 \tag{1-15}$$

或者，

$$A(t) = BK^{\beta}(t)L^{\gamma}(t) \quad B>0 \quad \beta>0 \quad \gamma>0, \tag{1-16}$$

$$\dot{K} = sY, \tag{1-17}$$

$$\dot{L} = nL。 \tag{1-18}$$

这就构成了干中学模型。

（二）两部门增长模型

新经济增长理论学者认为经济生产存在两个部门，物质部门进行物质生产，知识部门进行知识生产。在构建经济增长模型中，物质部门的生产一般都沿用了索洛模型的假定和形式。但在知识部门的生产函数构建上有不同的设定。

格瑞里茨（Griliches，1979）首先提出知识生产函数的概念，其基本假设是将创新过程的产出看作与研发资本或人员投入的函数。杰菲（Jaffe，1989）认为对企业来说，最重要的产出是新的知识，企业将新知识投入生产过程，以取得更好的经济效益，并不断追求获取更多新的知识。知识产出的投入变量包括研发经费投入和人力资源投入。Griliches-Jaffe 知识生产函数模型的一般形式为：

$$Q_i = AK_i^{\alpha}L_i^{\beta}\varepsilon。 \tag{1-19}$$

其中，Q 表示研发活动强度，A 为知识存量，K 和 L 分别表示研发经费和科技人力资源的投入，α，β 分别为研发资本投入和科技人力资源投入的产出弹性，ε 为误差项。

罗默（Romer，1990）认为，新知识是由研发人员创造的。新的知识产出决定于现有知识存量和研发人员的投入数量。于是有：

$$\dot{A} = \delta A^\theta L_A^\lambda。 \tag{1-20}$$

其中：L_A 为研发人员的投入量，A 为知识存量，δ 为所有影响知识生产的外部因素在知识生产中的综合效应，θ 和 λ 分别表示知识存量和研发人员投入的产出弹性。

Griliches-Jaffe 知识生产函数模型假定知识存量的生产弹性为 1，有可能夸大了知识存量的作用。罗默知识生产函数没有考虑研发经费投入对知识生产的影响，在现实中存在片面性。因此，有必要重新构建知识生产函数的一般形式。从而重新构建经济增长模型的一般式。

罗默（Romer，1986，1990）认为，知识生产需要专门的部门进行，需要消耗社会物质资源。罗默（Romer，1990）的知识驱动模型为：假定经济系统中有 3 个生产部门、3 个投入变量，均为资本（K）、劳动力（L）、技术（A），和一个产出变量，即产出（Y）。研究部门利用存量知识和人力资源生产新的知识产品；中间产品部门从研究部门购买新的知识产品，以生产中间产品；最终产品部门投入资本和劳动，利用中间产品，生产最终消费品。其研发部门知识生产函数为：$\dot{A} = \delta L_A A, \delta > 0$。

琼斯（Jones，1997）等学者对罗默（Romer，1990）模型又进行了相应改进，对其进行了一般化。假定社会生产由两个部门进行：研发部门生产知识，物质生产部门生产产品（中间产品部门也是物质生产部门）。资本 K 和劳动力 L 分成两个部分，其中 a_L 为用于研发部门的劳动力的比例，a_K 为用于研发部门的资本的比例。知识生产函数是：

$$\dot{A} = G(a_k K, a_L L, A) = B(a_K K)^\beta (a_L L)^\gamma A^\partial \quad B > 0 \quad \beta > 0 \quad \gamma > 0 \quad \partial > 0。 \tag{1-21}$$

因此，新经济增长理论的两部门增长模型可进一步一般化。在索洛模型假定的基础上，进一步假定社会生产由两个部门进行：研发部门生产知识，物质生产部门生产产品。将资本 K 和劳动力 L 也分成两个部分，其中 a_L 为用于研发部门的劳动力的比例，a_K 为用于研发部门的资本的比例；$1-a_L$ 和 $1-a_K$ 是用于物质部门的劳动力与资本的比例。同时，进一步假定两个部门共享知识，知识不需要购买。利用 Cobb-Douglas 生产函数，构造物质生产部门的生产函数为：

$$Y(t) = [(1-a_K)K(t)]^\alpha [A(t)(1-a_L)L(t)]^{1-\alpha} \quad 0<\alpha<1。 \quad (1-22)$$

该物质生产部门的生产函数是一次齐次函数。

研发部门的知识生产函数是：

$$\dot{A} = G(a_k K, a_L L, A) = B(a_k K)^\beta (a_L L)^\gamma A^\partial \quad B>0 \quad \beta \geqslant 0 \quad \gamma \geqslant 0 \quad \partial>0。$$

$$(1-23)$$

其中，知识的生产就不再有规模效益不变的性质，特别是当 $\partial>1$ 时，知识生产就有规模递增的性质，其他仍然保留索洛模型的结构形式。

为突出讨论 A，简化资本和劳动力的关系，略去资本消耗、消费和投资。则：

$$\dot{K} = sY, \quad (1-24)$$

$$\dot{L} = nL \quad L>0 \quad n>0。 \quad (1-25)$$

以上四式，具有 4 个状态变量（Y、K、L、A）和 4 个方程，这就是基本的两部门增长模型。

此外，卢卡斯（Lucas，1988）提出了人力资本模型。卢卡斯认为人力资本具有外部性，其溢出效应导致规模收益的递增。因而，人力资本对经济增长的贡献比物质资本更重要。人力资本具有内部效应也具有外部效应，其外部性存在于所有的经济领域中。巴罗（Robert J. Barro，1995）提出公共产品模型。巴罗假定政府提供公共产品，由于公共产品的非竞争性和非排他性特征，产生较强的溢出效应，使生产呈现规模收益递增。因此，政府服务使经济实现内生增长，政府成为推动经济增长的决定性力量。

新经济增长理论的主要观点为：知识具有溢出效应；由于知识的溢出存在，社会经济总的要素报酬没有递减，因而新经济增长理论没有新古典经济增长理论中的增长停止机制。

新经济增长理论进一步研究认为，区域生产率的差异主要源自技术进步和经济制度。由于经济制度很难进行客观度量，它对经济增长的贡献率很难在 TFP（全要素生产率）中反映，因此将研究重点集中在知识对经济增长的影响方面。在保罗·罗默（Paul M. Romer, 1986, 1990）研究的基础上，对新经济增长理论研究表明，地区的知识存量和知识吸收能力及人力资本存量是经济增长的动力与源泉。发展中国家和落后区域通过接受先进区域知识溢出，实现技术追赶"后发优势"，成为经济快速发展的重要途径。

新经济增长理论准确反映了新经济时代即知识经济时代的特点，发现了落后区域对外获取知识溢出对落后区域经济增长的重要作用。但新经济增长理论对落后区域经济增长中的许多问题亟待进一步探索。

首先，关于新经济增长理论与经济趋同假说的关系问题。趋同研究是落后区域对发达区域经济追赶与趋同途径的研究，对发展中国家和区域经济与社会发展具有重要意义。新经济增长理论否定了经济趋同假说的理论基础，但对于落后区域能否实现对先进区域的经济趋同，以及实现的路径，还没有明确的结论。

其次，新经济增长理论对发展中国家面临的"中等收入陷阱"现象，还缺乏明确的理论阐述。

许多发展中国家陷入了"中等收入陷阱"。对"中等收入陷阱"形成的机理，还缺乏公认有效的解析理论与模型。美国经济学家多恩布什（Dornbush Rudiger, 1998）尝试用模型解析"中等收入陷阱"机理，提出"解释一个无增长与高增长国家并存的世界，我们需要一个模型，既能容纳无增长、低收入的均衡又能包含正增长、高收入的均衡"，为此多恩布什提出了一个假想的生产函数，其生产函数开始的前一阶段为边际产品递减的曲线，生产函数的后一阶段为向上倾斜的直线，以"结合新古典经济增长与内生增长原理"。在这个假想的生产函数上，多恩布什解释了"中等收入陷阱"形成的机理，但并没有形成真正的解析模型。

四、关于区域知识增长方式的假定

新经济增长理论发现了在经济长期增长中知识溢出的重要作用，许多学者开始探讨知识溢出对经济增长的影响，特别是在城市区域空间范围内探讨知识在空间溢出与扩散的机理，以及知识溢出在促进集聚、创新和增长过程中的空间特性。在对空间知识溢出的研究中，对区域知识增长方式有不少研究和假定。

空间知识溢出学者伯特·弗森伯格（Bart Verspagen，1991，1993）在研究区域之间技术追赶问题时，开始在模型中引入知识溢出。他认为区域知识存量增长，一部分是区域自然的知识增长带来的知识存量的增长。采用了索洛的假定，认为它不受本地经济因素的影响，是外生的增长因素造成的。另一部分是知识存量带来的增长，这些知识存量是由其他区域获得的知识溢出效应引起的。

凯尼尔斯（M. C. J. Caniels，2000）在《知识溢出和经济增长——欧洲间区域增长差异》一文中，在伯特·弗森伯格假定的基础上，在区域知识增长方式方面引入了阿罗（Arrow，1962）"干中学"效应，将其作为重要的知识增长因素，认为区域知识生产和创新来源于"干中学"、获取周边区域的知识溢出、外生增长率3个方面的因素。

在伯特·弗森伯格和凯尼尔斯的模型中，对区域自身创造的知识，仅考虑了"干中学"效应。对区域自身通过研发主动创造的知识，则沿用索洛模型假设，将其作为外生的知识增长。"干中学"作为非主动无意识的知识创造活动，在较原始的经济生产过程中可能起着较重要的作用，在现代经济社会中，大多数技术进步的出现要归功于企业主动的有意识的研究开发活动。因而以上假定，没有完全吸取新经济增长理论中知识生产内生化的精华。

五、知识存量及其测度

（一）知识产业相关研究

20世纪80年代以来，随着经济学家对知识在经济发展中的重要性的不断认识，知识产业、知识经济概念，成为人类的共识。1983年，美国普林斯顿大学经济学家马克卢普（F. Machlup，1983）在《知识：它的生产、分布和经济意义》中，深入阐述了知识产业，测算出 1958 年美国知识产业的生产总值已经占国民生产总值的 29%，并得出工业和农业发展到一定程度后，知识产业会以更快的速度发展，知识将成为经济发展的主要力量。对知识经济的测度和知识存量的研究，在理论研究和实践中受到高度的重视。

（二）知识存量的概念及相关研究

1. 知识存量的概念

知识存量是指某一特定的经济或组织系统，在某一特定时间段内，所拥有的知识资源的总和，是一个宏观的概念。它体现为经济或组织系统中各微观组织、人员、机器与设备等所蕴含的所有知识。它是人们通过学习和实践所积累的知识总量。它反映了经济组织系统的创新能力和知识生产状况。

知识存量具有空间特性和时间特性，是一个静态概念。首先，知识存量相对于某时间点而言，具有时间特性，是时间的函数；其次，知识存量对应于一定的空间范围，如某个国家、地区、组织或个人等。

知识存量具有一定的结构性。由于知识体现于不同的载体和传播途径，具有不同的表现形式，即知识具有异质性，使得知识存量具有一定的结构性，也使知识具有非加和性特征。要对知识存量进行测度，必须区分知识存量的结构。知识存量一般表现出如下结构特征：科技文献、专利知识、知识人力资源等。

知识存量具有非负特征，是时间的增函数。但知识存量也具有一定的波动性，不会是一个线性函数。知识存量的波动主要取决于从外部获取的知识溢出、组织的技术创新及知识的折旧速度。

2. 知识存量测度相关研究

知识本身难以定量和定价，知识存量的测度无法使用直接的测度方法，因而知识存量难以量化。由于"缄默知识"的存在，人们的经验、个性、技能、思想、观念和情感等是无法计量的，这类知识具有很大的不确定性和相对性，量化存在着很大困难。同时，由于知识的个体化导致知识具有非同质性，直接测度知识存量存在着巨大的障碍。

学术界对于知识存量的测度往往是迂回进行的。知识通过形成、完善和提高生产资源禀赋来发挥经济作用，知识具有中介性，它必须物化为装备技术并被人力资本所承载，才能对经济产生作用。因此，对知识存量的测度可以迂回进行。

传统经济增长理论套用对工业经济的研究方法，将知识和资本进行类比，把知识直接作为一个变量引入经济增长模型。罗伯特·索洛（Robert M. Solow，1956）在研究经济增长过程中，用知识来解释资本和劳动力投入无法解释的那部分增长，即索洛残余。索洛残余就是从知识对经济增长的贡献方面来间接量度知识存量。

大多数权威机构和学者主要应用研发投入、专利存量和科技文献量等指标来测度知识存量。澳大利亚联邦科学与工业研究组织（CSIRO）和经济合作与发展组织（OECD）构造的知识资本存量模型，使用研发投入进行知识资本存量的测度。美国学者马克鲁普提出知识产业发展度的方法，尝试用知识产业的发展水平指标来测度知识存量。

国内开展这类研究的主要有许晓雯、李顺才等。许晓雯等（2005）从研发投入出发开展对知识存量的测度，并将我国分为八大区域，应用研发投入测算知识存量。李顺才、邹珊刚等（2003）改进了永续盘存模型，利用科技文献量，采用永续盘存的思想，开展知识存量的测度。

知识存量具体的度量方式，可划分为资本衡量方式和非资本衡量方式两种。其中，资本衡量是利用货币作为衡量标准，对知识存量进行测度；非资本衡量是利用统计、类比等方法对知识存量进行间接的衡量。通常选用的知识存量测度方法有以下 6 种：分类统计法、永续盘存法、投入代产出法、统计指数法、折合量统计法和数学模型法等（表 1-2）。

表 1-2   知识存量测度方法一览

测度方法	测度方法描述	相关说明
分类统计法	由于知识具有结构性，知识存量测度必须根据知识的结构特点进行分类核算，这样既可以了解总体在一定时间点上的知识构成，又可以了解各种形态的知识总量	要求指标和权重有相应变化
永续盘存法	借鉴固定资产存量核算的方法，进行知识存量的测度	借鉴实物资本方法，有一定不足
投入代产出法	投入代产出法是国民经济核算中对国民资产存量核算的一种测度方法，采用与国民资产存量核算类似的方法	用投入进行资产评估，缺乏知识与资产差异分析
统计指数法	利用平均数指数的编制原理，根据知识的内涵选择相应数据，编制知识指数，以测度知识存量	没考虑知识吸收、社会环境等指标
折合量统计法	利用知识和信息具有一定等价性的原理，遵从了可比当量原则，借助信息量的测度方法，将知识量转化为信息量，从而实现对知识存量的测度	有一定合理性，但不能揭示知识与人力结合、知识的物化特点
数学模型法	在新古典经济增长理论传统生产函数的基础上，引入知识因子以扩展生产函数，进而测定知识因子对经济增长的作用	难以解释知识部分非排他性和非竞争性的特征与人力资本的联系

综合分析上述知识存量测度的各种方法，多是从知识对经济发展的某一个方面入手，进行相应的类比或推理，难以对知识的经济学特性及知识与人力资本之间的关系进行比较全面地诠释，都不能把知识作为生产要素对经济活动的作用进行比较全面的涵盖。

六、知识流量及其测度

（一）知识流量的概念

OECD 认为，知识流量是指在某一特定时间段内进入某一经济系统的知识存量。知识流量是相对于知识存量的一个概念，它主要强调了知识的流入。由于技术知识的非竞争性和部分排他性特征，知识具有衍生性。知识溢出不会耗损或减少知识存量，因而知识也具有无损耗性。因此我们讨论知识流量，主要讨论知识的流入与新增。

知识流量是指某一特定经济对象在某一特定时间段内知识的流入增量，是一个动态概念。知识流量具有方向性。知识总是从知识区位高的系统流向知识区位低的系统。知识流动总是发生在特定空间系统和特定时间段内，因而知识流量具有特定的时空特征。知识流量还具有非对称特性。由于不同经济系统产生不一样的知识需求，相应的知识流量也不相同；同时，时间阶段不同，即使同一经济系统也会有不一样的知识需求，因而知识流量也会不相同。知识流量必然伴随着知识转移，知识接受方必须拥有相应知识的吸收能力。因此知识流量还与特定对象的知识吸收能力相关。

（二）知识流量测度相关研究

知识流量能体现知识增长对经济增长的影响状况，反映知识在经济系统中的流动、分配和扩散状态。因此，对知识流量的测度具有重要意义。

目前，对知识流量的测度基本从属于对知识存量的测度。知识存量和知识流量反映了知识的不同特性。知识存量反映特定对象在特定时间点的知识总量，是一个静态概念。知识流量反映特定对象在特定时间段的知识流动量，是一个动态概念。从一般意义上讲，知识流量可以看成某一时间段内知识存量的变动。通过测度两个时间点的知识存量，可以推断出该时间段内的知识流量。因此，知识流量的测度同知识存量的测度一样，很难直接测度，只能采用迂回的方式进行。知识存量测度的基本方法同样适用于知识流量的测度。

七、知识溢出及其空间扩散特性

在经济学文献中，阿罗（Arrow，1962）首次解释了知识累积的过程及其经济意义，罗默（Romer，1986，1990）则基于 Arrow 的理论，指出产生知识溢出现象的根本原因在于知识具有非竞争性和部分排他性，同时将知识作为独立要素引入生产函数，建立了基于知识溢出的内生增长模型。最初的研究主要以企业为对象来分析知识的生产与溢出。主要使用 Griliches-Jaffe 知识生产函数作为基本分析工具。但大量实证研究显示，知识生产与区域总体经济活动水平具有明显的相关性，而与具体的企业产出之间没有表现出较为明显的相关性。这是由于知识的外部性并不直接反映在某一具体的企业产出上，而与区域整体经济相关。因此，将具体的某一企业作为知识溢出的观察对象并不合适（D. B. Audretsch et al.，1996，2004）。

于是，空间知识溢出与扩散机制的研究在城市及更大的区域范围内进行，许多学者开始探讨知识溢出与产业集聚、科技创新之间的关系。早在20 世纪 60 年代，区域经济发展的不均衡现象就受到了非经典理论（Neo-classical Theory）的关注。海格斯塔瑞德（Hägerstrand，1978）在研究知识传播和扩散时，开始考虑时间与空间因素，在其后的研究中，发展出了一批基于知识不完全扩散和区域扩散的模型。后来，经济地理学家发现知识溢出效应与区域临近性之间的正相关特性，并证实了知识外部性是区域集聚现象的主要因素。

空间知识溢出的研究，以经济学和地理学围绕对知识空间扩散特性的认识而展开。大致可分为 4 个阶段（图 1-1）。

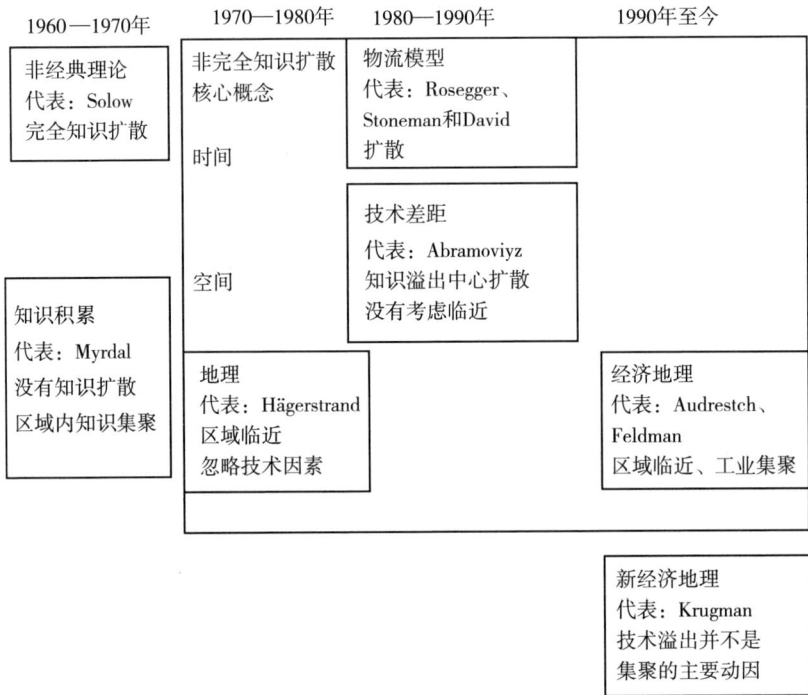

	1960—1970年	1970—1980年	1980—1990年	1990年至今

图1-1 知识溢出理论相关研究演进示意

第一阶段：1960—1970年，主要包括非经典理论和知识积累两个方面研究。非经典理论认为知识可以完全扩散，主要代表是罗伯特·索洛；知识积累方面的代表是缪尔达尔（Myrdal，1957），假定知识比较容易编码、传播和获取，因此知识可以在区域间自由流动。

第二阶段：1970—1980年，主要是知识在时间、空间和地理特性中非完全扩散的研究。其中，地理方面的代表是海格斯塔瑞德（Hägerstrand，1975），主要研究区域临近性对知识传播与扩散的影响。

第三阶段：1980—1990年，主要是关于技术差距和物流的研究。阿布拉墨威特兹（Abramovitz，1986，1989），是技术差距研究方面的主要代表。物流模型的代表主要有罗森伯格（Rosenberg，1990）、卡尔什纳斯等（Karshenas et al.，1995），重点研究知识溢出的中心扩散效应。

第四阶段：1990 年至今，主要研究领域为经济地理与新经济地理。戴维·奥德兹等（Acs. Z et al.，1994）作为经济地理研究领域的主要代表人，主要从区域临近、工业集聚等角度研究空间知识溢出；克鲁格曼（P. Krugman，1995，1996）作为新经济地理研究领域的主要代表，主要研究产业集聚的动因，并得出集聚的主要动因并不是技术溢出。

20 世纪 90 年代以来，空间知识溢出的研究开始深入到集聚、创新与空间知识溢出的关系。Adams 等（2002）、Audretsch 等（1996）、Acs 从不同角度论证了知识溢出的存在并尝试对知识溢出进行了度量，探讨了知识溢出与集聚和创新的相互作用机制。城市经济学家分别从知识溢出与创新和集聚的关系出发，探讨了知识空间溢出对城市生产力发展和城市规模增长的影响（Black et al.，1999；E. L. Glaeser et al.，2003；J. V. Henderson et al.，2006）。

同时，空间知识溢出学者将创新和集聚作为中间变量，在区域层面上研究空间知识溢出对区域经济增长的影响。区域学者们注重区域的多样性和独特性特征，他们的许多研究都是建立在独立观察之上的、具体的、实证性的，运用空间计量经济学方法和探索性空间数据，寻求知识溢出的空间轨迹（L. Anselin et al.，1997，2000），以及空间知识溢出对区域经济增长的影响（M. Keilbach，2000；M. Costa et al.，2004）。

国内空间知识溢出学者主要从 3 个方面开展研究：①以外商直接投资（FDI）为研究对象，研究区域间知识溢出效应；②以研发为研究对象，研究知识产权保护与区域知识溢出效应的相互关系；③以技术扩散为研究对象，进行模型构建，开展知识溢出效应分析。

知识溢出学者的努力，为本书研究提供了大量的理论基础和借鉴。

首先，大量研究证实，落后区域从先进区域获取知识溢出，对落后区域经济增长起了重要作用。

通过凯尼尔斯（M. C. J. Caniels，2000）对知识溢出与欧洲经济增长的实证研究及麦克斯·基尔巴赫（Max Keilbach，2000）对西德经济增长与空间知识溢出关系研究，得出由编码知识的传播导致的空间知识溢出，对区域经济增长有重要影响。侯汉平与王浣尘在分析企业之间研发知识溢出效应基础之上，讨论了知识创新与模仿的旋进机制，指出知识溢出效应促进区域技术进步；刘丽、王铮通过实证研究证实美国研发溢出对我国 GDP 增长有比较明显的正向作用。同时，验证发达国家（地区）对发展中国家（地区）的知识溢出强度大于反向溢出效应。

其次，大量实证研究指出，落后区域对外获取知识溢出的速度，受落后区域与先进区域知识差距的影响及落后区域对外获取知识溢出的能力限制。

落后区域与先进区域的知识差距，对落后区域从先进区域获取知识溢出的速度有重大影响。据弗森伯格（Bart Verspagen，1991）的研究，区域间产生知识溢出的主要诱因是区域间具有知识差距。正常情况下知识溢出强度与知识差距正相关。但是当知识差距超过一定值后，知识溢出将会随着知识差距的增加反而下降。它们之间的关系图类似于倒 U 形。一般来说，落后区域与先进区域的知识差距越大，越有利于落后区域获取知识溢出，越能提高其获取知识溢出的速度。随着落后区域不断向先进区域获取知识溢出，落后区域与先进区域的知识差距会逐渐缩小，相应地将降低其从先进区域获取知识溢出的速度。

落后区域的知识吸收能力将限制落后区域对外获取知识溢出的速度。区域知识吸收能力在很大程度上受当地企业和个人自主知识生产能力、学习能力、受教育水平及区域的信息和交通便利程度、经济社会与政治等多方面因素影响。科恩等（Cohen et al.，1990）认为，企业的吸收能力受到企业知识水平、组织的学习机制和文化、企业的学习努力程度与方法、研发投入的影响。企业本身拥有的知识水平，对于企业认知、吸收、应用外部新知识具有重要的作用。企业的知识吸收能力在很大程度上是其自身知识水平的函数。要充分吸收新知识，需要一套行之有效的学习方法，将新知识纳入现有的知识系统，并充分应用。所谓"干中学"就是学习新知识的重要方法。韩伯棠教授领导的空间知识溢出与中国经济增长课题组结合 Teece 的知识流动与学习的影响因素模型得出：企业集群内部的知识溢出主要受行业距离、学习能力、知识源对知识受体的信任程度、知识存量、知识的复杂程度，以及知识存量差距等因素的影响。同时指出，在知识溢出的影响因素中，学习能力对企业集群知识溢出效应的提高有显著的作用。因此，当落后企业具有很强的学习能力时，落后企业完全可以通过吸收知识溢出实现对先进企业的技术追赶。

再次，知识溢出学者对空间知识溢出的途径开展了大量的实证研究，其指出，外商直接投资、技术贸易、人员流动和商品服务贸易是知识溢出的主要途径。埃克哈德·伯德（Eckhardt Bode，2004）用德国数据对区域研发溢出进行了实证研究，得出区域经济增长与空间知识溢出的关系是由于区域间的人员流动及缄默知识流引起的；赖明勇等（2003）运用协整分析和误差修正方法，证实 FDI 对我国技术进步存在较大的知识溢出效应。郑德渊等（2002）通过产业层面宏观分析，提出技术贸易、跨国公司及研发人员流动是国家间知识溢出的主要方式。

最后，大量研究证实，区域自身的知识生产能力不足，将严重影响落后区域从先进区域引进、消化吸收和应用先进知识，影响从区域外获取知识溢出的能力。卢卡斯（Lucas，1988）认为，知识溢出是有成本的，企业对知识的吸收能力决定其对知识溢出的利用程度。企业自身所拥有的知识存量大小和研发的投入多少与企业的知识吸收能力具有正相关关系。Cohen 和 Levinthal 强调，企业的研发投入促进了知识创新，也促进了对企业在生产经营中产生的实际问题的解决，同时也相应提高了企业的技术吸收能力。韩伯棠课题组通过对企业集群网络知识溢出与技术追赶的研究指出，当知识存量差距处于某一范围之内时（这一范围由企业集群网络中技术先进和技术落后企业的知识溢出强度与创新能力差距决定），技术落后企业可以实现对技术先进企业的追赶；而当知识存量差距超过这一范围时，技术先进企业和技术落后企业之间的知识存量差距将会不断扩大，落后企业将不可能实现技术追赶，并被企业集群所淘汰。并推论了技术落后企业可以通过自身知识生产能力建设，缩小与技术先进企业的创新能力差距，在更大的知识存量差距内实现对技术先进企业的追赶。

八、区域经济增长与知识溢出相关研究存在的问题

从以上分析可以看出，区域经济增长与知识溢出研究领域在以下几个方面还需要进一步研究。

第一，经济趋同是发展中国家（地区）的梦想。现有的区域经济增长理论，对落后区域在当代知识经济条件下如何实现经济趋同，还缺乏明确公认的理论指引和有效途径。

第二，"中等收入陷阱"是许多发展中国家（地区）面临的困境，现有的区域经济增长理论还缺乏明确公认的关于"中等收入陷阱"机理的理论阐释，从而不能给予发展中国家（地区）摆脱"中等收入陷阱"的一致和明确的理论指引。

第三，关于知识溢出的研究多以 FDI（外商直接投资）、研发和技术扩散等与区域间知识溢出相互关系为对象，进行模型构建和知识溢出效应实证分析。还需要进一步将知识溢出研究成果应用于区域经济增长总量模型创新之上，以期对落后区域在知识经济时代的经济增长提供更明确的理论指导。

第四，对我国经济增长与区域间知识溢出效应研究还多停留在对国外理论和模型的改进性研究之上。作为原本落后的发展中国家，中国成功实现了经济追赶，但在理论和实证研究方面，对于区域经济增长与区域知识溢出研究还停留在单因素讨论、区域经济发展差距和不均衡度量及其评价方面，还缺乏相应的系统发现。理论和实证研究滞后于中国经济发展实践。

总之，在区域经济增长和知识溢出研究中，还缺乏针对落后国家（地区），反映落后区域在知识经济时代经济追赶特点的区域经济增长总量模型。

第二章

区域经济增长总量模型构建及分析

一、知识经济时代的经济增长

世界已进入了知识经济时代。1998 年，世界银行把《世界发展报告》1998 年版改名为《发展的知识》，目的在于强调要"以知识促发展"，且明确宣称"世界正在进入知识经济时代"。按照经济合作与发展组织（OECD）的定义："知识经济是以现代科学技术为核心，以知识为基础的经济，是建立在知识信息的生产、存储、使用和消费之上的经济。"

20 世纪 80 年代初，保罗·罗默提出的"新经济增长理论"标志着知识经济在理论上的形成。新经济增长理论指出知识是经济增长的重要动力，是一个重要的生产要素，从而在理论上确定了知识经济的形成。但是，知识经济作为一种经济产业形态的确立，其主要标志是信息产业及以微软公司为代表的软件产业的兴起。知识经济时代是以知识产业的迅猛发展为基础的。微软这样的高新技术企业在 1996 年就创造了美国企业新增产值的 2/3，对美国国内生产总值的贡献率已高达 27%。以上表明，21 世纪世界已进入了知识经济时代，知识已成为最基础的生产要素。

主要生产要素的变化是经济时代划分的重要依据。土地作为主要生产要素标志着农业经济时代，资本是工业经济时代划分的主要依据。知识经济时代，知识作为最基础要素，成为第一生产力。当下，知识在现代经济增长中已开始发挥决定性和基础性作用。知识经济时代准确反映了当今世界经济发展的特点、现实和未来方向，它标志着人类社会又一崭新的经济历史时代的到来。

知识经济时代，以知识高速增长为重要特点，即形成所谓的知识爆炸。据联合国教科文组织（UNESCO）最新统计：人类近30年来所积累的科学知识占有史以来积累的科学知识总量的90%，而此前的上千年所积累的科学知识只占10%。技术预测专家詹姆斯·马丁的测算结果表明，人类的知识在19世纪是每50年增加一倍，20世纪初是每10年增加一倍，20世纪70年代是每5年增加一倍，90年代则是每3年增加一倍。到2003年，知识的总量比20世纪末增长一倍；到2020年，知识的总量将是2003年的3~4倍。到2050年，2003年的知识只占届时的知识总量的1%。

知识经济给世界经济与产业格局带来了深刻的影响和变化。首先，高新技术产业已发展成为世界性的支柱产业，引起世界产业结构的重大变化。区别于工业经济时代以工业为主导以农业为基础的产业结构，知识经济时代则是以知识产业为主导，以工业和农业为基础的产业结构。其次，劳动力结构发生了重大变化，知识劳动者将成为劳动大军的主力。再次，国家产业竞争已转变为科技与教育的竞争，科教兴国成为许多发展中国家的基本国策。知识经济的核心是知识的创造、分配与应用，关键是掌握知识的人才，而人才成长的基础在于教育。在知识经济时代，科技与教育处于经济发展的中心地位。

知识经济揭示了现代经济新的增长方式。传统经济时代，主要由传统的人、财、物等要素配置带来经济的增长。知识经济时代，知识在现代经济中已产生基础性作用，彻底改变了经济增长的驱动力量，并形成新的主导产业。

知识经济时代，由于知识在经济增长中发挥着基础性作用，开启了社会财富创造的新途径。知识经济时代，意味着传统的物质生产领域已经无法满足人们物质和文化生活的需要，当今和未来经济增长的动力将超越物质生产领域，进入知识领域，更深刻的经济增长方式在现实地发挥着重要作用。因此在研究当今世界经济增长规律时，必须深入理解知识经济时代的大背景，深入理解现代经济增长的实质与内涵。在研究落后区域经济增长与经济趋同等问题时，更应充分考虑知识经济时代的大背景、大特点，只有这样，才能真正理解落后区域在经济趋同与经济增长中面临的问题，为落后区域实现经济趋同与经济增长提供理论指引和政策建议。

总之，世界已进入知识经济的时代，我们必须面对这个实实在在的现实，创新发展我们的经济理论，反映知识经济实质及其运行规律，解释我们落后区域所面对的经济增长问题。因此，在知识经济时代研究落后区域经济增长，必须引入知识增长方式的研究。

二、区域知识增长方式研究

知识经济时代，知识成为经济增长的基本要素和主要动力。因此，对区域知识增长方式的合理假定，成为当代经济增长模型重构的核心。

新古典经济增长理论以资本和劳动力为核心生产要素，认为知识生产是一个外生过程，与生产过程本身无关。但在现实社会中，知识和技术对经济增长的重要性已不言而喻，罗伯特·索洛（Robert M. Solow，1956）在传统的生产函数 $Y = F(K, L)$ 基础上，为突出知识和技术，引入了技术进步因子或称知识因子 A，将生产函数变为：$Y = F(K, AL)$。但是由于罗伯特·索洛认为知识生产是一个外生过程，因而假定知识因子 A 是一个外生参数。索洛模型的中心结论是，由于要素的边际产品递减，在缺乏连续技术进步的情况下人均增长将最终停止，经济体系无法实现持续的增长。

20 世纪 80 年代中期，保罗·罗默（Paul M. Romer，1986，1990）发现，索洛模型的结论与一个多世纪以来所观察到的多国的经济增长率存在上升的趋势不符。发现由于知识溢出的存在，资本产生社会报酬，社会经济总的要素报酬没有递减，经济将会持续增长。

在此基础上，新经济增长理论认为，知识是内生的。但对知识生产方式有不同认识。肯尼斯·约瑟夫（Kenneth J. Arrow，1962）认为，知识的积累不完全依靠新知识的增加和创新。知识被吸收掌握的过程即"干中学"，对经济增长有重要作用。并假定知识是以"干中学"的方式获得，无须进行专门的投资，提出"干中学"模型。

保罗·罗默认为，知识生产需要专门的部门进行，需要消耗社会物质资源。假定社会生产由两个部门进行，即知识生产部门生产知识、物质生产部门生产产品，提出了两部门增长模型。

以上新经济增长理论的研究虽然发现了知识溢出的存在，反映了知识在经济增长中的重要作用，但并没有在其区域经济增长模型中直接体现出从区域外获取知识溢出的作用。

新经济增长理论发现了知识溢出对经济长期增长的重要作用，许多学者开始探讨知识溢出对经济增长的影响，特别是在城市与区域空间范围内探讨知识在空间溢出与扩散的机理，以及知识溢出促进集聚、创新和增长过程中的空间特性。在他们对空间知识溢出的研究中，对区域知识增长方式有不少研究和假定。

弗森伯格（Verspagen，1991）通过研究区域间技术追赶问题，开始对知识溢出进行研究。为研究区域间的技术追赶问题，他构建了两部门增长模型。假定存在技术先进区域 j，技术落后区域 i。假设将两区域间知识存量差距 G 等价于区域知识存量 K 的比值取对数，上述假设保证了当区域间知识存量差距为零时，两区域间知识存量水平相等。

$$G_{ij} = \ln \frac{K_i}{K_j} \text{。} \tag{2-1}$$

同时，假定区域知识存量的自然增长率等于区域外生增长系数 ρ。对于区域 j 和区域 i 来说，其外生增长系数分别为 ρ_j 和 ρ_i，而且，$\rho_j > \rho_i$ 成立。对于技术先进区域 j 来说，区域知识存量增长率等于区域外生增长系数 ρ_j；对于技术落后区域 i 来说，区域知识存量增长率等于区域外生增长系数 ρ_i 与接收的知识溢出效应 S 的和。由此得出如下公式：

$$\frac{K_i}{K_j} = \rho_j, \tag{2-2}$$

$$\frac{\dot{K_i}}{K_i} = \rho_i + S。 \tag{2-3}$$

从以上假定看出，弗森伯格认为区域知识存量增长由两部分构成：一部分是区域自然的知识增长，它不受本地经济因素的影响，是外生的增长因素。这实际上是采用了罗伯特·索洛（Robert M. Solow，1956）的知识外生的假定。另一部分是知识溢出效应引起的知识存量的增长。而且落后区域可以从先进区域获得知识溢出，但先进区域不能从落后区域获得知识溢出。因此，弗森伯格的空间知识溢出模型，实际上建立在索洛模型知识因子 A 为外生的基础上，增加了从区域外获取的知识溢出效应。

凯尼尔斯的空间知识溢出蜂巢模型，成为多数空间溢出学者研究的基础。Caniels 在《知识溢出和经济增长——欧洲间区域增长差异》一文中对区域间知识溢出进行了深入研究。凯尼尔斯引入新经济增长理论中的"干中学"概念，将"干中学"效应作为重要的知识增长因素，纳入区域知识溢出研究范围，对弗森伯格（Verspagen，1991，1993）知识溢出模型进行了修正。

基于新经济增长 AK 模型中的假定：区域产出水平与区域知识存量水平正相关，凯尼尔斯在其空间知识溢出蜂巢模型中假定知识存量与区域经济增长正相关。由此有：

$$\frac{\dot{Q_i}}{Q_i} = \beta \frac{\dot{K_i}}{K_i}。 \tag{2-4}$$

其中：Q_i 表示区域 i 产出水平；K_i 表示区域 i 的知识存量水平；β 表示由于经济增长导致的知识存量的变化率。

在弗森伯格假定的基础上，凯尼尔斯在区域经济增长的知识增长方式方面引入了肯尼斯·约瑟夫（Kenneth J. Arrow，1962）"干中学"效应，认为区域知识生产和创新来源于"干中学"、获取周边区域的知识溢出 S、外生增长率 ρ 3 个方面。由此，凯尼尔斯得到如下等式：

$$\frac{\dot{K_i}}{K_i} = \alpha \left(\lambda \frac{\dot{Q_i}}{Q_i} + \rho_i + S_i \right)。 \tag{2-5}$$

其中，α 指由于上述因素导致的知识存量增长系数；λ 指"干中学"效应的影响强度。

总结以上经济增长模型中区域知识增长的方式：一部分为区域自身创造的知识；另一部分为从区域外获得的知识溢出。而区域自身创造的知识无外乎两种类型：一种是区域企业进行专门的研发投资创造出的知识，可将这种类型的知识创造看成企业通过研究开发部门来生产的知识；另一种是区域内企业不进行专门的研发投资，而是员工在工作中不断学习、积累和创造知识，这种类型的知识积累与创造被称为是"干中学"效应。

弗森伯格和凯尼尔斯对区域经济发展的知识增长方式的假定引入了从外区域获得的知识溢出 S，对区域自身创造的知识，只考虑了"干中学"效应。对区域自身通过研发主动创造的知识，则沿用索洛模型假设，将其作为外生的知识增长 ρ。"干中学"作为非主动无意识的知识创造活动，在较原始的经济生产过程中可能起到较重要的作用，在现代经济社会中，大多数技术进步的出现都要归功于企业主动的有意识的研究开发活动。因而，空间知识溢出学者对某区域经济发展的知识增长方式的假定，没有完全吸取新经济增长理论中知识生产内生化的精华。

因此，总结新经济增长理论和空间溢出学者对知识增长方式的研究，我们认为，区域知识增长方式主要为区域自身创造的知识和从区域外获得的知识溢出。区域自身创造的知识又分为区域通过研发生产创造的知识和"干中学"效应获得的知识。特别是在研究落后区域经济增长时，由于落后区域往往知识存量较少，知识生产能力不足，知识增长的主要方式应是从区域外获取的知识溢出。因此，在重构落后区域经济增长总量模型时，把从区域外获得的知识溢出，作为一个重要参数，将其作用显性化。

三、区域经济增长模型重构

本书在区域知识增长方式研究的基础上，通过对两部门增长模型中的知识生产函数进行改进，进而重构区域经济增长总量模型。

　　物质生产函数沿用索洛模型假定，知识生产函数改进为知识增长函数。区域知识增长方式主要为区域自身创造的知识和从区域外获得的知识溢出（T）。

　　本书沿用索洛模型假定，厂商投入生产要素资本 K 和劳动力 L，生产出产品。生产过程中的资本投入为 K，资本消耗为 δ。家庭提供劳动力 L，获得产品，略去消费和投资。同时，进一步沿用两部门增长模型的假定，知识需要研发投入而创造。社会生产由两个部门进行：研发部门生产知识（P），物质生产部门生产产品（Y）。将资本 K 和劳动力 L 也分成两个部分，其中 a_L 为用于研发部门的劳动力的比例，a_K 为用于研发部门的资本的比例；$1-a_L$ 和 $1-a_K$ 分别是用于物质部门的劳动力和资本的比例。A 为知识存量，同时进一步假定知识存量没有折旧，两个部门共享知识，知识不需要购买。在知识增长方式上，除区域自身创造的知识之外，还存在该区域从区域外获得的知识溢出 T。

　　首先，构造知识生产部门的知识增长函数。

　　对于区域自身创造的知识，利用 Cobb-Douglas 生产函数构造知识生产函数为：

$$P = B(\alpha_K K)^\beta (\alpha_L L)^\gamma A^\theta \quad B>0,\ \beta>0,\ \gamma>0,\ \theta\geq 0 \ 。 \qquad (2\text{-}6)$$

其中，$B>0$，为常数，为所有影响知识生产的外部因素在知识生产中的综合效应。β 为知识的资本弹性，γ 为知识的劳动弹性，θ 为知识的新旧弹性。资本 K、劳动力 L 和原有知识一般会对新知识的产生起正向作用，一般意义上设 $\beta>0$、$\gamma>0$、$\theta>0$。但若假定 $\theta=0$，则其知识生产函数类似于"干中学"效应模型。因此，我们通过适当调整参数，使得知识生产函数可以在一定程度上包含"干中学"效应。因此，设 $\theta\geq 0$，使得该知识生产函数包含区域通过研发生产创造的知识和从"干中学"效应中获得的知识。

　　在此基础上，增加从区域外获得的知识溢出 T。对外获取知识溢出 T，受区域间知识差距和区域知识吸收能力的影响。为了突出讨论 T 对经济增长的影响，暂不将 T 函数进一步细化解析。构建区域知识增长函数为：

$$\dot{A} = B(\alpha_K K)^{\beta}(\alpha_L L)^{\gamma} A^{\theta} + T \quad B>0, \ \beta>0, \ \gamma>0, \ \theta \geqslant 0。 \qquad (2-7)$$

其次，构造物质部门的生产函数。采用新经济增长理论模型通常采用的形式，利用 Cobb-Douglas 生产函数来构造。一般假设物质生产的规模报酬不变，因此，物质部门的生产函数是一次齐次函数。

构造区域物质部门的生产函数为：

$$Y(t) = [(1-a_K)K(t)]^{\alpha}[A(t)(1-a_L)L(t)]^{1-\alpha} \quad 0<\alpha<1。 \qquad (2-8)$$

再次，进一步简化资本和劳动力的关系。新古典经济增长总量模型和新经济增长总量模型，通常也做此假定。资本增长通过储蓄形成，s 为储蓄率。n 为劳动增长率，在正常稳定的社会，劳动力的长期增长通常应等于人口的自然增长。

为了简化讨论，不考虑政府部门和进出口，设消费为 C，投资为 I，储蓄为 S，社会总需求为：

$$Y = C + I。 \qquad (2-9)$$

社会总供给为：

$$Y = S + C。 \qquad (2-10)$$

要想社会经济长期均衡发展，必须实现总供给等于总需求，得：

$$I = S。 \qquad (2-11)$$

上式说明，投资主要通过储蓄形成。资本增长主要通过投资形成，同时应减去资本折旧，则：

$$\dot{K} = sY - \delta K \quad s>0, \delta>0, 均为常数; \qquad (2-12)$$

$$\dot{L} = nL \quad L>0, n \geqslant 0。 \qquad (2-13)$$

最后，联列以上四式，就构成了简化的区域知识溢出的经济增长总量模型：

$$\dot{A} = B(\alpha_K K)^{\beta}(\alpha_L L)^{\gamma} A^{\theta} + T \quad B>0, \ \beta>0, \ \gamma>0, \ \theta \geqslant 0; \qquad (2-14)$$

$$Y(t) = [(1-a_K)K(t)]^{\alpha}[A(t)(1-a_L)L(t)]^{1-\alpha} \quad 0<\alpha<1; \qquad (2-15)$$

$$\dot{K} = sY - \delta K \qquad S>0, \delta>0, \text{均为常数。} \qquad (2-16)$$

$$\dot{L} = nL \quad L>0, n \geqslant 0 \text{。} \qquad (2-17)$$

四、模型分析

在现代经济学中，均衡是一个核心概念，尤其在探讨经济增长、市场稳定性及社会福利水平时，通常都应用均衡分析工具。对区域经济的长期均衡分析，有助于我们深入理解经济运行的内在机制，从而为政策制定者提供理论支撑和决策依据。

（一）知识增长曲线和资本增长曲线

均衡研究是长期经济规律研究的重要方法，极值曲线分析是长期均衡研究的重要手段。本书利用极值曲线研究知识与资本运行规律。

首先，研究知识增长运行规律，推导知识增长的运行曲线 A。本书用 g 表示增长率，其下标代表所讨论的因素，如设 g_A 表示技术增长率，g_T 表示对外获取的知识溢出的增长率。

令 $\mu = T/(P+T)$，μ 为区域知识对外依赖系数，它表征一定时期内区域所增加的知识中，通过外部获取的知识占比。假设其在一定时期内为一相对稳定值，则 $0 \leqslant \mu \leqslant 1$，得：

$$
\begin{aligned}
g_A &= (1-\mu)g_P + \mu g_T \\
&= (1-\mu)(\beta g_K + \theta g_A + \gamma n) + \mu g_T \text{。}
\end{aligned} \qquad (2-18)
$$

化简上式，得知识增长的运行曲线 A，如图 2-1 所示，g_K 是 g_A 的函数，它表征了知识最佳增长轨迹。

$$g_K = -\frac{(1-\mu)\gamma n + \mu g_T}{\beta(1-\mu)} + \frac{1-(1-\mu)\theta}{\beta(1-\mu)]} g_A \text{。} \qquad (2-19)$$

其推导如下。

由式（2-14）可得：

$$\dot{A} = P + T, \tag{2-20}$$

$$g_A = \frac{\dot{A}}{A} = \frac{P}{A} + \frac{T}{A}。 \tag{2-21}$$

对 g_A 求导：

$$g_{A'} = \left(\frac{P}{A}\right)' + (T/A)'$$

$$= \frac{(AP' - PA')}{A^2} + \frac{(AT' - TA')}{A^2}。 \tag{2-22}$$

令其等于 0，求 g_A 的极值曲线，并将 μ 代入式（2-22）得式（2-18）：

$$g_A = (1-\mu)g_P + \mu g_T$$

$$= (1-\mu)(\beta g_K + \theta g_A + \gamma n) + \mu g_T。 \tag{2-23}$$

同理，研究资本运行规律，推导资本增长运行曲线 K。设 g_K 为资本增长率。由式（2-15）、式（2-16）和式（2-17），可得：

$$g_K = \frac{\dot{K}}{K} = s(1-\partial_K)^{\partial}(1-\partial_L)^{1-\partial}\left(\frac{AL}{K}\right)^{1-\partial} - \delta。 \tag{2-24}$$

对 g_K 求导：

$$g_K' = s(1-\partial_K)^{\partial}(1-\partial_L)^{1-\partial}\left[\left(\frac{AL}{K}\right)^{1-\partial}\right]'。 \tag{2-25}$$

求 g_K 的极值曲线，令 $g_K' = 0$，则：

$$\frac{g_K'}{(g_K+\delta)} = (1-\partial)(g_A + n - g_K) = 0。 \tag{2-26}$$

化简得资本增长的运行曲线 K，如图 2-1 所示，它表征了资本最佳增长轨迹。

$$g_K = g_A + n。 \tag{2-27}$$

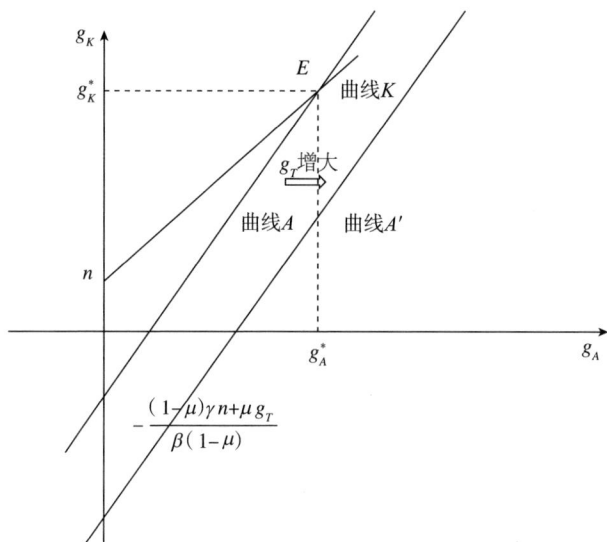

图 2-1　长期经济发散增长示意

（二）经济增长的分析

区域经济增长的核算，以人均经济增长为主。下面根据知识增长运行曲线 A 和资本增长运行曲线 K 之间的相互关系，研究经济增长的规律。

如图 2-1 所示，对于曲线 A，截距 $c_A=-[(1-\mu)\gamma n+\mu g_T]/\beta(1-\mu)$，当 $g_T\geq0$ 时，$c_A<0$。其斜率 $t_A=(1-(1-\mu)\theta)/\beta(1-\mu)$。对于曲线 K，截距 $c_K=n$，且均大于 0，斜率 $t_K=1$。

首先，当 $\beta+\theta<1/(1-\mu)$ 时，长期经济增长将收敛，实现条件均衡。

当 $\beta+\theta<1/(1-\mu)$ 时，$t_A>t_K$，曲线 A 与曲线 K 在第一象限相交于 E 点，区域人均经济增长率将在 E 点收敛，如图 2-1 所示。

将式（2-19）、式（2-25）联列，可求出 E 点：

$$g_A^*=\frac{(1-\mu)(\gamma+\beta)n+\mu g_T}{1-(1-\mu)(\theta+\beta)},\qquad(2-28)$$

$$g_K^*=g_A^*+n。\qquad(2-29)$$

设区域总人口为 N，人口自然增长率为 r。则人均经济增长 $y=Y/N$，由式（2-15）可知：

$$g_Y = \alpha g_K + (1-\alpha) g_A + (1-\alpha) g_L, \qquad (2\text{-}30)$$

$$
\begin{aligned}
g_y &= g_Y - g_N \\
&= \alpha g_K + (1-\alpha) g_A + (1-\alpha) g_L - g_N \\
&= \alpha(g_K - g_L) + (1-\alpha) g_A + (g_L - g_N)。
\end{aligned} \qquad (2\text{-}31)
$$

则对经济均衡点 E 有：

$$
\begin{aligned}
g_y^* &= g_{Y/N}^* = g_A^* + (n-r) \\
&= \frac{(1-\mu)(\gamma+\beta)n + \mu g_T}{1-(1-\mu)(\theta+\beta)} + (n-r)。
\end{aligned} \qquad (2\text{-}32)
$$

进一步整理得，区域经济增长条件均衡公式：

$$g_y^* = \frac{\mu}{1-(1-\mu)(\theta+\beta)} g_T + \frac{(1-\mu)(\gamma+\beta)}{1-(1-\mu)(\theta+\beta)} n + (n-r)。 \qquad (2\text{-}33)$$

其中，β、γ、θ 为知识生产函数的各项弹性系数，表征知识生产效率的高低。

结论 2.1：当区域知识生产效率较低，使得 $\beta+\theta<1/(1-\mu)$ 时，区域长期的人均经济增长将按式（2-33）收敛，以实现条件均衡。

当 $\beta+\theta\geq1/(1-\mu)$ 时，长期经济增长不收敛，长期经济将随 g_K 和 g_A 增长而不断发散增长。

$\beta+\theta\geq1/(1-\mu)$ 包含了 $\theta\geq1/(1-\mu)$，$t_A\leq0$ 时，在第一象限不存在曲线 A 的情形和 $\theta<1/(1-\mu)$，$t_A>0$，但 $\beta+\theta\geq1/(1-\mu)$，$t_A\leq t_K$，曲线 A 与曲线 K 在第一象限不相交的情形。

情形一，当 $\theta\geq1/(1-\mu)$ 时，$t_A\leq0$ 时，在第一象限不存在曲线 A。

因为

$$g_A = \frac{\dot{A}}{A} = \frac{P}{A} + \frac{T}{A}, \qquad (2\text{-}34)$$

$$g_A' = \left(\frac{P}{A}\right)' + (T/A)' = \frac{(AP'-PA')}{A^2} + \frac{(AT'-TA')}{A^2} = \frac{(P+T)}{A}\left[\frac{P'+T'}{P+T} - \frac{A'}{A}\right], \qquad (2\text{-}35)$$

$$\frac{g_A'}{g_A}=\frac{P'+T'}{P+T}-\frac{A'}{A}=(1-\mu)g_P+\mu g_T-g_A$$

$$=(1-\mu)(\beta g_K+\theta g_A+\gamma n)+\mu g_T-g_A$$

$$=(1-\mu)(\beta g_K+\gamma n)+\mu g_T+[(1-\mu)\theta-1]g_A. \qquad (2-36)$$

同时由于 $\theta\geqslant1/(1-\mu)$，$(1-\mu)\theta\geqslant1$，则在第一象限，$g_A'/g_A>0$，$g_A'>0$，g_A' 随 g_A 和 g_K 单调递增，且大于 0，g_A 没有极值点，将不断增大，知识生产函数不收敛。此时资本运行函数收敛到曲线 K：$g_K=n+g_A$。因此，g_K 和 g_A 将沿曲线 K 相互促进，不断发散增长。经济也将沿曲线 K 单调递增发散增长。

情形二，当 $\beta+\theta\geqslant1/(1-\mu)$ 且 $\theta<1/(1-\mu)$ 时，$t_A\leqslant t_K$，曲线 A 与曲线 K 在第一象限不相交，如图 2-2 所示。

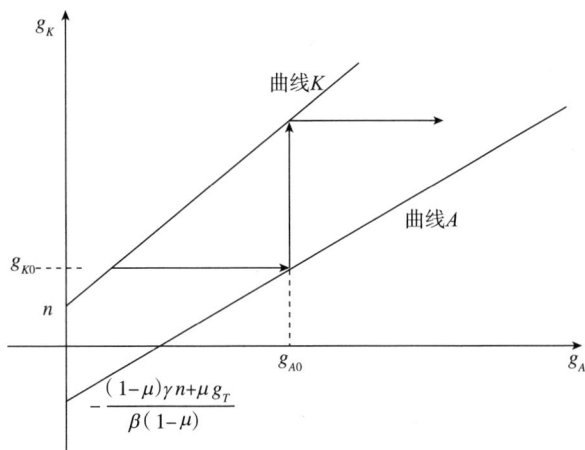

图 2-2 长期经济发散增长示意

此时，曲线 A 处于曲线 K 之下，没有交点。将初始的 g_K 设为 g_{K0}，由曲线 A 得最大的 g_{A0}；g_{A0} 由曲线 K 可得最大的 g_{K1}。依此类推，g_K 和 g_A 在曲线 A 和曲线 K 之间的区域内不断发散增长。这说明，当知识生产规模报酬递增且足够大时，长期的 g_K 和 g_A 相互促进，不断增长。

经分析可知，在以上两种情形下，长期经济增长不收敛，而且随 g_K 和 g_A 增长而不断发散增长。

此时，因为 $0 \leqslant \mu \leqslant 1$，则：$1/(1-\mu) \geqslant 1$，$\beta+\theta \geqslant 1/(1-\mu) \geqslant 1$。

因为 $\beta>0$、$\gamma>0$、$\theta \geqslant 0$，所以 $\beta+\theta+\gamma>1/(1-\mu) \geqslant 1$。$\beta$、$\gamma$、$\theta$ 为知识生产函数的各项弹性系数，表征知识生产效率的高低。当 $\beta+\theta+\gamma>1$ 时，表明知识生产规模效益递增。

因此，当区域知识生产效率不断提高达到一定水平，使得 $\beta+\theta \geqslant 1/(1-\mu)$ 时，知识生产规模效益递增，g_K 和 g_A 相互促进，不断发散增长，从而实现区域经济的长期增长。

结论2.2：当区域知识生产效率较高，使得 $\beta+\theta \geqslant 1/(1-\mu)$ 时，知识生产规模效益递增，g_K 和 g_A 相互促进，不断发散增长，从而实现区域人均经济的长期发散增长。

综上所述，世界已经进入知识经济时代。在知识经济时代下研究落后区域经济增长，必须引入知识增长方式的研究。我们在综合新经济增长理论和空间溢出学者对知识增长方式的研究成果基础上提出，区域知识增长方式主要为区域自身创造的知识和从区域外获得的知识溢出。区域自身创造的知识又分为区域通过研发生产创造的知识和干中学效应获得的知识。特别是在研究落后区域经济增长中，由于落后区域往往知识存量较少，自主知识生产能力不足，知识增长的主要方式应是从区域外获取的知识溢出。因此，本章重构了知识增长方程，进而重构了落后区域经济增长总量模型，将从区域外获得的知识溢出作为一个重要参数，将其作用显性化。

通过对模型开展均衡研究，进行极值分析，得出区域经济增长条件均衡公式，并得出结论：当区域知识生产效率较低，使得 $\beta+\theta<1/(1-\mu)$ 时，区域长期的人均经济增长将按区域均衡增长公式收敛；当区域知识生产效率较高，使得 $\beta+\theta \geqslant 1/(1-\mu)$ 时，知识生产规模效益递增，g_K 和 g_A 相互促进，不断发散增长，从而实现区域人均经济的长期发散增长。

（三）区域经济增长条件均衡公式的现实意义

区域经济增长条件均衡公式可进一步简化为：

$$g_y^* = \xi_T g_T + \xi_n n + (n-r) \qquad 0<\xi_T \leqslant 1, \xi_n>0。 \qquad (2-37)$$

在经济学研究中，长期均衡指的是社会经济在向充分就业状态的调整过程中，不出现新的经济震荡，社会资源得到有效配置、市场保持稳定发展、社会福利水平得到有效保障，是区域经济最终可以达到的一种理想状态。区域经济增长条件均衡模型表明，4 个关键因素共同决定了一个地区长期平衡的人均经济增长率——外部知识溢出增长率、就业增长率、人口自然增长率和区域知识生产的效率。这些因素的有效结合和优化是制定区域长期经济政策的理论基础和分析框架。

首先，为了提高外部知识溢出增长率，应致力于扩大对外开放，并持续改进政府的管理机制，提高社会对国外先进知识的吸收和再创新能力，这是关键的政策方向。

其次，系统地提升区域就业增长率是另一个核心战略。这包括在自然人口增长率的限制下探索如何有效提高就业率。例如，通过提高教育水平以增强劳动力的就业能力，提高健康保障以提升劳动参与率，以及增加女性的就业机会。同时，通过促进农业人口向城市转移，提高就业效率，实施长期的移民政策也是提升就业增长率的重要策略。

再次，适当提升人口自然增长率是策略之一。调整人口自然增长率可以帮助提升区域就业增长的上限，从而支撑经济的持续增长。

最后，增强区域知识生产效能是实现长期发展的关键。这包括加强区域内的知识创造能力，以及创新知识传播和应用的方式，建立有效的知识传播和转化机制，这不仅可以扩充区域的知识库，还可以提升区域对外部先进知识的吸收和应用能力。这些策略的综合实施，将为区域经济的持续增长和竞争力的提升提供坚实的基础。

第三章
————

落后区域经济均衡增长分析

落后区域由于知识生产能力较低，还无法达到发散增长的水平。由第三章分析可知，其长期经济增长将按区域经济增长条件均衡公式收敛。因此，我们统一假定落后区域存在 $\beta+\theta<1/(1-\mu)$，其长期经济增长将按如下区域经济增长条件均衡公式收敛。

落后区域经济增长条件均衡公式为：

$$g_y^* = \frac{\mu}{1-(1-\mu)(\theta+\beta)}\, g_T + \frac{(1-\mu)(\gamma+\beta)}{1-(1-\mu)(\theta+\beta)}n + (n-r) \, 。 \qquad (3-1)$$

进一步假设：

$$\xi_T = \frac{\mu}{1-(1-\mu)(\theta+\beta)}, \qquad (3-2)$$

$$\xi_n = \frac{(1-\mu)(\gamma+\beta)}{1-(1-\mu)(\theta+\beta)} 。 \qquad (3-3)$$

落后区域长期的人均经济均衡增长率 g_y^* 由 3 个自变量 g_T、n、r，以及 g_T、n 的系数 ξ_T 和 ξ_n 等因素决定。

一、封闭的落后区域的长期经济均衡增长

封闭区域意味着该区域同区域外没有知识交流，不存在从区域外获取知

识溢出，因而区域知识对外依赖系数 $\mu=0$。式（3-1）变化为：

$$g_y^* = \frac{(\gamma+\beta)}{1-(\theta+\beta)}n+(n-r)。 \tag{3-4}$$

此时，长期人均经济增长率主要由劳动增长率和人口自然增长率两个自变量决定。

在不考虑国外移民的情况下，在正常稳定的社会封闭区域实现充分就业，劳动力的长期均衡增长通常应等于人口的自然增长，即 $n=r$。此时：

$$g_y^* = \frac{(\gamma+\beta)}{1-(\theta+\beta)}r。 \tag{3-5}$$

设 $\xi_n = \frac{(\gamma+\beta)}{1-(\theta+\beta)}$，则封闭区域长期经济均衡增长率主要取决于人口的自然增长率 r 和系数 ξ_n。而 ξ_n 又决定于知识生产函数中 γ、β、θ 的取值。其中，β 为知识的资本弹性，γ 为知识的劳动弹性，θ 为知识的新旧弹性，表征知识生产效率。

结论 3.1：封闭区域长期经济均衡增长率主要取决于人口的自然增长率 r 和知识生产效率。

但是，从长期来看，人口的自然增长率不可能一直维持较高水平，而且随着经济发展水平的提高，人口的自然增长率一般呈现下降的趋势。因此，不可能依靠长期的高人口自然增长率政策来推动经济的持续发展。根据联合国发布的世界各国人口自然增长率数据可以发现，世界人口增长存在如下趋势：首先，世界人口自然增长率呈下降趋势。由 1960 年的平均 2.33%，到 2000 年的平均 1.32%，再到 2010 年的平均 1.15%。其次，国家经济发展程度越高，其人口自然增长率越低。2010 年，高收入国家为 0.64%，中等收入国家为 1.12%，中等偏下收入国家为 1.54%，低收入国家为 2.10%。最后，随着经济发展，各国人口自然增长率不断下降。例如，巴西 1960 年为 2.96%，2000 年为 1.44%，2010 年为 0.88%。中国 1960 年为 1.83%，2000 年为 0.79%，2010 年为 0.48%。

因此，提高区域的自主知识生产效率成为唯一的选项，即提高 ξ_n。

$$\xi_n = \frac{(\gamma+\beta)}{1-(\theta+\beta)}。 \tag{3-6}$$

当（$\theta+\beta$）增大时，ξ_n 也随之增大。（$\gamma+\beta$）越大，ξ_n 也越大。所以随着知识生产效率的提高，将提高 ξ_n，在人口自然增长率 r 相对稳定的情况下，可以提高人均经济均衡增长率水平。

但落后区域由于知识创造能力较弱，知识生产能力不强，知识生产效率不高，ξ_n 也不会太高。

本书不具体讨论知识生产函数的各要素弹性大小，只研究要素弹性总体对 ξ_n 的影响。若 $\xi_n>1$，则有$(\gamma+\beta)+(\theta+\beta)>1$。在此不等式中，3 个因子具有相同的影响程度。为直观起见，我们假定 $\gamma=\beta=\theta$，则有：

$$\gamma=\beta=\theta>\frac{1}{4}, \tag{3-7}$$

$$\gamma+\beta+\theta>\frac{3}{4}。 \tag{3-8}$$

换句话说，若要 $\xi_n>1$，知识生产函数总的产出弹性要大于 3/4。同理，若要 $\xi_n>2$，知识生产函数总的产出弹性要大于 1，即整个知识生产规模报酬递增。这要求知识生产必须具有很高水平，大多数发达区域都难以达到此水平。因此，可以认为，落后区域知识创造能力较弱，知识生产能力不强，知识生产效率不高，ξ_n 会远小于 2，甚至 1。因此，落后区域可假设：$0<\xi_n<2$。

而且，知识生产能力的提高是长期积累的结果，很难在短期见效。

结论 3.2：封闭落后区域很难实现较高的经济均衡增长水平。

二、开放的落后区域的经济增长

开放的落后区域可以同区域外进行知识交流，可以从区域外获取知识溢出，因而区域知识对外依赖系数 $\mu>0$。此时，经济均衡增长服从式（3-1）所示的落后区域经济增长条件均衡公式。即落后区域长期人均经济均衡增长率 g_y^* 将由 3 个自变量：g_T、n、r，以及 g_T、n 的系数 ξ_T 和 ξ_n 等因素决定。系数 ξ_T 和 ξ_n 主要由知识生产各项弹性系数 γ、β、θ 和区域知识对外依赖系数 μ 决定。因此，落后区域长期人均经济均衡增长率 g_y^* 决定于对外获取知识溢出增长率 g_T、长期劳动增长率 n、长期人口自然增长率 r、区域知识对外依赖系数 μ 及知识生产效率等因素。

（一）对外获取知识溢出对经济均衡增长率的影响

对外获取知识溢出对经济均衡增长率的影响主要体现在两个参数：一是对外获取知识溢出增长率 g_T；二是区域知识对外依赖系数 μ。

第一，提高对外获取知识溢出增长率 g_T 将提高经济均衡增长率。落后区域可以通过加快对外获取知识溢出实现经济快速增长。

由式（3-1）可知，若 γ、β、θ、n、r 都为常数，μ 在一定时期内基本为常数，则 g_T 最终决定 g_y^*。

$$\xi_T = \frac{\mu}{1-(1-\mu)(\theta+\beta)} = \frac{1}{\dfrac{1-(\theta+\beta)}{\mu}+(\theta+\beta)}。 \tag{3-9}$$

当 $0<\mu\leqslant1$，$0<(\theta+\beta)<1$ 时，

$$\frac{1-(\theta+\beta)}{\mu}>1-(\theta-\beta)， \tag{3-10}$$

$$\frac{1-(\theta+\beta)}{\mu}+(\theta+\beta)>1。 \tag{3-11}$$

所以 $0<\xi_T\leqslant1$，即 ξ_T 的最大值为 1。

因为 ξ_T 大于 0，所以 g_T 越高 g_y^* 越大，g_y^* 与 g_T 成正相关关系，即 g_T 越高，经济均衡增长收敛水平越高。因此落后区域可以通过对外开放，加快对外获取知识溢出，实现经济快速增长。

第二，区域知识对外依赖系数 μ 对经济稳定增长收敛水平的影响较为复杂。$\mu=T/(P+T)$，μ 表征区域知识对外依赖系数，是由区域技术经济发展状

态所决定的。由式（3-1）可知，μ 的大小将影响 g_T 的系数 ξ_T、n 的系数和 ξ_n 的大小，从而影响长期经济收敛水平。

1. μ 对于式（3-1）中 g_T 的系数 ξ_T 的影响

因为：$\xi_T = \dfrac{\mu}{1-(1-\mu)(\theta+\beta)}$，

所以：$0 < \xi_T \leq 1$。

当 $\mu=1$ 时，即对外实行完全的知识依赖，区域内没有自主知识生产能力，此时 $\xi_T=1$，则根据区域条件均衡公式，对外获取知识溢出的增长率，直接反映为人均经济增长率。

当 $0<\mu<1$ 时，设 $f(\mu)=\dfrac{\mu}{1-(1-\mu)(\theta+\beta)}$，对 $f(\mu)$ 求导：

$$f(\mu)' = \frac{1-(\theta+\beta)}{[1-(1-\mu)(\theta+\beta)]^2}。 \tag{3-12}$$

当 $(\theta+\beta)<1$ 时，$f(\mu)'>0$，$f(\mu)$ 随 μ 单调递增。即 μ 增大，$f(\mu)$ 增大；当 $(\theta+\beta)=1$ 时，$f(\mu)'=0$，$f(\mu)$ 恒等于1，即 μ 对 $f(\mu)$ 没影响；当 $(\theta+\beta)>1$ 时，$f(\mu)'<0$，$f(\mu)$ 随 μ 单调递减，即 μ 增大，$f(\mu)$ 减少。

因此，μ 对 g_T 系数的影响受知识生产效率的影响而不同。当知识生效率较低时，$(\theta+\beta)<1$，较高的区域知识对外依赖系数 μ，能提高 g_T 对 g_y^* 的贡献，提高长期经济均衡增长收敛水平，使得通过加快对外获取知识溢出实现经济快速增长的作用明显。随着知识生产效率的提高，当 $(\theta+\beta)=1$，区域对外依赖系数 μ，对 g_T 在经济增长中的作用将没有影响。随着知识生产效率的进一步提高，当知识生产效率较高时，$(\theta+\beta)>1$，较高的对外知识依赖系数 μ 将降低 g_T 对 g_y^* 的贡献，从而降低长期经济均衡增长收敛水平，使得通过加快对外获取知识溢出实现经济快速增长的作用下降。

落后区域，由于知识生产效率较低，$\beta+\theta<1/(1-\mu)$，因而 $(\theta+\beta)<1$。因此区域知识对外依赖系数 μ，能提高 ξ_T，从而提高 g_T 对 g_y^* 的贡献，提高长期经济稳定增长收敛水平，使得通过加快对外获取知识溢出实现经济快速增长的作用越明显。

2. μ 对劳动增长率 n 的系数 ξ_n 的影响

$$\xi_n = \frac{(1-\mu)(\gamma+\beta)}{1-(1-\mu)(\theta+\beta)}。$$

当 μ 增大时，在其他参数不变的情况下，分子减小，分母增大，ξ_n 减小。因此，μ 越大，ξ_n 越小，较高的区域知识对外依赖系数 μ，将降低 ξ_n，降低 n 对 g_y^* 的贡献，从而降低长期经济均衡增长收敛水平。

综上，由于劳动增长率 n 在长期内增速有限，而对落后区域来说，对外获取知识溢出却可能实现较长时期的高速增长。当落后区域采取对外开放、知识引进战略时，由于 g_T 远大于 n，因此 ξ_T 的重要性远大于 ξ_n 的。此时，落后区域采用对外知识获取战略，保持较高的区域知识对外依赖系数 μ，加快对外获取知识溢出，可以实现经济的较高均衡增长水平。

结论 3.3：落后区域可以通过采用对外知识获取战略，保持较高的区域知识对外依赖系数，加快对外获取知识溢出，从而实现快速的经济均衡增长。

（二）劳动增长与人口增长对经济均衡增长率的影响

第一，提高劳动增长率 n 将提高人均经济均衡增长率。

由区域经济增长条件均衡式（3-1）可知，若 γ、β、θ、r 为常数，μ 在一定时期内也基本为常数，且 g_T 一定时，n 最终决定 g_y^*。因为：

$$\xi_n = \frac{(1-\mu)(\gamma+\beta)}{1-(1-\mu)(\theta+\beta)}>0。 \qquad (3-13)$$

所以 n 越高 g_y^* 越大，g_y^* 与 n 成正相关关系，即 n 越高，经济均衡增长收敛水平越高。区域可以通过加快劳动增长率实现经济快速增长。

一般来说，劳动增长率 n 不可能快速且无限增长。n 受诸多因素影响，特别是受人口与劳动政策、人口自然增长率和经济增长水平的影响。因此事实上，n 是 r 的函数。对长期均衡的 n，在不考虑外来人口流动的情况下，应等于人口自然增长率 r。因此较高的均衡的人口自然增长率 r 将有助于形成较高的均衡的劳动增长率 n，从而促进经济增长率的长期提高。

第二，人口自然增长率 r 对经济均衡增长率的影响不应简单推断。

由区域经济增长条件均衡公式（3-1）看，人口自然增长率与长期经济增长率成负相关关系，与新古典增长理论和新增长理论经济增长模型得出的："人口增长率提高意味着稳态收入降低"的结论是一致的。但区域经济增长条件均衡公式的第三部分（$n-r$）应作为一个整体看待。因为 n 是 r 的函数，劳动增长率 n 不能脱离人口自然增长率 r 而单独存在。正是长期均衡的人口自然增长率 r，决定长期均衡的劳动增长率 n。因此没有较高的长期均衡的人口自然增长率 r 就不会有较高的长期均衡的劳动增长率 n。

当 $(1+\xi_n)n>r$ 时，将促进经济的长期增长；当 $(1+\xi_n)n<r$ 时，将对经济的长期增长产生抑制作用。在区域经济实现长期均衡发展时，应实现充分就业，（$n-r$）等于 0，不影响长期的经济增长。而由人口自然增长率 r 引致的劳动增长率 n，将通过经济增长条件均衡式（3-1）中的 $\dfrac{(1-\mu)(\gamma+\beta)}{1-(1-\mu)(\theta+\beta)}n$ 促进长期的经济增长。这说明维持适度的人口自然增长率 r，将有利于长期的经济增长。

结论 3.4：区域可以通过加快劳动增长率实现经济快速增长。同时，维持适度的人口自然增长率 r，将有利于长期的经济增长。

（三）区域知识生产效率对经济均衡增长率的影响

区域知识生产效率对经济均衡增长率的影响主要体现在知识生产各项弹性系数 γ、β、θ 对系数 ξ_T 和 ξ_n 的放大与缩小作用上。

第一，知识生产各项弹性系数 γ、β、θ 对系数 ξ_T 具有放大作用。

由式（3-1）可知，$0<\mu\leqslant 1$，

$$\xi_T=\frac{\mu}{1-(1-\mu)(\theta+\beta)}。 \tag{3-14}$$

设 $f(\theta+\beta)=\dfrac{\mu}{1-(1-\mu)(\theta+\beta)}>0$。对 $f(\theta+\beta)$ 求导：

$$f(\theta+\beta)' = \frac{\mu(1-\mu)}{[1-(1-\mu)(\theta+\beta)]^2}。 \qquad (3-15)$$

当 $0<\mu<1$ 时，$f(\theta+\beta)'>0$，$f(\theta+\beta)$ 随 $(\theta+\beta)$ 单调递增，即 $(\theta+\beta)$ 增大，$f(\theta+\beta)$ 增大；当 $\mu=1$ 时，ξ_T 取极值 1。

所以随着 $(\theta+\beta)$ 增长，ξ_T 单调递增，且 $0<\xi_T\leqslant1$。知识生产效率的提高，能提高 g_T 对 g_y^* 的贡献，将提高经济长期均衡增长收敛水平。

第二，知识生产各项弹性系数 γ、β、θ 对系数 ξ_n 也具有放大作用。

由式（3-1）可知，$0<\mu\leqslant1$，

$$\xi_n = \frac{(1-\mu)(\gamma+\beta)}{1-(1-\mu)(\theta+\beta)}>0。$$

当 $(\theta+\beta)$ 增加，分母减小，ξ_n 增大；当 $(\gamma+\beta)$ 增大，分子增大，ξ_n 增大。

因此，随着知识生产效率的提高，知识生产各项弹性系数 γ、β、θ 增大，将提高 ξ_n，从而对劳动增长率起放大作用，提高人均经济均衡增长率。如前分析，就落后区域而言，$0<\xi_n<2$。

结论 3.5：当知识生产效率提高，知识生产的各项弹性系数增大，将提高经济长期均衡增长收敛水平。

三、对外获取知识溢出的影响因素

知识溢出学者指出，落后区域对外获取知识溢出的速度受落后区域与先进区域知识差距的影响和其对外获取知识溢出的能力限制，即与区域的知识吸收能力有关。落后区域对外获取知识溢出的速度，是区域间知识差距和落后区域的知识吸收能力的函数。

第一，区域间的知识存量差距，将对落后区域从先进区域获取知识溢出的速度有重大影响。一般来说，落后区域与先进区域的知识存量差距越大，越有利于先进区域向落后区域进行知识溢出，越能提高落后区域获取

知识溢出的速度。随着落后区域不断向先进区域获取溢出知识，落后区域与先进区域的知识差距会逐渐缩小，相应将降低其从先进区域获取知识溢出的速度。

第二，落后区域的知识吸收能力将限制落后区域对外获取知识溢出的速度。而落后区域的知识吸收能力主要受区域对外学习文化及区域自身知识生产能力两大因素的影响，知识吸收能力是这两个因素的函数。

区域的知识吸收能力是指区域从外部学习获得知识、消化吸收知识、产业转化知识、创新改造知识、开发再应用知识的综合能力，它反映区域对外获取知识溢出的能力。区域中的组织与个人的知识吸收能力将决定区域知识吸收能力，特别是企业和政府的知识吸收能力将对区域知识吸收能力具有重要影响。

科恩等（W. Cohen et al.，1990）认为，企业的知识吸收能力受企业知识水平、组织的学习机制和内在文化、企业的学习努力程度及学习方法、研发投入的影响。企业自身的知识基础，即企业本身拥有的知识水平，对于企业认知、吸收、应用外部新知识具有重要影响。企业的知识吸收能力在很大限度上是其自身知识水平的函数。要充分吸收新知识，需要一套行之有效的学习方法，将新知识纳入现有的知识系统，并充分应用。所谓"干中学"就是学习新知识的重要方法。W. Cohen 和 D. Levinthal 强调，企业的研发工作在创造新知识以解决实际问题的同时，也能提升企业的技术吸收能力。此外，组织的学习机制和文化，对提高企业的知识吸收能力具有重要影响。组织可以向外部学习，从外部寻求知识与技术，进行知识与技术的模仿，实现外部知识与技术的转移和引进。组织的内部学习机制，对知识在组织内部各部门和各成员间交流和分享、促进组织内部的知识扩散，并最终实现知识创新，具有重要意义。

落后区域的知识吸收能力主要受区域对外学习文化及区域自身知识生产能力两大因素的影响。区域对外学习文化主要指区域组织和个人的对外学习的努力程度及学习方法，这受区域社会文化与历史的影响，政府的政策引导可以积极地改变现状。韩伯棠空间知识溢出与中国经济增长课题组结合 Teece

的知识流动与学习的影响因素模型及企业集群网络的特点得出，企业集群内部的知识溢出主要受知识源对知识受体的信任程度、知识复杂程度、学习能力、知识存量、行业距离及知识存量差距等因素的影响。同时指出，较高的学习能力对企业集群内部知识溢出效应的提高有显著影响。因此当落后企业具有很强的学习能力时，落后企业完全可以通过吸收知识溢出实现对先进企业的技术追赶。

区域自身的知识生产能力，受区域的组织和个人的知识基础水平、区域的研发投入水平、区域知识学习机制、区域自主知识的生产效率等因素影响。大量研究证实，区域自身的知识生产能力不足，将严重影响落后区域从先进区域引进、消化吸收和应用先进知识，影响从区域外获取知识溢出的能力。卢卡斯（Lucas，1988）认为由于知识溢出是有成本的，企业自身的吸收能力高低将决定企业对外获取知识溢出效率。而企业知识吸收能力将受企业自身的知识存量和研发投入两个因素的影响，并成正相关关系。W. Cohen 和 D. Levinthal 强调，企业投入研发在创造新知识以解决实际问题的同时，也能提升企业的技术吸收能力。韩伯棠课题组对企业集群网络知识溢出与技术追赶的研究指出，当知识存量差距处于某一范围内时，技术落后企业可以实现对技术先进企业的追赶；而当知识存量差距超过这一范围时，知识存量差距在技术先进企业和技术落后企业之间将会不断扩大，使得落后企业对先进企业的技术追赶无法实现，并被企业集群淘汰。同时推论，技术落后企业可以通过自身知识生产能力建设，缩小与技术先进企业的创新能力差距，在更大的知识存量差距内实现对技术先进企业的追赶。

结论 3.6：落后区域对外获取知识溢出的速度受落后区域与先进区域知识差距和落后区域知识吸收能力的影响。落后区域自主知识生产能力，对提高落后区域的知识吸收能力有决定性作用。

综上，我们通过区域经济增长条件均衡公式，对落后地区经济长期均衡增长方式与途径进行了理论探讨，揭示了知识溢出、就业增长、人口增长与经济长期增长的关系。得出如下结论：

① 落后区域很难达到较高的经济均衡增长水平。

② 落后区域可以通过采用知识引进战略，保持较高的区域知识对外依赖系数，加快对外获取知识溢出，从而实现快速的经济均衡增长。

③ 区域可以通过加快劳动增长率实现经济快速增长。与传统经济增长理论模型的结论："人口增长率提高意味着稳态收入降低"不同，得出了维持适度的人口自然增长率将有利于长期经济增长的结论。

④ 当知识生产效率提高，知识生产的各项弹性系数增加，将提高经济长期增长收敛水平。

⑤ 落后区域对外获取知识溢出的速度，受落后区域与先进区域知识差距和落后区域知识吸收能力的影响。落后区域的自主知识生产能力对提高落后区域知识吸收能力有决定性作用。

第四章
————

落后区域经济追赶与经济趋同

　　落后经济体追赶上发达经济体的过程称为趋同。落后区域如何实现对发达区域的经济趋同，是当代世界政治和经济学家关注的焦点问题。新古典增长理论提出区域经济趋同假说，但新增长理论并不支持经济趋同假说。而各国学者对经济趋同进行的实证分析所得出的结论又各不相同。那么是否存在落后区域对发达区域的经济趋同？趋同的途径是什么？是经济学研究中急需解决的问题。

一、经济趋同的研究现状

（一）区域经济趋同假说

　　区域经济趋同假说的理论基础是新古典增长理论。新古典增长理论假定技术进步是外生的。因此，假定没有技术进步的简化经济增长模型可表述为：

$$y=f(k)。 \tag{4-1}$$

其中，y 为人均产出，k 为人均资本。但由于资本的边际收益递减，即随着 k 的增长，y 的增长逐渐趋缓，则必然出现人均产出增长率 g_y 等于 0 的情形，此时经济实现稳定均衡，y 和 k 处于不变状态，g_k 也等于 0。在不考虑政府部门、对外贸易及资本流动的情况下，假定人口增长率恒定为 n，资本折旧率为

δ，储蓄率为 s，则人均资本的净变化：

$$\Delta k = sy - (n+\delta)k。 \tag{4-2}$$

当经济处于稳态时，$\Delta k = 0$，因此长期经济稳态有：

$$y^* = \frac{(n+\delta)}{s}k^*。 \tag{4-3}$$

以上模型说明，具有相同的储蓄率、相同的人口增长率、并能得到相同技术的诸经济体，它们将达到同样的稳态收入。同时，由于 $g_y^* = 0$，则总产出 Y 的增长率：$g_Y^* = n$，即稳态的总产出增长率不受储蓄率的影响，而是等于人口增长率 n。

正是基于新古典经济增长理论，威廉姆森（Williamson，1956）提出，在要素完全流动性的假设下，区域收入水平随着经济的增长最终可以趋同的假说。

新古典经济增长理论认为，生产要素的边际收益是递减的。假定区域之间经济相互自由开放，为了追求高收益率，边际收益较低区域的经济要素必然要往边际收益较高的区域流动，通过要素供给增长驱动经济增长。同时，受边际收益递减规律的支配，要素区域流动将逐渐趋向均衡，引致区域间经济增长趋向均衡，即在市场机制作用下，要素在区域之间受收益递减规律的支配，从发达区域向落后区域有向流动，将自动修正区域间经济发展不平衡状况，从而使区域之间人均收入趋同。人均生产要素存量较少的区域由于其较高的要素边际收益而比经济发达区域有较高的经济增长速度。因此，经济欠发达区域存在向经济发达区域的趋同。新古典经济增长理论进一步认为，在市场经济环境中，区域经济增长趋同发生的关键是区域之间经济增长的初始条件或稳态相同。经济增长初始水平越低的区域，其经济长期增长的速度反而越快。即使在初始阶段落后区域与先进区域间存在比较大的经济增长差异，但从长期看，落后区域将比先进区域发展得快，并最终向先进区域趋同。因此，经济增长的初始条件是否相同或相似是区域之间发生经济增长趋同的重要前提。

巴罗等（Robert J. Barro et al.，1991，1992，1995）进行了大量的实证研究，并进一步把趋同分为 σ 趋同和 β 趋同。σ 趋同是指随着时间的推移，落后区域人均收入水平与先进区域人均收入水平的差异程度会逐渐减小；β 趋同是指区域的人均收入增长速度与其经济发展的初始水平成负相关关系，β 趋同又分为绝对趋同（或非条件趋同）、有条件趋同和俱乐部趋同（或群体趋同）。

但是新增长理论并不支持经济趋同假说。20 世纪 80 年代中期，保罗·罗默（Paul M. Romer，1986）指出，一个多世纪以来多国的经济增长率存在上升的趋势，新古典增长模型的结论与这一经验事实不符。同时发现由于知识溢出的存在，资本产生社会报酬，社会经济总的要素报酬没有递减，因此经济将会持续增长。彻底否定了趋同预期的理论基础：由于生产要素的边际收益递减，发达区域的要素边际收益将低于相对落后区域的。

（二）区域经济趋同假说的实证检验

20 世纪 80 年代以来，国际上对区域经济趋同开展了大量的实证研究。许多经济学家使用趋同模型测算 β 系数以及从检验区域之间相对人均收入的变异系数随时间的变化等不同角度，对不同国家或地区进行了区域经济趋同理论探索和实证研究。但得出的结论却不尽相同。

第一，许多学者通过研究证实，区域之间存在着经济趋同现象。

巴罗等（Robert J. Barro et al.，1991，1992，1995）对 1960—1985 年 20 个当时的 OECD 成员国的趋同问题进行了研究，通过对加拿大各省之间、美国各州之间、日本各县之间及欧洲部分国家内地区之间的趋同问题的研究，发现这些国家中不同地区的 β 趋同速度非常近似地稳定在 2% 左右。由于以上各国或地区之间，其基本经济特征相似，因此这些国家或地区之间的趋同为条件趋同。马丁等（R. Martin et al.，1998）的研究也表明，区域之间经济增长的 β 趋同速度每年在 2% 左右。N. 格里高利·曼昆等（N. G. Mankiw et al.，1992）也发现，在一个包括许多国家的样本中存在着强烈的条件趋同。库洛伯等（S. Coulombe et al.，1995）、坎加沙朱（A. Kangasharju，1999）的研究也都发现了区域经济趋同的存在。

第二，有不少学者的研究，并没有发现经济趋同现象的存在，从世界范围看，绝对趋同的假设不成立。

巴罗等（Robert J. Barro et al.，1991，1992，1995）对世界上 118 个国家间趋同现象进行了研究，利用这些国家 1960—1985 年截面数据进行回归分析，回归结果表明，人均 GDP 的年均增长率与其初始状态 1960 年的人均 GDP 没有成负相关关系，反而成较弱的正相关关系，即初始状态人均 GDP 越低的国家，其人均 GDP 的年均增长率也越低，从而不得不否定绝对趋同的假设。普里切特（Pritchett，1997）研究了 1870—1990 年发展中国家与发达国家的经济增长后指出，发达国家的收入水平远远高于发展中国家的收入水平。在这 120 年间，无论是生活水平还是劳动生产率都存在着显著的趋异现象。安德鲁·伯纳德等（A. Bernard et al.，1994）实证分析当时的 OECD 成员国，没有发现这些国家之间的趋同现象。莫洛等（L. Mauro et al.，1994）、特西纳斯（G. E. Tsionas，2000）、塞利珀尔等（C. Siriopoulos et al.，1998）的研究也都没有发现区域经济趋同现象。

第三，本-戴维（Ben-David，1998）和普里切特（Pritchett，1997）在对世界经济史的研究发现，经济特征和初始条件相近的国家存在俱乐部趋同（或群体趋同）现象，即在世界上富裕国家之间表现出赶超式的趋同，而在贫困国家之间呈现出向下积贫式的趋同，出现两极趋同现象。其中许多贫穷国家经济长期呈负增长。琼斯（C. Jones，1997）的研究指出世界经济呈现两极分化趋势。1988 年各国家之间的收入分布呈现双峰分布格局，而 1960 年各国家之间的收入分布为近似正态分布。

第四，对中国区域经济增长趋同的实证分析也得出不同的结论。陈建等（J. Chen et al.，1996）对中国各省（自治区、直辖市）1978—1993 年的人均收入水平趋同现象进行了实证研究，在加入就业增长、人力资本投资、物质资本增长、外商直接投资等变量后发现，各省（自治区、直辖市）存在条件趋同现象。宋学明（1996）对中国各省（自治区、直辖市）1978—1992 年的人均收入水平进行趋同分析，发现存在绝对趋同现象。张胜等研究了中国各省（自治区、直辖市）经济增长趋同问题发现，从区域看，中国中西部各地区之间和东部各地区之间存在经济增长趋同现象；从时间看，改革开放前中国各省（自治区、直辖市）之间存在趋同，但在改革开放以后中国各省（自治区、直辖市）之间不存在趋同；刘木平等（2000）对中国各省（自治区、直辖市）之间1978—1997年经济趋同现象进行了实证研究，发现存在条件趋同，但不存在绝对趋同。蔡昉、都阳（2000）研究发现在中国东部、中部和西部经济增长中呈现俱乐部趋同现象，即存在东中西3个趋同俱乐部。沈坤荣、马俊等（2002）的研究也证明上述观点。张可云等（2016）对山东省17个地级市1995—2013年经济增长趋同状况及影响因素的实证检验发现，山东省17个地级市经济增长呈现显著的β绝对趋同特征。

（三）区域经济趋同机理的新探索

实证研究说明，新古典增长理论趋同机理存在局限性。不少学者对经济趋同机理进行了进一步研究。

第一，许多学者为了充分反映区域经济增长的初始条件或稳态，改变了一般趋同模型中的自变量构成，进而分析各自变量对趋同的作用机制。德拉福特（A. D. Fuente，2000）提出要素收益递减规律、技术进步和结构变迁是促使经济趋同发生的三大机制。区域经济增长趋同是多种趋同机制共同作用的结果，而并不仅是收益递减规律作用的结果。库洛伯（S. Coulombe，2000）在研究加拿大区域经济趋同时，引入了人力资本、人口迁移、产业结构变量来反映区域经济稳态。奥利里（E. O'leary，2001）在研究爱尔兰区域经济趋同时，引入了人口因素、劳动生产率、收入-产出率等变量以反映区域间人均生活水平趋同所受影响。马丁（P. Martin，2000）研究认为区域公共政策对于区域经济增长趋同有重要影响。区域公共政策影响区域间交易费用并进一步影响要素的流动，还可通过制定鼓励创新政策对区域内组织与个人的创新活动施加影响。同时，也可以通过财政政策创造需求与供给，从而对区域经济趋同过程产生多重复杂影响。

但以上研究，对自变量的选择大多依赖于学者经验性研究，缺乏系统的理论基础,因此结论各不相同。

第二,有不少学者在趋同分析中引入了空间变量。从20世纪90年代起,越来越多的学者意识到经济体间空间上的相互作用是影响经济体增长的重要因素。为此,他们以内生增长理论和新经济地理学为支撑,在传统趋同假说的基础上,运用空间计量经济学相关技术手段,对长期区域经济趋同进行了重新检验。目前,学术界引入空间变量研究趋同时主要从经验研究的角度,注重空间效应和研究工具的选择,试图从空间效应作用机制角度解释趋同过程,并提出一些新的空间趋同概念。

马丁等(R. Martin et al.,1998)指出区域间的经济增长路径相互影响且互相制约。由于资本、劳动力与技术等生产要素的外溢效应具有地理集中性,增长速度相近的区域产生空间上的群集现象。

雷伊等(Sergio J. Rey et al.,1999)指出,导致区域经济增长趋同的关键性机制之一是技术的空间外溢效应。由于空间的非均质性是导致俱乐部趋同的重要诱因,因此区域与其周边区域之间往往呈现出相似的增长行为。

综上,由于新古典增长理论的局限性,对趋同机理的进一步研究多数还处于经验探索阶段,缺乏公认的理论模型,因而对趋同实证研究所得出的各不相同的结论,还缺乏一致的理论解释。

二、区域经济趋同机理研究

假定世界由两个区域构成,一个为先进区域 D,另一个为落后区域 C,C 区域知识生产效率较低,且 $\theta_C+\beta_C+\gamma_C<\theta_D+\beta_D+\gamma_D$,其经济增长将收敛。$C$ 区域经济要向 D 区域趋同,则要求在较长期间内,C 区域人均经济增长速度大于 D 区域,即 $g_{y_C}^*-g_{y_D}^*>0$。

(一)封闭区域之间的经济趋同机理研究

假定 C 和 D 区域对外封闭,没有对外获取的知识溢出 T,则 $\mu=0$。如果经济收敛,由式(3-1)可知:

$$g_y^* = \frac{(\gamma+\beta)}{1-(\theta+\beta)}n+(n-r) \text{。} \tag{4-4}$$

对于封闭区域，由于缺乏外部因素的刺激，就长期的均衡的经济来说，$n=r$，则：

$$g_y^* = \frac{(\gamma+\beta)}{1-(\theta+\beta)}r \text{。}$$

设：
$$\xi_n = \frac{(\gamma+\beta)}{1-(\theta+\beta)} \text{。}$$

首先，当 C 和 D 区域都满足 $\theta+\beta<1$ 时，长期经济增长都将按式（4-4）所示规律收敛。

此时，$g_{y_C}^*-g_{y_D}^*=\xi_{n_C}r_C-\xi_{n_D}r_D$，趋同力为人口增长率 r。

当 $r_C/r_D>\xi_{n_D}/\xi_{n_C}$ 时，$g_{y_C}^*-g_{y_D}^*>0$，理论上存在 C 区域对 D 区域的 σ 趋同；反之，当 $r_C/r_D\leqslant\xi_{n_D}/\xi_{n_C}$ 时，则 $g_{y_C}^*-g_{y_D}^*\leqslant0$，不存在趋同，而是趋异。

世界人口发展规律表明，国家经济发展程度越低，其人口自然增长率越高，而且总体呈逐年下降趋势。2010 年，高收入国家人口自然增长率为 0.64%，中等收入国家为 1.12%，中等偏下收入国家为 1.54%，低收入国家为 2.10%。

多数落后区域与先进区域的知识生产能力可能有巨大差距，多数落后区域可能出现 $r_C/r_D\leqslant\xi_{n_D}/\xi_{n_C}$。即使存在暂时的 $r_C/r_D>\xi_{n_D}/\xi_{n_C}$，由第三章研究可知，落后区域 $0<\xi_{n_C}<2$，$g_{y_C}^*=\xi_{n_C}r_C$ 也不高，无法形成较大的均衡增长率差距来产生较快的趋同效应。因此，无法利用此自然的趋同力实现对先进区域的较快速趋同。

而且从长期看，人口的自然增长率不可能一直维持较高水平，随着经济发展水平的提高，人口的自然增长率一般呈现下降的趋势。因此，即使短期内可能由于较高的人口自然增长率形成趋同可能，但也很难长久。不可能依靠长期的高人口自然增长率政策来推动经济持续发展。

其次，当 C 区域满足 $\beta+\theta<1$ 时，处于长期经济增长收敛，而 D 区域满足

$\beta+\theta\geq1$ 时，其处于长期经济发散增长。因此，不可能存在 C 区域对 D 区域的趋同现象。

结论4.1：对于封闭的落后区域，人口自然增长率可能在短期内形成趋同力，但这种趋同力很难持久。因此，落后区域很难依靠高人口自然增长率的趋同力来实现对先进区域的经济趋同。

（二）开放区域之间的经济趋同机理研究

首先，当 C 和 D 区域都满足 $\beta+\theta<1/(1-\mu)$ 时，长期经济增长都将收敛于式（3-1）所示的区域经济增长条件均衡公式：

$$g_y^* = \frac{\mu}{1-(1-\mu)(\theta+\beta)}g_T + \frac{(1-\mu)(\gamma+\beta)}{1-(1-\mu)(\theta+\beta)}n+(n-r) \ 。$$

由于知识溢出的主要方向是从先进区域向落后区域进行的。因此假定 $g_{TC}>0$，$g_{TD}=0$，则由式（3-1）可知，当 g_{T_C} 足够大时，使得 $g_{y_C}^*-g_{y_D}^*\gg0$，存在 C 区域对 D 区域的趋同。而且从上述研究可知，落后区域很难依靠高人口自然增长率的趋同力来实现对先进区域的经济趋同。因此，对外获取知识溢出成为主要的趋同力。实现的关键在于落后区域能否具备足够的知识吸收能力，从而保持长期较高速的对外获取知识溢出。

为此，得出知识经济时代的经济趋同机理：由于知识从先进区域向落后区域溢出，使得落后区域存在向先进区域经济趋同的可能。趋同能否成功的关键在于落后区域能否具有相应的知识溢出吸收能力，从而保持持续较高的对外获取知识溢出的速度。

存在部分国家和区域之间的 σ 趋同现象。当 g_{T_C} 足够大时，$g_{y_C}^*-g_{y_D}^*\gg0$，存在 C 区域对 D 区域的 σ 趋同。反之，则 $g_{y_C}^*-g_{y_D}^*\leq0$，不存在趋同，而是趋异。落后国家和区域可以通过向先进国家和区域获取知识溢出，从而实现先进国家和区域的经济趋同。但是也会存在一些落后国家和区域，由于知识溢出获取不足，可能出现对先进国家和区域的趋异。因此，从世界范围内看，不存在落后国家和区域对发达国家和区域的整体 σ 趋同，但存在部分国家和区域之间的 σ 趋同现象。这与大多数学者实证分析得出的结论是一致的。

　　绝对 β 趋同现象的存在是有条件的。对于长期的均衡的经济来说，应实现充分就业，$n=r$。则由式（3-1）可知，D 区域长期人均经济增长率取决于区域知识生产函数和人口自然增长率，而 C 区域除了上述因素外还取决另外一个重要影响因素，向 D 区域获取知识溢出的增长率 g_T。g_T 与 C 和 D 区域间的知识差距有关。空间知识溢出学者研究表明，两区域间知识差距是产生区域间知识溢出的前提。一般来说两区域知识差距越大，g_T 越大。但当两区域知识差距过大时，由于落后区域吸收能力可能较小，或使 g_T 降低。β 趋同是建立在区域的初始经济发展水平与其人均收入增长速度成负相关关系的理论预期之上。当区域初始收入水平越低的区域，其与发达区域的知识差距越大，从而使得 g_T 越大，出现 g_T 与区域的初始收入水平成负相关关系。由于 g_T 与长期的区域人均收入增长速度成正相关关系，从而使得区域人均收入增长速度与区域初始收入水平成负相关关系。因此 β 趋同的理论假设在此时成立，此时有可能存在绝对 β 趋同。但绝对 β 趋同现象的存在是有条件的，不是对所有落后国家和区域都适用。当区域初始收入水平较低，但由于知识吸收能力较差，无法实现较高的 g_T 时，使得区域人均收入增长速度与区域初始收入水平成正相关关系，β 趋同的理论假设在此时不成立。这能很好地解释，为什么有不少学者在实证研究中发现，在某些国家和区域存在绝对 β 趋同现象，而其他学者在研究别的国家和区域时又没有发现绝对 β 趋同现象。

　　条件 β 趋同现象存在较为普遍。相邻或处于某先进国家或地区的小型落后区域，由于其有较好的经济政治地理条件，可向相对先进的区域获取知识溢出，使得 $g_{y_C}^{*}-g_{y_D}^{*}>0$，存在相对落后区域向相对先进区域的经济趋同，因此条件趋同现象存在较为普遍。这与巴罗等（Robert J. Barro et al., 1991, 1992, 1995）分析 1960—1985 年当时的 OECD 成员国之间的趋同问题时得出的结论：这些国家与地区间的趋同为条件趋同是一致的。

　　俱乐部趋同现象也普遍存在。人均经济收入水平较低的落后国家和区域由于知识生产能力较低，若 r 也不高，又不能很好地从先进国家和地区区域获取知识溢出，当 g_T 趋于 0 时，则 $g_{y_C}^{*}$ 趋于 0，产生低收入均衡。这些国家和区域将形成低收入俱乐部。同时不少人均经济收入水平达到中等收入的国家和区域，由于知识生产能力较低，r 也不高，随着收入水平的提高，以及其从先进国家和区域获取的知识溢出不断增多，同先进国家和区域的知识差距不断缩小，从而使得 g_T 不断减小，最终 g_T 将趋于 0，此时 $g_{y_C}^*$ 也将趋于 0，产生所谓"中等收入陷阱"，将形成中等收入俱乐部。同理，较高人均收入的国家和区域，将在高收入水平上达到均衡，形成高收入俱乐部。而在低收入区域和高收入区域之间，由式（3-1）可知，当 g_{T_C} 不够大时，则 $g_{y_C}^* - g_{y_D}^* \leq 0$，不存在趋同，而是趋异。为此，当某些落后国家和区域知识溢出获取不足时，可能出现发达国家和区域的趋异，从而产生两极分化现象。这同本－戴维（Ben-David，1994）和普里切特（Pritchett，1997）及琼斯（Jones，1997）的研究结论是一致的。

其次，当 C 区域满足 $\beta+\theta<1/(1-\mu)$ 时，其长期经济增长收敛，而 D 区域满足 $\beta+\theta \geq 1/(1-\mu)$ 时，其长期经济发散增长。因此不可能存在 C 区域对 D 区域的趋同现象，而是出现异化现象加速，从而产生严重的两极分化。

结论 4.2：知识经济时代的经济趋同机理：由于知识从先进区域向落后区域的溢出，使得落后区域存在向先进区域经济趋同的可能。趋同能否成功的关键在于落后区域能否具有相应的知识溢出吸收能力，从而产生持续的较高的对外获取知识溢出的增长速度。落后国家和区域可以通过向先进国家和区域获取知识溢出，来实现向发达国家和区域的经济趋同。但是也会存在一些落后国家和区域，由于知识溢出获取不足，可能出现对发达国家和区域的趋异。在世界范围内看，不存在整体落后国家和区域对发达国家和区域的整体 σ 趋同，但存在部分国家和区域之间的 σ 趋同现象。绝对 β 趋同现象的存在有条件，条件 β 趋同现象和俱乐部趋同现象普遍存在。

（三）对中国区域经济增长趋同实证研究的解释

以上对开放的落后区域的经济趋同机理的分析同样与大多数学者对中国区域经济增长趋同的实证分析所得出的结论相一致。例如，陈建等（Chen J et al.，1996）得出我国各省（自治区、直辖市）之间存在条件趋同；宋学明（1996）发现我国各省市自治区之间有绝对趋同特征。刘木平等（2000）发现我国各省（自治区、直辖市）之间存在条件趋同，但不存在绝对趋同。蔡昉等（2000）及沈坤荣等（2002）的研究认为我国存在东中西3个趋同俱乐部。

但张胜等（2001）研究所得出的结论：改革开放前中国各省（自治区、直辖市）之间存在趋同，改革开放后中国各省（自治区、直辖市）之间不存在趋同，需要特别解释。

第一，改革开放前，中国整体对外封闭，可以认为中国各区域与国外没有知识溢出的产生，知识溢出仅发生于中国各区域间。由于中国各区域知识生产能力都不高，因此经济增长收敛。由式（3-1）可知，当 g_{T_C} 足够大时，$g_{y_C}^*-g_{y_D}^*>0$，存在落后区域 C 对先进区域 D 的 σ 趋同。此现象也可解释为，同一国家相邻区域间，由于相对落后的区域有较好的经济政治地理条件，向相对先进的区域获取知识溢出，使得 $g_{y_C}^*-g_{y_D}^*>0$，因此，存在相对落后区域向相对先进区域的经济趋同，即条件趋同现象。

第二，改革开放后，中国整体对外开放，知识溢出不仅发生于中国各区域之间，中国各区域也从国外获取知识溢出。由于中国整体现代科技知识同国外先进区域差异较大，因此从国外获取知识溢出成为主要的知识增长方式。由于中国东部沿海地区对外开放的地理优越性及开放政策的优先性，客观上形成国外先进知识首先向中国东部地区溢出，再向中部地区、最后向西部地区溢出的阶梯现象，因此各区域从外部获取的知识溢出的增长速度 g_T，东部>中部≫西部。由于中国各区域知识生产能力都不高，因此经济增长都收敛于区域经济增长条件均衡公式。则东部的 g_y^* 大于中部的 g_y^*，中部的 g_y^* 又大于西部的 g_y^*。因此，东部、中部、西部各区域经济增长不仅没有趋同，反而趋异。

三、落后区域对发达区域的经济追赶与趋同途径

同样假定世界由两个区域构成，一个为先进区域 D，另一个为落后区域 C。根据第二章中"经济增长总量模型分析"所得出的结论，当落后区域 C 满足 $\beta+\theta<1/(1-\mu)$ 时，其长期经济增长收敛；当先进区域 D 满足 $\beta+\theta\geq1/(1-\mu)$ 时，其长期经济增长发散。此时 C 区域经济不存在追赶 D 区域经济的可能

性。为此假设落后区域 C 和先进区域 D 长期经济增长都收敛，都服从式（3-1）区域经济增长条件均衡公式。

（一）封闭的落后区域对发达区域的经济追赶

假定 C 和 D 区域对外封闭，没有对外获取的知识溢出 T，则 $\mu=0$。如果经济收敛，由式（3-1）可知：

$$g_y^* = \frac{(\gamma+\beta)}{1-(\theta+\beta)}n+(n-r)。$$

设： $$\xi_n = \frac{(\gamma+\beta)}{1-(\theta+\beta)}。$$

封闭区域，在不考虑外来人口流入的情况下，在正常稳定的社会，实现充分就业，劳动力的长期均衡增长通常应等于人口的自然增长，即 $n=r$。此时：

$$g_y^* = \frac{(\gamma+\beta)}{1-(\theta+\beta)}r=\xi_n r。$$

此时，当 C 和 D 区域都满足 $\theta+\beta<1$ 时，长期经济增长都将按式（4-4）所示规律收敛。

落后区域 C 的经济想要追赶上先进区域 D，必要条件是落后区域 C 的长期经济均衡增长率要高于先进区域 D 的长期经济均衡增长率，即：$g_{y_C}^* > g_{y_D}^*$。但要实现经济的较快趋同，落后区域的人均经济长期均衡增长率还须明显高于先进区域。

落后区域人口自然增长率 r 一般高于先进区域，且国家经济发展程度越高，其人口自然增长率越低。根据联合国发布的 2010 年世界各国人口自然增长率数据，高收入国家为 0.64%，中等收入国家为 1.12%，中等偏下收入国家为 1.54%，低收入国家为 2.10%。低收入国家人口自然增长率约为高收入国家的 3 倍，中等收入国家的 2 倍，中等偏下收入国家 1.4 倍。中等偏下收入国家人口自然增长率约为高收入国家的 2.4 倍，中等收入国家的 1.4 倍。

但是落后区域自主知识生产能力往往远远低于先进区域，相应的落后区域的 ξ_n 将远小于先进区域。现代科学技术起源于西方，封闭落后区域由于不能从先进区域获取知识溢出，其自主的知识生产体系将会非常弱小。因为：

$$\xi_n = \frac{(\gamma+\beta)}{1-(\theta+\beta)}\text{。} \tag{4-5}$$

当（$\theta+\beta$）增大，ξ_n 增大。当（$\gamma+\beta$）增大，ξ_n 增大。当先进区域（$\theta+\beta$）和（$\gamma+\beta$）都远大于落后区域时，先进区域的 ξ_n 也远大于落后区域的 ξ_n。

因此，封闭落后区域 C 由于其知识生产能力的不足，将抵消其人口增长率较高的优势，使其长期经济均衡增长率很难高于和显著高于先进区域 D 的长期经济均衡增长率。

即使其长期经济均衡增长率高于先进地区长期经济均衡增长率，由于落后区域 $0< \xi_{n_C}<2$，$g_{Y_C}^* = \xi_{n_C} r_C$ 也较低，很难实现快速的经济增长。

人口的自然增长是一个长期复杂的社会发展过程。知识生产能力的提高，也是一个不断长期积累的过程，很难在短期内见效。因此，落后区域很难实现对先进区域的经济追赶和趋同。

结论 4.3：落后区域很难实现对先进区域的经济追赶和趋同。

（二）开放的落后区域对发达区域的经济追赶

假定知识从先进区域 D 向落后区域 C 溢出，落后区域 C 对外开放，可以从先进区域 D 获取溢出知识，而先进区域 D 却不能从落后区域 C 获取溢出知识。

因为假设当 C 和 D 区域长期经济增长都将收敛，满足 $\beta+\theta<1/(1-\mu)$，其经济长期均衡增长都满足式（3-1）所示：

$$g_y^* = \frac{\mu}{1-(1-\mu)(\theta+\beta)} g_T + \frac{(1-\mu)(\gamma+\beta)}{1-(1-\mu)(\theta+\beta)}n+(n-r) \text{，}$$

即 $\qquad g_y^* = \xi_T g_T + \xi_n n+(n-r) \quad 0< \xi_T \leq 1, \xi_n>0\text{。} \tag{4-6}$

对于落后区域 C，有：

$$g_{y_C}^* = \xi_{T_C} g_{T_C} + \xi_{n_C} n_C + (n_C - r_C)。 \qquad (4-7)$$

对于先进区域 D，由于没有对外获取溢出知识，则

$$g_{y_D}^* = \xi_{n_D} n_D + (n_D - r_D)。 \qquad (4-8)$$

与封闭区域论证相似，落后区域很难通过提高 r 和 n，来实现对先进区域 D 的经济追赶。可以近似假设：

$$\xi_{n_D} n_D + (n_D - r_D) \approx \xi_{n_C} n_C + (n_C - r_C)。$$

则得简化的落后区域对先进区域的经济追赶方程：

$$g_{y_C}^* - g_{y_D}^* = \xi_{T_C} g_{T_C}。 \qquad (4-9)$$

第一，落后区域可通过提高对外获取知识溢出增长率 g_T，来获得明显高于先进区域的经济均衡增长率，进而实现对先进区域的经济追赶和趋同。落后区域可以通过加快对外获取知识溢出实现经济的快速增长。因为 $\xi_{T_C} > 0$，所以 g_{T_C} 越高，$g_{y_C}^*$ 越大于 $g_{y_D}^*$。

第二，落后区域对国外知识的依赖系数 μ 的增大，将使 ξ_{T_C} 增大，从而放大对外获取知识溢出的作用，加速落后区域对先进区域的经济追赶。

$\mu = T / (P + T)$，μ 为区域知识对外依赖系数，是由区域的技术经济发展状态所决定的。μ 增大，表明落后区域知识对外依赖系数增大，说明知识增量中，从区域外获取的知识溢出占比增加，$0 < \mu \leqslant 1$。

$$\xi_T = \frac{\mu}{1 - (1 - \mu)(\theta + \beta)}。 \qquad (4-10)$$

落后区域，由于知识生产效率较低，$\theta + \beta < 1 / (1 - \mu)$，因而 $\theta + \beta < 1$。当 $\theta + \beta < 1$ 时，ξ_T 随 μ 单调递增，即 μ 增大，ξ_T 增大。

当 $\mu = 1$ 时，即对外实行完全的知识依赖，区域内没有自主知识生产能力，此时 ξ_T 取极值 1。

因此，落后区域对外知识依赖系数 μ 增大，能够提高 ξ_{T_C}，从而放大对外获取知识溢出的作用，加速落后区域对先进区域的经济追赶。

第三，区域知识生产效率提高，可使得知识生产各项弹性系数 γ、β、θ

增大，从而增大 ξ_T，放大对外获取知识溢出的作用，加速落后区域对先进区域的经济追赶。

$0<\mu\leq1$，ξ_T 随（$\theta+\beta$）单调递增。因此，落后区域可以通过提高自主知识生产能力，提高（$\theta+\beta$），将提高 ξ_{T_C}，从而放大对外获取知识溢出的作用，加速落后区域对先进区域的经济追赶。

同时，区域知识生产效率提高，知识生产各项弹性系数 γ、β、θ 增大。将提高 ξ_{n_C}，从而对劳动就业增长率 n_C 在经济增长中的作用产生放大效应，加速落后区域对先进区域的经济追赶。

$$\xi_{n_C}=\frac{(1-\mu)(\gamma+\beta)}{1-(1-\mu)(\theta+\beta)}>0。$$

当（$\theta+\beta$）增加，分母减小，ξ_{n_C} 增大。当（$\gamma+\beta$）增大，分子增大，ξ_{n_C} 也增大。因此，随着知识生产效率的提高，知识生产各项弹性系数 γ、β、θ 增大，将提高 ξ_{n_C}，从而对劳动就业增长率 n_C 在经济增长中的作用产生放大效应，加速落后区域对先进区域的经济追赶。由于长期的劳动增长率受限于人口自然增长率，因此不可能太高，也不可能较快形成，因此此项在经济追赶中的作用有限。

结论 4.4：落后区域可以通过向先进区域获取知识溢出，从而实现对先进区域的经济追赶和趋同。

四、落后区域对外知识获取战略

落后区域可以采取对外知识获取战略，实现对外开放，加快对外获取知识溢出的速度，从而实现落后区域经济对先进区域经济的快速追赶。但如果不同时加强自主知识生产能力建设，就不可能完全实现对先进区域的经济趋同。

由"封闭区域之间的经济趋同机理研究"可知，当 $\mu=1$ 时，即对外实行完全的知识依赖，区域内没有自主知识生产能力，此时 ξ_T 取极值 1。落后区域对外获取知识溢出的增长率直接反映为对先进区域人均经济增长率加快的部分。这似乎说明，落后区域没有必要建立自主的知识生产能力，只要加大获取知识溢出，实现百分百的对外知识依赖，就能实现对先进区域的经济趋同。

出现上述结论是由于我们模型假设的局限而造成的。为了简化模型，我们在模型中，没有提及落后区域从先进区域获取知识溢出的条件，似乎默认假定了对外获取知识溢出与区域本身无关，落后区域可以无条件地从先进区域获取知识溢出。但正如本书"落后区域对发达区域的经济追赶与趋同的途径"指出，落后区域对外获取知识溢出的速度，受落后区域与先进区域知识差距的影响和其对外获取知识溢出能力的限制，即与区域的知识吸收能力有关。落后区域对外获取知识溢出的速度是落后区域与先进区域的知识差距和区域知识吸收能力的函数。落后区域不可能无限制地加快从区域外获取知识溢出。

第一，落后区域与先进区域的知识差距，将对落后区域从先进区域获取知识溢出的速度产生重大影响。一般来说，落后区域与先进区域的知识差距越大，越有利于先进区域向落后区域进行知识溢出，越能提高落后区域获取知识溢出的速度。随着落后区域不断向先进区域获取知识溢出，落后区域与先进区域间知识差距会逐渐缩小，相应地将降低其从先进区域获取知识溢出的速度。

第二，落后区域知识吸收能力将限制落后区域对外获取知识溢出的速度。落后区域知识吸收能力主要受区域对外学习文化及区域自身知识生产能力两大因素的影响，是这两个因素的函数。落后区域自身的知识生产能力不足将严重影响落后区域从先进区域引进、消化吸收和应用先进知识，影响其从区域外获取知识溢出的能力。

第三，随着知识获取战略的长期实施，落后区域与先进区域在中低端知识领域的知识差距已越来越小。但在高端知识领域，一是由于知识吸收能力不足，落后区域很难有效获取高端知识领域的知识溢出；二是随着知识更新速度加快，高新技术与知识开发投资更大，而产品开发周期和产品更新换代周期大大缩短。由于知识溢出获取速度较慢，落后区域已较难通过缓慢的知识溢出获取手段，在高新技术与知识领域发挥后发优势，实现对先进区域的知识追赶。

综上，落后区域知识生产能力不足，将影响其知识吸收能力，相应地降低其从先进区域获取知识溢出的速度。同时，随着落后区域不断向先进区域获取知识溢出，落后区域与先进区域的知识差距会逐渐缩小，相应地将降低其从先进区域获取知识溢出的速度。特别是在高科技知识领域，落后区域后发优势消失。

因此，落后区域不可能采取完全的对外知识依赖策略，缺乏必要的自主知识生产能力，就能完全实现对先进区域的经济趋同。为此，落后区域必须加强区域知识基础建设，加大研发投入，提高自主知识生产能力，只有这样才能提高区域知识消化吸收应用能力，才能真正实现知识获取战略，从而实现对先进区域的经济追赶和趋同。

结论4.5：落后区域成功实现对外知识获取战略的前提是在不断加大对外知识获取的同时，不断加强自主知识生产能力建设。落后区域不可能采取完全的对外知识依赖策略，而缺乏必要的自主知识生产能力，就能实现对先进区域的经济趋同。

综上，我们通过区域经济增长条件均衡公式分析了落后区域经济长期均衡增长的规律，从而研究了知识经济时代的经济趋同机理得出：由于知识从先进区域向落后区域的溢出，使得落后区域存在向先进区域经济趋同的可能。趋同能否成功的关键在于落后区域能否具有相应的知识溢出吸收能力，以保持持续较高对外获取知识溢出的增长速度。在世界范围内看，不存在整体落后国家和区域对发达国家和区域的 σ 趋同，但存在部分国家和区域之间的 σ 趋同。绝对 β 趋同现象有条件存在，条件 β 趋同现象和俱乐部趋同现象普遍存在。同时，对各国学者对经济趋同实证研究所得出的互相不一致的结论，进行了理论上的阐释。对落后区域经济追赶与趋同的途径进行了理论分析，明确指出，落后国家和区域可以通过向先进国家和区域获取知识溢出，实现对发达国家和区域的经济追赶与趋同。落后国家和区域成功实现对外知识获取战略的前提是在不断加大对外知识获取的同时，不断加强自主知识生产能力的建设。

第五章

发展中国家"中等收入陷阱"问题

　　世界银行《东亚经济发展报告（2006）》提出"中等收入陷阱"的概念，主要反映拉美国家和部分东南亚国家等许多落后区域在人均 GDP 达到中等收入水平后，经济增长长期停滞的现象。目前对"中等收入陷阱"形成机理还没有公认成熟的理论模型，因此对"中等收入陷阱"相关问题的认识也存在诸多争论，落后区域如何成功跨越"中等收入陷阱"，在经济理论界也是众说纷纭。落后区域"中等收入陷阱"问题已成为当代世界政治和经济学家讨论的热点问题。

一、理论研究现状

　　目前，各国学者对"中等收入陷阱"的研究主要从对掉入"中等收入陷阱"的拉美国家和部分东南亚国家的实证观察、经验总结，以及通过这些国家同日韩等成功脱离"中等收入陷阱"国家的比较研究出发，对"中等收入陷阱"的表现、特征、形成原因及应对策略，进行阐述。

　　但是关于"中等收入陷阱"的理论解说，研究文献不多，还没有公认成熟的理论体系。对"中等收入陷阱"解释多数采用经济发展阶段理论来说明。多恩布什等（Rudiger Dornbush et al.，1998）在《宏观经济学（第七版）》中提出，"解释一个无增长与高增长国家并存的世界，我们需要一个模型，既能容纳无增长、低收入的均衡又能包含正增长、高收入的均衡",为此多恩布什提出了一个假想的生产函数,该生产函数前一阶段为边际产品的递减曲线,后一段为向上倾斜的直线,以结合新古典增长与内生增长原理。在这个假想的生产函数上,多恩布什解释了"中等收入陷阱"形成的机理。华尔特·惠特曼·罗斯托等(W. W. Rostow et al.,1991)以 6 个不同的阶段划分世界各国经济发展。他认为,从第三阶段的"起飞"阶段,即中等收入阶段,到向第四阶段的"成熟"推进阶段大约需要漫长的 60 年。大野健一(Kenichi Ohno,2009)认为一个国家经济发展要经历 4 个阶段,"中等收入陷阱"产生的原因在于产业结构不能顺利升级。袁富华等(2007)从经济发展史角度研究国家经济产出增长的变动规律,将经济分为 4 个发展阶段,同时提出"中等收入陷阱"将出现在工业革命后期。中国学者高伟(2010)将各国经济发展进程划分为 4 个阶段,"中等收入陷阱"出现在第二阶段到第三阶段的过渡过程中。

二、当前研究中的热点问题

2007 年以来,学术界关于"中等收入陷阱"的讨论日趋激烈,有不少热点争论问题。

(一)关于"中等收入陷阱"的评价标准问题

世界银行以年人均国民收入为标准,将世界各国家和地区划分为低收入国家(地区)、中等收入国家(地区)和高收入国家(地区),并每年都进行相应调整。2012 年 1036 美元及以下的年人均国民收入(简称"人均 GDP")为低收入国家(地区),1037~12 614 美元,为中等收入国家(地区),12 615 美元及以上为高收入国家(地区)。

徐康宁(2012)认为世界银行关于中等收入国家的标准,其最低标准与最高标准相差 10 倍以上,范围过于宽泛,不易理解和定义发展阶段,造成"中等收入陷阱"概念的外延不清晰。有学者认为,不能仅仅依照人均 GDP

这一单一标准来评判国家发展阶段，仅凭"中等收入"这一数据，不足以综合评价一个国家（地区）的发展，因此应采用"综合指数"。

（二）"中等收入陷阱"是一般规律还是个别案例？

不少经济学家认为，"中等收入陷阱"是各国家经济发展过程中必然面临的挑战，是国家发展过程中的一般规律。胡鞍钢（2010）认为，"中等收入陷阱"，在美国等发达国家的现代化过程中也有存在，并不是一个新奇的经济社会现象。他将一个国家的发展划分为 3 个阶段：经济起飞阶段，即从低收入到下中等收入发展阶段；社会转型阶段，即从下中等收入到上中等收入发展阶段；发达经济体过渡阶段，即从中上等收入向高收入发展阶段。如果一个国家社会转型不成功，经济发展将停滞，落入"中等收入陷阱"。

也有不少经济学家认为，不是每个国家都必然面临"中等收入陷阱"问题。林毅夫认为，"中等收入陷阱"是否发生，取决于一国是否采取了适当的经济政策和发展模式，"中等收入陷阱"不是必然的。徐康宁认为，"中等收入陷阱"只是一种现象，并非一种规律，构不成普遍性的经济学原理。

（三）中国是否会陷入"中等收入陷阱"？

关于中国是否会掉入"中等收入陷阱"，目前学术界还没有一致的结论。一些学者认为，虽然中国在经济和社会发展的过程中产生一些问题，但按照目前情况来判断，中国掉入"中等收入陷阱"的概率很小。霍米·卡拉斯（Homi Karas，2007）认为，由于中国政府从出口导向型经济增长战略转向扩大内需的经济增长战略，可以避免"中等收入陷阱"。

不少学者则指出，中国很可能掉入"中等收入陷阱"。马克（2010）认为，长期以来中国未能有效解决经济结构失衡问题，虽然经济总量迅速增大，但面临可持续发展的挑战，中国面临陷入"中等收入陷阱"的危险。王一鸣（2011）总结出中国经济和社会发展面临的六大挑战，认为中国可能陷入"中等收入陷阱"。

（四）关于中国如何跨越"中等收入陷阱"的讨论

目前许多学者，通过对部分拉美国家及东南亚国家陷入"中等收入陷阱"的教训进行归纳，对日韩等成功跨越中等收入阶段国家的经验进行总结，提出了如何跨越"中等收入陷阱"的建议。

郑秉文在回顾和总结中国 30 年经济改革经验与教训的基础上，将拉美国家同"亚洲四小龙"进行对比分析，提出了中国内地（大陆）经济发展要经历了 4 个阶段，要想成功跨越"中等收入陷阱"必须做好制度、政策和基础设施的动力组合。

王一鸣对韩国（被认为成功跨越"中等收入陷阱"的国家）和马来西亚及阿根廷（被认为陷入了"中等收入陷阱"的国家）进行对比分析，得出了马来西亚及阿根廷陷入"中等收入陷阱"的五大原因：经济社会发展失衡、体制变革严重滞后、出现技术创新瓶颈、错失经济转型升级时机、宏观经济政策出现偏差。韩国成功实现了经济转型升级和有效控制了收入差距的扩大，所以成功跨越"中等收入陷阱"。

蔡昉（2011）认为，形成良好的收入分配格局，解决收入差距过大的问题，是中国跨越"中等收入陷阱"的关键。

戚聿东等（2021）认为当下，中国经济正处于发展模式转型和新旧动能转换的关键阶段，以人工智能、区块链、云计算、大数据等数字技术驱动和以数字经济蓬勃兴起为主要内容的第四次工业革命，为中国经济"变道超车"及跨越"中等收入陷阱"提供了重要机遇。数字经济与实体经济深度融合所带来的发展方式转变、产业结构优化、增长动能转换是跨越中等收入陷阱的关键。

三、"收入陷阱"形成机理

"收入陷阱"或叫"均衡陷阱"，是指区域经济发展到一定阶段后，增长乏力，长期停滞于某一经济发展水平的现象。

首先，依据第四章分析可知，当区域知识生产能力很强，区域知识生产效率不断提高达到一定水平，使得 $\beta+\theta \geqslant 1/(1-\mu)$ 时，知识生产规模效益递增，长期经济增长不收敛，长期经济将随 g_K 和 g_A 增长而不断发散增长，不可能形成"收入陷阱"。

其次，落后区域由于知识生产能力较低，知识生产效率不高，长期经济增长收敛，当收敛水平较低时，即形成所谓"收入陷阱"。

第四章分析可知，落后区域由于知识生产能力较低，无法达到发散增长水平，长期经济增长将按落后区域经济增长条件均衡公式收敛。

落后区域经济增长条件均衡公式：

$$g_y^* = \frac{\mu}{1-(1-\mu)(\theta+\beta)} g_T + \frac{(1-\mu)(\gamma+\beta)}{1-(1-\mu)(\theta+\beta)}n+(n-r)。$$

即 $\qquad g_y^* = \xi_T g_T + \xi_n n+(n-r) \qquad 0<\xi_T \leqslant 1, \xi_n>0。$

此时，$\theta+\beta<1/(1-\mu)$。

设某落后区域，知识生产效率较差，其 $\theta+\beta+\gamma<1$，即其知识生产的规模收益递减。因为 $1/(1-\mu) \geqslant 1$，$\theta+\beta<\theta+\beta+\gamma<1$，所以 $\beta+\theta<1/(1-\mu)$，长期经济增长收敛。

此时由式（3-1）可得：

$$g_y^* = \frac{\mu}{1-(1-\mu)(\theta+\beta)} g_T + \frac{(1-\mu)(\gamma+\beta)}{1-(1-\mu)(\theta+\beta)}n+(n-r) < g_T + \frac{(1-\mu)}{\mu}n+(n-r)。$$

$$(5-1)$$

对于知识生产效率较差的落后区域，现代生产知识大部分是从西方先进国家和地区引入的，因此其现代经济发展之初，必然产生高度的对外知识依赖，即其对外知识依赖度 μ 较高。为便于说明问题，假设 $\mu>1/2$，则：

$$\frac{(1-\mu)}{\mu}<1。 \qquad\qquad (5-2)$$

$$g_y^* < g_T + \frac{(1-\mu)}{\mu}n+(n-r) < g_T + n+(n-r)。 \qquad (5-3)$$

区域长期均衡增长，一般会实现充分就业，即 $n=r$。此时若 g_T 趋近于 0 甚至小于 0 时，由式（3-4）可知：

$$g_y^* < r。 \tag{5-4}$$

即人均经济增长率低于人口自然增长率。根据联合国发布的 2010 年世界各国人口自然增长率数据，高收入国家为 0.64%，中等收入国家为 1.12%，中等偏下收入国家为 1.54%，低收入国家为 2.10%。如按此计算，中等收入国家平均经济增长率将小于 1.12%，经济将低速增长，掉入"中等收入陷阱"。

因此，落后区域由于知识生产能力较低，长期经济增长收敛，当对外获取知识溢出增长率较低，长期经济增长收敛水平较低，即形成所谓"收入陷阱"。从一个较长发展时期来看，由于人口自然增长率通常较低，如果仅依赖于人口增长因素，而不能有效提高对外获取知识溢出的增长率，经济将陷入低速增长或无增长，出现增长停滞，形成所谓"收入陷阱"。当该国家（地区）已处于中等收入阶段，即形成所谓的"中等收入陷阱"，当该国家（地区）处于低收入阶段，即形成所谓的"低收入陷阱（均衡）"，当该国家（地区）已处于高收入阶段，也将掉入所谓的"高等收入陷阱"。

结论 5.1：落后区域由于知识生产能力较低时，长期经济增长收敛，当对外获取知识溢出增长率较低、长期经济增长收敛水平较低时，即形成所谓"收入陷阱"。当该国家（地区）处于低收入阶段，即形成所谓的"低收入陷阱（均衡）"，处于中等收入阶段即形成所谓的"中等收入陷阱"。

四、"中等收入陷阱"现象解释

对当前许多发展中国家和地区在进入中等收入国家和地区后，人均 GDP 增长长期处于停滞状态，即掉入所谓"中等收入陷阱"，可以作如下解释。

"中等收入陷阱"产生的直接原因是，随着落后区域经济的发展到达中等收入阶段，其与发达区域知识的差距大幅缩小，其对外获取知识溢出的增长率必将迅速下降，导致经济均衡增长速度迅速下降。

不少落后经济体，由于知识生产效率低下，服从式（3-1）区域经济增长条件均衡公式的规律，经济长期均衡增长将收敛。在其经济发展初期，通过改革开放，利用区域资源禀赋，持续对外引资引智，采用知识获取战略，保持较高的区域知识对外依赖系数 μ，使 g_T 持续增长，也提高了区域就业增长水平 n，从而使经济增长稳定收敛水平 g_y^* 处于较高水平，推动区域经济较快发展，跨越低收入陷阱（均衡），在相对较短时期内发展到中等收入水平。

但是进入中等收入水平后，特别是进入中高收入水平，随着资源要素禀赋的边际收益递减，引资引智的增速必然减慢。g_T 不会持续处于较高水平。随着落后区域知识与经济的发展，其与发达区域知识与经济的差异必将迅速缩小，对外获取知识溢出的增速必将迅速减缓，即 g_T 将迅速减小。特别是随着知识获取战略的长期实施，落后区域与先进区域在中低端知识领域的差距已越来越小了。但如果在摆脱低收入阶段，未能有效发展区域内在的知识生产能力，知识吸收能力未能得到有效提高，必然导致在高端知识领域无法获取知识溢出，g_T 将迅速下降，如图5-1所示。当 g_T 降低到较低水平时，经济均衡增长水平将处于较低水平。

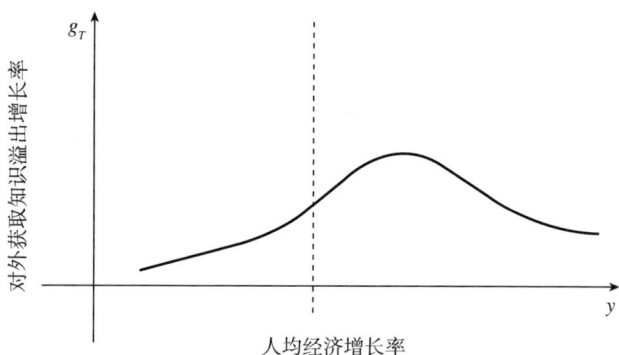

图5-1 "中等收入陷阱"机理示意

而且，各国随着经济发展，人口自然增长率不断下降，较高水平的就业增长率 n 也难以为继。根据联合国发布的世界各国人口自然增长率数据可以发现，国家经济发展程度越高，其人口自然增长率越低。2010年，高收入国家（人口自然增长率）为0.64%，中等收入国家为1.12%，中等偏下收入国家为1.54%，低收入国家为2.10%。而且各国随着经济发展，人口自然增长率不断下降。例如，巴西1960年平均人口自然增长率为2.96%，2000年为1.44%，2010年为0.88%。中国1960年为1.83%，2000年为0.79%，2010年为0.48%。

而此时，由于长期的对外知识依赖，内在的知识生产或自我创新能力不足，知识生产效率还无法达到一定高度，知识生产的各项弹性系数的增加所产生的对式（3-1）中 g_T 和 n 项参数 ξ_T 和 ξ_n 的扩大作用，还无法弥补由于 g_T 和 n 的减少而造成的 g_y^* 下降。当然其知识生产效率更无法达到这样的高度，使得 $\beta+\theta \geq 1/(1-\mu)$，从而使得长期经济增长不收敛，实现长期经济增长随 g_K 和 g_A 增长而不断发散增长。为此许多发展中国家最终跌入"中等收入陷阱"。

综上，"中等收入陷阱"产生的直接原因是，随着落后区域经济发展到达中等收入阶段，其与发达区域知识的差距大幅缩小，其对外获取知识溢出的增长率必将迅速下降，导致经济均衡增长速度迅速下降。其深层次原因在于，由于长期采取对外知识依赖战略，未能有效提高自主知识生产能力，对先进知识的吸收能力未能得到有效提高，导致在高端知识领域无法获取知识溢出，从而无法维持较高的对外获取知识溢出的增长速度，区域将长期处于较低速增长，形成"中等收入陷阱"。因此，知识生产效率低下、自主创新能力弱，是形成"中等收入陷阱"的根本原因。

结论5.2："中等收入陷阱"产生的原因是，随着落后区域经济发展到达中等收入阶段，其与发达区域知识的差距大幅缩小，而自主知识创新能力未有效提升，对先进知识的吸收能力未有效提高，从而无法维持较高的对外获取知识溢出的增长速度，导致对外获取知识溢出的增长率迅速下降，经济均衡增长速度迅速下降，形成"中等收入陷阱"。

五、摆脱"中等收入陷阱"的措施

根据区域经济增长条件均衡公式可知，摆脱"中等收入陷阱"有 3 个基本措施。

第一，增强区域知识吸收能力，深化对外开放力度，保持较高的 g_T，从而实现较高经济均衡增长率，摆脱"中等收入陷阱"。

区域经济长期均衡增长，一般会实现充分就业状态，即 $n=r$。此时，

$$g_y^* > \frac{\mu}{1-(1-\mu)(\theta+\beta)} g_T。 \tag{5-5}$$

说明落后区域，即使知识生产效率较低，可通过加大对外开放力度，通过对外获取知识溢出，大力提高 g_T，实现较高经济均衡增长率，从而推动经济持续增长，跨越中等收入阶段，进入高收入阶段，摆脱"中等收入陷阱"。

但是对于逐步进入中等收入的落后区域，必然面对同先进区域的知识差距日益缩小的危机，继续保持较高的对外获取知识溢出的增长率 g_T 水平实属不易。其关键在于提高落后区域的知识吸收能力，特别是在高端知识领域的知识吸收能力。因为随着知识获取战略的长期实施，落后区域与先进区域在中低端知识领域的知识差距已越来越小，但在高端知识领域，落后区域由于知识吸收能力不足，很难有效获取高端知识领域的溢出知识。而且随着知识更新速度加快，高新技术与知识开发投资更大，而产品开发周期和产品换代周期大大缩短。落后区域与先进区域在高科技知识领域的知识差距不是在缩小，而是在扩大。因此，只要落后区域提高其知识吸收能力，特别是在高端知识领域的知识吸收能力，还是可能保持较高的对外获取知识溢出的增长率 g_T。

落后区域的知识吸收能力主要受限区域的对外学习文化以及区域自身的知识生产能力两大因素。其中区域的对外学习文化，主要指区域组织和个人的对外学习的努力程度及学习方法。成功进入中等收入阶段的区域，由于长

期推行知识获取战略，已形成较强的对外知识依赖，因而已在政治和社会经济各层面形成了较好的对外学习文化。而由于长期较强的对外知识依赖，区域自身的知识生产能力建设往往重视不够，成为发展瓶颈。因此加强自主知识生产能力建设、提高区域自主生产能力，成为提高区域知识吸收能力关键因素。为此，必须采取有效措施，加强区域内组织和个人的知识基础、增加区域的研发投入、建立有效的区域知识学习机制，提高区域自主知识的生产效率，切实提高区域知识吸收能力。

第二，加大劳动增长率，使 $n \gg r$，从而实现较高经济均衡增长水平，摆脱"中等收入陷阱"。

当 $g_T \geq 0$ 时，

$$g_y^* > \frac{(1-\mu)(\gamma+\beta)}{1-(1-\mu)(\theta+\beta)}n+(n-r) \text{ 。} \tag{5-6}$$

说明该区域也可加大劳动增长率，使 $n \gg r$，从而实现经济持续增长，跨越中等收入阶段，进入高收入阶段，摆脱"中等收入陷阱"。由此，可解释"亚洲四小龙"经济的快速发展。中国香港地区、韩国、新加坡和中国台湾地区从 20 世纪 60 年代以来快速发展，使它们脱离世界上贫穷国家（地区），而一举进入发达国家（地区）行列。阿尔威恩·杨（Alwyn Young，1995）对东亚的研究表明，这 4 个国家（地区）快速增长中，TFP 的增长并不是很突出，而总人口部分中劳动人口部分有急剧增长，主要是因为妇女加入劳动的比重大幅提高。

第三，提高自主创新能力、提高知识生产效率是彻底摆脱"中等收入陷阱"的必由之路。

由区域均衡增长方程可知，当知识生产效率提高，即知识生产的各项弹性系数增加时，使得 g_T 和 n 的参数增大，从而使得 g_y^* 稳定收敛水平不断提高。同时，提高自主知识创新能力，实际是提高区域知识基础和人才基础，加强对区域外先进知识引进、消化吸收再利用的能力，从而从根本上提高区域知识吸收能力。

因此，提高知识生产效率、增加知识生产的各项弹性系数，将形成自主知识创新与区域外知识获取和就业增长之间的良性互动、相互促进，推动经济长期增长，提高经济长期增长收敛水平。

当区域知识生产效率不断提高达到一定水平，使得 $\theta+\beta\geq1/(1-\mu)$ 时，此时知识生产规模效益递增，经济增长将不收敛，g_K 和 g_A 相互促进，不断发散增长，从而实现区域经济的长期增长，彻底摆脱"中等收入陷阱"。

六、"中等收入陷阱"的热点问题

第一，关于"中等收入陷阱"是一般规律还是个别案例问题，通过本书对"中等收入陷阱"的形成机理分析可以认为，"中等收入陷阱"是发展中国家和地区经济发展过程中的一般规律。

由上分析可知，"中等收入陷阱"产生的直接原因是，随着落后区域知识与经济发展到中等收入阶段，其与发达区域知识的差距大幅缩小，其对外获取知识溢出的增长率必将迅速下降，导致经济均衡增长速度迅速下降。知识生产效率低下、自主创新能力弱，是形成"中等收入陷阱"的根本原因。由于现代科学与产业知识起源于西方发达国家，发展中国家接受较晚，经济生活中知识水平和自我知识生产水平都较低，内在的知识生产或创新能力不足，必然形成对外知识依赖，难于在短期内摆脱知识生产效率低下的状态，长期经济增长具有内在的收敛趋势。随着知识获取战略的长期实施，落后区域与先进区域在中低端知识领域的知识差距已越来越小了。但在高端知识领域，如果不能坚持培育自主知识生产能力，知识吸收能力不足，很难有效获取高端知识领域的知识溢出。对外获取知识溢出的增长率 g_T 必将不断下降。如果不能采取其他有效措施，维持较高的稳态经济增长水平，长期经济增长将处在较低水平。因此发展中国家和地区，进入中等收入阶段必须面临"中等收入陷阱"，在低收入阶段必须面临低收入陷阱（均衡）。

第二，关于"中等收入陷阱"的评价标准问题，从模型分析说明，经济增长均衡的形成并不一定在中等收入阶段。只要经济增长均衡水平较低，就将形成所谓"收入陷阱"。因此在低收入阶段甚至在高收入阶段，都会出现增长停滞，形成"收入陷阱"。

通过本书对"中等收入陷阱"的形成机理分析可以看出，只要某国家或地区其内在的知识自我生产效率不足，就必然形成对外知识依赖，只要发展的外部条件变化，对外获取知识溢出的增长率 g_T 的增长减缓，就将面临低均衡增长的风险。至于该国家或地区是在哪一个具体的收入点，跌入"中等收入陷阱"，要看 g_T 变化的拐点何时出现，以及其内在的知识生产效率：$\beta+\theta+\gamma$ 的提高情况，如式（3-1）所示。因此，一个国家或地区有可能在低收入阶段、中等收入阶段甚至高收入阶段，出现增长停滞，形成"收入陷阱"。只是因为当前许多发展中国家在中等收入阶段，掉入了"收入陷阱"，"中等收入陷阱"是对这一现象的约定俗成。

中国学者吴延兵等（2014），运用中国大中型工业企业行业的面板数据，在测算研发资本存量的基础上，构建了中国的知识生产函数模型，进而得出中国"知识生产函数具有规模报酬不变或递减的性质"，即 $\beta+\theta\leqslant1$。该项研究说明中国内在的知识生产效率不足，已经产生对外知识依赖，如果不采取有效措施很好地应对对外获取知识溢出的增长率 g_T 的减缓问题和就业增长率 n 与人口自然增长率 r 的减缓问题，最终将跌入"中等收入陷阱"。因此，还不能得出明确的结论：中国能够成功摆脱此问题。

第四，关于中国如何跨越"中等收入陷阱"的问题，本书给出三点措施。"中等收入陷阱"产生的直接原因是，随着落后区域经济发展到达中等收入阶段，其对外获取知识溢出的增长率必将迅速下降，导致经济均衡增长速度迅速下降。

措施一：深化对外开放战略，增强对国外先进区域知识溢出吸收效率，克服因与发达区域知识的差距大幅缩小，而导致的对外获取知识溢出的增长率迅速下降趋势。要将对外知识获取战略作为一个长期的国家战略，排除体制和机制障碍，千方百计地提高知识吸收效率。

措施二：大力推进城镇化战略，从而加大劳动增长率，实现较高经济均衡增长水平。中国有大量的农村劳动力处于隐性失业状态，大力推进城镇化战略，可以将大量的农村富余劳动力转到城镇，实现显性就业，从而实现劳动增长率在较长时期内的较快增长，进而推动中国实现较高经济均衡增长水平。

措施三：大力推进创新型国家建设，建立和完善国家自主创新体系建设，不断提高自主创新能力，从而提高知识生产效率，这是彻底摆脱"中等收入陷阱"的必由之路。提高自主知识创新能力，首先是提高区域知识吸收能力的重要前提。只有提高自主知识创新能力，才能有效提高中国对高端科技知识的理解、消化、吸收和应用能力，才能克服对高端科技知识溢出吸收能力降低的问题。同时，随着中国经济和社会的发展，中国同先进国家之间的知识差距势必不断缩小，只有发展自主知识生产能力，才能最终解决中国未来发展的知识来源。

综上，我们通过研究经济增长均衡公式（3-1），揭示了收入陷阱形成机理，提供了一个"中等收入陷阱"分析的理论模型和框架。从知识溢出角度，揭示了发展中国家经济掉入"中等收入陷阱"的原因。"中等收入陷阱"产生的原因是，随着落后区域经济发展到中等收入阶段，其与发达区域的知识差距大幅缩小，而自主知识创新能力未能得到有效提升，对先进知识的吸收能力不高，从而无法维持较高的对外获取知识溢出的增长速度，导致对外获取知识溢出的增长率迅速下降，经济均衡增长速度迅速下降，形成"中等收入陷阱"。在"中等收入陷阱"机理分析基础上得出"中等收入陷阱"是发展中国家和地区经济发展过程中必然面临的挑战；经济增长均衡的形成并不一定在中等收入阶段，只要经济增长均衡水平较低，就将形成所谓"收入陷阱"。因此在低收入阶段、甚至在高收入阶段，都会出现增长停滞，形成"收入陷阱"。目前还没有证据表明中国能成功摆脱"中等收入陷阱"，为此提出了相应的应对措施，对我国如何防止掉入"中等收入陷阱"提出了建设性意见。

第六章

知识溢出与中国经济增长动力实证研究

一、发展中国家"中等收入陷阱"现象的实证分析

我们选取巴西、俄罗斯、中国、印度、南非、马来西亚、墨西哥及智利等全球典型发展中国家进行研究与分析。其中，巴西、俄罗斯、中国、印度及南非作为金砖国家，是如今世界上非常活跃的新兴经济体。本部分将实证分析金砖国家以及墨西哥、智利、马来西亚三国在经济增长过程中的"中等收入陷阱"相关现象。

（一）全球典型发展中国家人均 GDP 情况

最早提出"金砖四国"这一概念的是美国高盛公司。2003 年 10 月，高盛公司在"与 BRICS 一起梦想"经济报告中预测，到 2050 年，全球新的六大经济体将变成中国、美国、印度、日本、巴西、俄罗斯。在这个预测结果中可以发现，除美国、日本外，均属于当今世界经济舞台上非常活跃的国家。加上后来加入的南非，中国、印度、巴西、俄罗斯、南非逐渐成为全球新兴市场投资代表，也是发展中国家的典型代表。因此，研究金砖国家的经济增长情况对于研究今后发展中国家的发展模式有着非常大的意义。

图 6-1 为 1960—2013 年金砖国家人均 GDP 趋势，数据由世界银行提供。

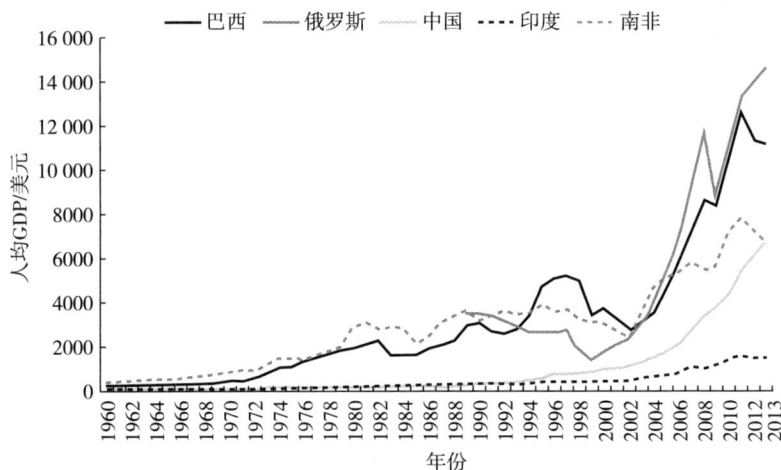

图 6-1　1960—2013 年金砖国家人均 GDP 趋势

　　可以看出，自 1960 年起，巴西、俄罗斯、中国、印度、南非的人均 GDP 整体均呈现上升趋势（由于历史原因俄罗斯从 1989 年才开始有统计数据）。就 2013 年人均 GDP 而言，俄罗斯在 5 个国家中排在首位，达到了 14 611.7 美元。排在第 2 位的是巴西，人均 GDP 为 11 208.1 美元。排在第 3 至第 5 位的国家是中国、南非和印度，人均 GDP 分别为 6807.4 美元、6617.9 美元和 1498.8 美元。

　　除了金砖国家外，1960—2013 年墨西哥、智利、马来西亚人均 GDP 及趋势如图 6-2 所示。

　　可以看出，自 1960 年起，墨西哥、智利、马来西亚的人均 GDP 均呈现上升趋势。就 2013 年人均 GDP 而言，智利在这 3 个国家中排在首位，达到了 15 732.3 美元；排在第 2 位的是马来西亚，为 10 538.1 美元；排在第 3 位的是墨西哥，为 10 307.3 美元。

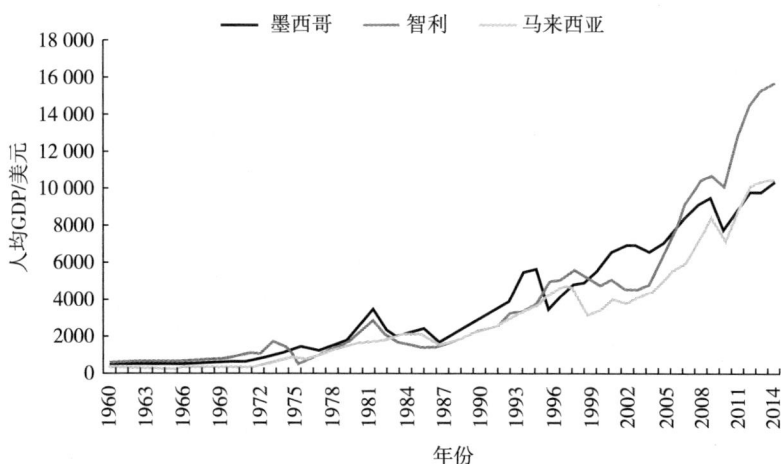

图 6-2　1960—2013 年墨西哥、智利、马来西亚人均 GDP 趋势

（二）全球典型发展中国家面临"中等收入陷阱"的情况

"中等收入陷阱"主要反应拉美国家和部分东南亚国家等许多落后区域在人均 GDP 达到中等收入水平后，经济增长长期停滞的现象。自世界银行与《东亚经济发展报告（2006）》中提出该概念以来，学术界对其进行了广泛的思考与讨论。

所谓"中等收入陷阱"中"中等收入"的标准并不是一个固定值。世界银行按人均 GDP，将世界各国家和地区划分为高收入国家（地区）、中等收入国家（地区）和低收入国家（地区）。同时，将中等收入国家（地区）进一步划分为中等偏低收入国家（地区）以及中等偏高收入国家（地区）。随着全球各国经济的不断发展，划分标准也随之浮动。世界银行会在每年的 7 月或 8 月公布新的评价标准。

下面通过分析这些国家在进入中等收入阶段以后，滞留的时间，来分析"中等收入陷阱"问题对发展中国家带来的挑战。第一，确定中等收入的划分标准。表 6-1 为 2010—2012 年世界银行公布的不同收入国家（地区）的划分标准。

表 6-1 2010—2012 年不同收入国家（地区）的划分标准

年份	低收入/美元	中低收入/美元	中高收入/美元	高收入/美元
2010	<995	996~3945	3946~12 195	>12 195
2011	<1005	1006~3975	3976~12 275	>12 275
2012	<1036	1037~4085	4086~12 615	>12 615

由表可知，2010 年中低收入门槛值为 995 美元、中高收入门槛值为 3945 美元、高收入门槛值为 12 195 美元；2011 年中低收入门槛值为 1005 美元、中高收入门槛值为 3975 美元、高收入门槛值为 12 275 美元；2012 年中低收入门槛值为 1036 美元、中高收入门槛值为 4085 美元、高收入门槛值为 12 615 美元。

对 3 个年份的不同门槛值取平均值可得表 6-2。

表 6-2 2010—2012 年不同收入水平门槛值及平均值

年份	中低收入门槛/美元	中高收入门槛/美元	高收入门槛/美元
2010	995	3945	12 195
2011	1005	3975	12 275
2012	1036	4085	12 615
平均值	1012	4001.7	12 361.7

按上述数据，智利和俄罗斯已经进入高收入阶段。而其他几个国家还处于中等收入阶段。本书将中低收入门槛值的平均值作为中等收入水平的下限，高收入门槛值的平均值作为中等收入水平的上限。由表 6-2 可知，本书中中等收入水平的下限为 1012 美元，上限为 12 361.7 美元，并以此来统计上述 8 个发展中国家的中等收入水平"滞留时间"。

第二，统计不同发展中国家的中等收入水平"滞留时间"。根据世界银行统计的 1960—2013 年各国人均 GDP 数据，以及本书划定的中等收入划分标准，分别计算出金砖国家以及墨西哥、智利、马来西亚 8 个国家的中等收入水平"滞留时间",如表6-3所示。

表6-3　1960—2013年不同发展中国家中等收入水平"滞留时间"

国家	巴西	俄罗斯	中国	印度	南非	墨西哥	智利	马来西亚
滞留时间/年	≥38	22	≥13	≥7	≥41	≥40	37	≥37

由表6-3可知,从2013年这一时间点看,巴西、南非、墨西哥、马来西亚的中等收入水平阶段"滞留时间"分别已经达到38年、41年、40年和37年,并且截至2013年这4个国家均未走出这一范围,说明它们已经长期处于"中等收入陷阱"。俄罗斯、智利从中等收入国家进入高收入行列分别花费22年和37年。中国和印度进入中等收入水平阶段"滞留时间"分别为13年、7年,但印度由于人口等问题一直处于中等偏低收入水平。

抛开中国来看,巴西、南非、墨西哥、智利、俄罗斯及马来西亚的中等收入水平"滞留时间"均在20年以上。巴西、南非、墨西哥、马来西亚甚至进入中等收入行列30年以上仍未成为高收入国家,这说明"中等收入陷阱"问题在典型发展中国家仍然十分严重。

截至2024年,中国达到中等收入水平标准已有24年,如何缩短"滞留时间",加速突破"中等收入陷阱"仍是我们亟待解决的问题。

由于可见,"中等收入陷阱"现象在发展中国家和地区具有普遍性,严重影响发展中国家的发展。侧面印证了"中等收入陷阱"是发展中国家和地区经济发展过程中必然面临的挑战。

（三）全球典型发展中国家人均GDP增长率的变化趋势分析

根据金砖国家人均GDP计算出这5个国家的人均GDP增长率,具体如图6-3所示。

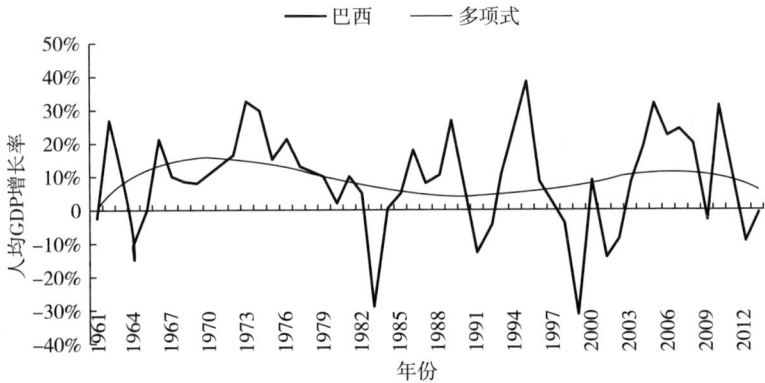

（a）巴西

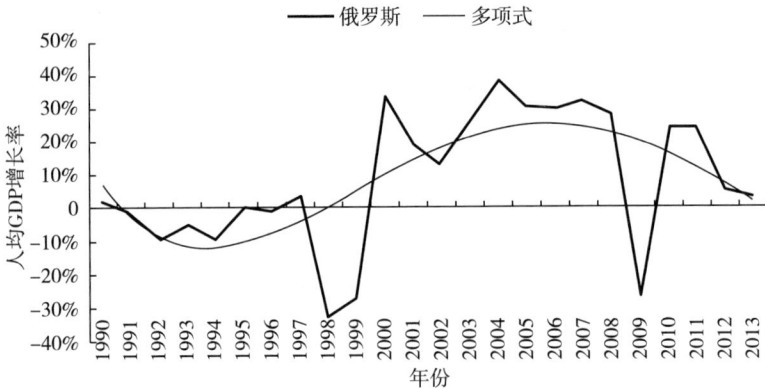

（b）俄罗斯

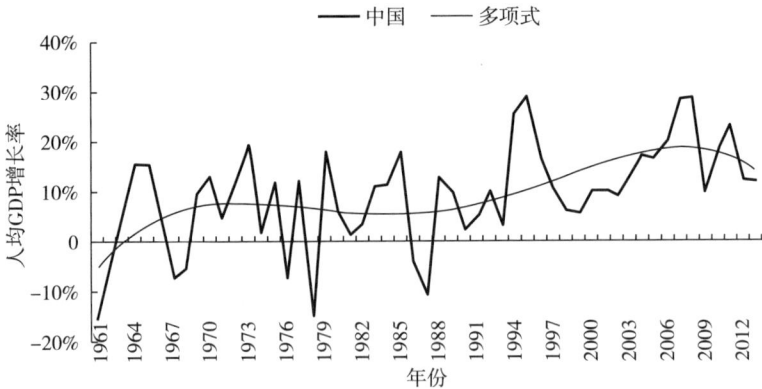

（c）中国

（d）印度

（e）南非

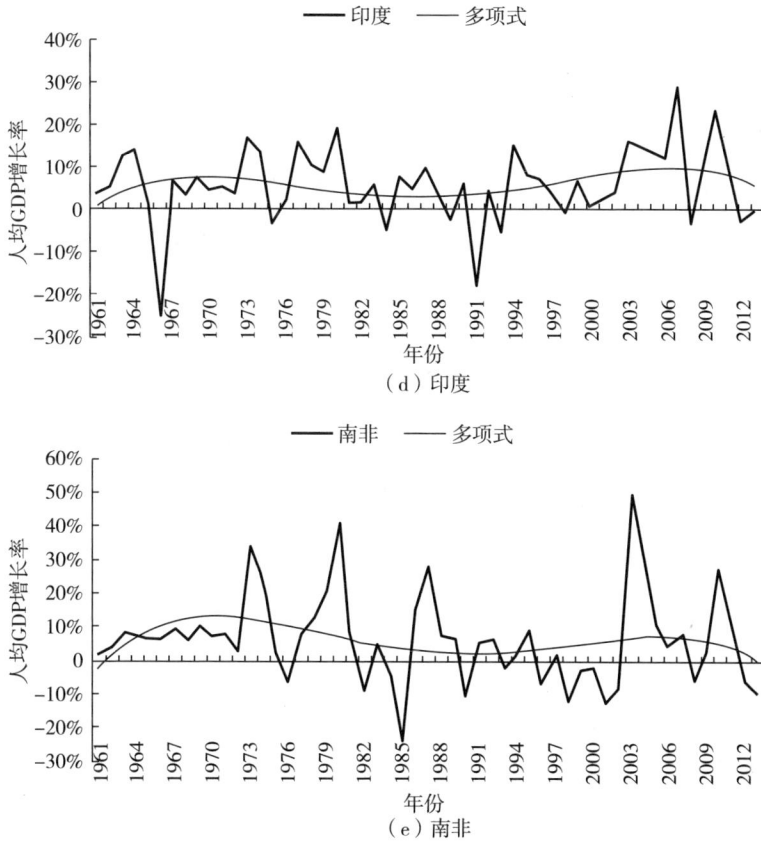

图 6-3　不同时期金砖国家人均 GDP 增长率趋势

　　为了排除经济周期造成的短期波动对数据的影响，以显示长期趋势，对金砖国家人均 GDP 增长率变化曲线进行 4 次多项式拟合如表 6-4 所示。

表 6-4 1961—2013 年金砖国家人均 GDP 增长率曲线拟合方程

国家	拟合曲线方程（4 次多项式）
巴西	$y=-8\times10^{-5}x^4+0.0092x^3-0.3471x^2+4.5118x-3.3995$
俄罗斯	$y=0.0017x^4-0.1152x^3+2.4246x^2-15.933x+20.431$
中国	$y=-7\times10^{-5}x^4+0.0074x^3-0.2644x^2+3.5987x-8.961$
印度	$y=-5\times10^{-5}x^4+0.0053x^3-0.1864x^2+2.2668x-1.3944$
南非	$y=-8\times10^{-5}x^4+0.0091x^3-0.3431x^2+4.5212x-6.1955$

从拟合曲线可以看出，金砖国家人均经济增长长期趋势存在较大的波动。巴西、中国、印度和南非的人均 GDP 增长率在 1961—1970 年均呈现上升趋势。巴西、印度和南非在 1970—1990 年均呈现下降趋势。而中国人均 GDP 增长率的下降趋势则出现在 1970—1985 年，俄罗斯的人均 GDP 增长率下降趋势出现在 1990—1994 年。进入 20 世纪 90 年代，金砖国家该指标再次进入上升期，直至 2007 年左右达到顶峰，之后开始逐渐放缓至 2013 年。

同样，根据墨西哥、智利、马来西亚的人均 GDP 计算出 3 个国家的人均 GDP 增长率（%），具体如图 6-4 所示。

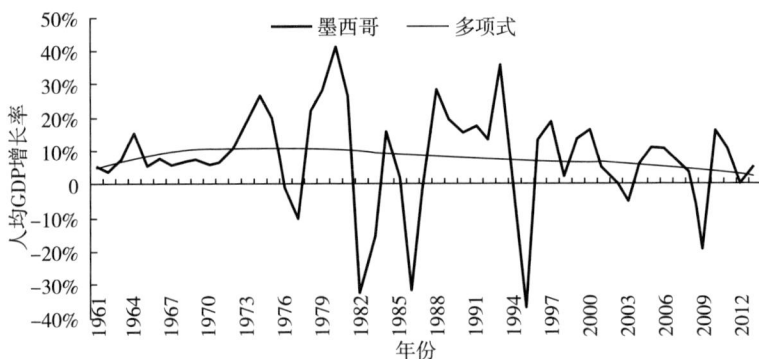

（a）墨西哥

（b）智利

（c）马来西亚

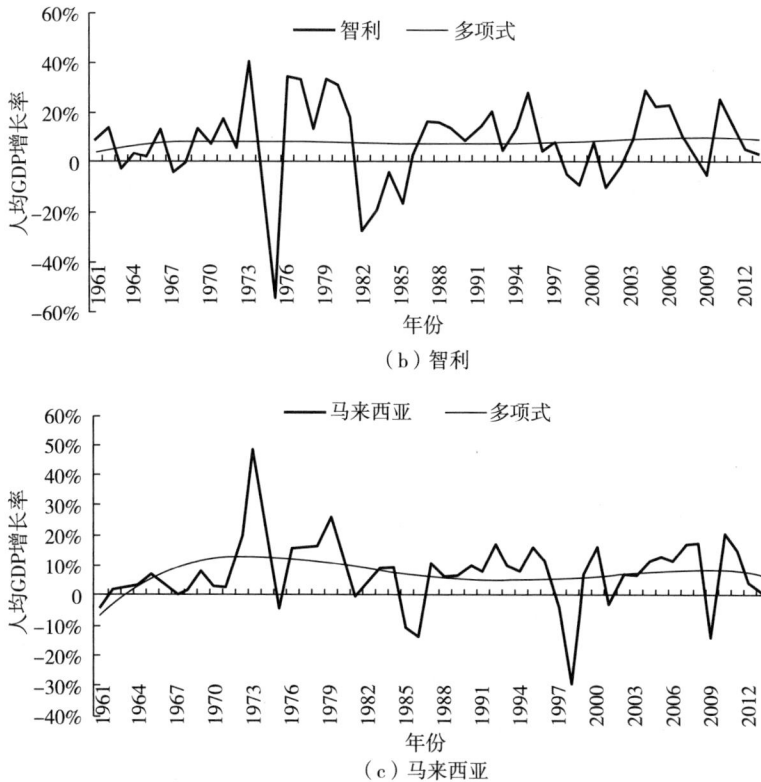

图 6-4　1961—2013 年墨西哥、智利、马来西亚人均 GDP 增长率趋势

为了排除经济周期造成的短期波动对数据的影响，以显示长期趋势，对 3 个国家人均 GDP 增长率变化曲线进行 4 次多项式拟合，得出表 6-5。

表 6-5　1961—2013 年墨西哥、智利、马来西亚人均 GDP 增长率变化曲线拟合方程

国家	拟合曲线方程（4 次多项式）
墨西哥	$y=-2\times10^{-5}x^4+0.0019x^3-0.0821x^2+1.3469x+3.4773$
智利	$y=-2\times10^{-5}x^4+0.0022x^3-0.0835x^2+1.191x+2.9306$
马来西亚	$y=-6\times10^{-5}x^4+0.0071x^3-0.2978x^2+4.6269x-10.763$

从拟合曲线可以看出，墨西哥、智利、马来西亚的人均 GDP 增长率的长期趋势，1961—2013 年在整体上波动较小，这一现象与金砖国家相比存在明显差异。

由以上曲线拟合所显示的 2 个摆脱"中等收入陷阱"的国家俄罗斯和智利的人均 GDP 增长率的长期趋势分析看，2000—2011 年，俄罗斯一直维持了一个较高的大于 10% 的人均 GDP 增长率的长期趋势，这推动俄罗斯摆脱了"中等收入陷阱"；而智利的人均 GDP 增长率的长期趋势从 20 世纪 70 年代以来，除去 1975 年的一次明显向下波动外，整体上增速比较平稳，而且减缓趋势相对不是很明显，进而推动智利摆脱了"中等收入陷阱"。同时，其余处于"中等收入陷阱"的国家，其人均 GDP 增长率的长期趋势近年都出现掉头向下的趋势。除中国人均 GDP 增长率的长期趋势还大于 10% 的较高速增长外，其他国家都处于 10% 以下。这些国家如果不能有效遏制人均 GDP 增长率的长期下降趋势，很可能掉入"中等收入陷阱"。中国如果能一直保持较高的人均 GDP 增长率的长期趋势，则中国有可能走出"中等收入陷阱"。以上实证分析得出的结论，进一步印证了本书第五章理论分析得出的结论：落后区域，长期经济增长收敛，当收敛水平较低时，即形成所谓"收入陷阱"；以及目前还没有证据表明中国能成功摆脱"中等收入陷阱"的结论。

为此，加强发展中国家未来经济增长动力研究，对发展中国家成功跨越"中等收入陷阱"至关重要。

二、知识溢出与中国经济增长动力实证研究

（一）发展中国家经济增长动力分析

新古典经济增长理论及内生增长理论都提出，技术进步、知识积累是促进经济增长的动力。本书第二章研究区域知识增长方式指出，区域知识增长方式主要为区域自身创造的知识和从区域外获得的知识溢出。本书第四章的研究分析也指出加大知识引进力度、提升知识生产效率是落后区域（本章主要指发展中国家）实现经济均衡增长，加快走出"中等收入陷阱"的重要

途径。

马歇尔（Marshall，1890）首次提出了经济学意义上"溢出（Spillover）"的概念，强调了知识的外部性是产生知识溢出现象的原因。大量研究证实，落后区域从先进区域获取知识溢出，对落后区域经济增长起了重要作用。麦克斯·基尔巴赫（Max Keilbach，2000）对西德经济增长与空间知识溢出关系的研究及凯尼尔斯（M. C. J. Caniels，2000）对欧洲经济增长的实证研究得出，空间知识溢出主要基于编码知识的传播，对区域经济增长产生重大影响。侯汉平等（2001）在知识创新与模仿的旋进机制研究基础上，深入分析了企业之间研发知识溢出效应，指出知识的溢出效应对区域技术进步有重大促进作用；刘丽等（2003）通过实证研究证实美国研发溢出对我国 GDP 增长有比较明显的正向作用。

区域自身创造知识的过程被称为"自主创新"。最具代表性的理论是熊彼得（Schumpeter）的"创新理论"，他强调了生产技术的革新和生产方法的变革在经济发展过程中的巨大作用。而"自主创新"直接带来的就是技术的进步，从而进一步提升社会劳动生产率推动经济稳定均衡高速发展。本书第五章分析"中等收入陷阱"产生原因时指出，其深层次原因是未能有效提高自主知识生产能力。

为此，本章从"对外获取知识溢出"和"自主创新"两大动力出发，实证研究中国经济增长问题。

（二）中国对外获取知识溢出水平分析

本小节将以中国经济为研究对象，讨论"对外获取知识溢出"这一动力因素，分析中国对外获取知识溢出水平及发展趋势。

1. 指标选取、数据收集与处理

（1）指标的选取

考虑到区域间的"知识溢出"是一个动态的过程，从宏观角度看，其基本实现途径包括外商直接投资（FDI）、进出口贸易、人员流动等。布洛姆斯特伦等（Blomström et al.，1998）认为外商直接投资是获取知识溢出的重要渠道。跨国公司作为投资的主体，在对东道国进行投资的过程中，会对当地企业产生示范作用。特别是合资、合作会将其先进的生产技术、管理理念溢出给当地企业，实现有效的知识溢出过程。凯勒（Keller，2002）认为贸易，特别是进出口贸易，会通过高技术产品的交易使技术落后区域获得模仿的机会，从而实现知识的有效溢出。阿尔梅达（Almeida et al.，1999）认为知识人才在不同地区、群体间流动不仅可以促进新知识的创造，还可以加快知识的传播。因此，以区域对外获取知识溢出的主要途径为依据，选择外商直接投资、进出口贸易、人员流动等指标，可以有效地衡量区域对外获取知识溢出效应的水平。

（2）数据收集与处理

为保证数据的真实性、有效性及可获得性，本书所使用数据均来自中华人民共和国国家统计局网站的公开统计数据。结合历年的统计口径的一致性，时间区间定为1984—2013年，具体的统计指标选取如表6-6所示。

表6-6　中国对外获取知识溢出水平统计指标选取

一级指标	统计指标	时间区间
外商直接投资	实际利用外资额/万美元	
进出口贸易	出口总额/亿元	1984—2013 年
	进口总额/亿元	
人员流动	对外劳务合作年末在外人数/人	

由于收集数据的量纲不同，有"万美元""亿元"，还有"人"。数量级也存在很大差异。因此将数据进行标准化是十分必要的。本书选择的标准化方法为比较常用的 Z-score 法，公式表示为：

$$x_i^* = \frac{x_i - \bar{x}}{\sigma},\tag{6-1}$$

其中，x_i 为样本值、$\bar{x}$ 为样本均值、σ 为样本的标准差。

2. 分析方法介绍

本小节选用主成分分析法对表 6-6 的 4 个指标进行处理和计算，并最终得出中国 1984—2013 年的知识溢出水平得分。

主成分分析法是通过对多个变量进行线性变换以筛选出较少个数、重要性较强变量的一种多元统计分析方法。在很多问题的研究中，多个变量之间有可能会存在一定的相关关系。如果某两个变量之间存在相关关系，那么这两个变量所反映的信息就存在一定的重叠。这就需要通过主成分分析法对先前提出的所有变量进行变换处理，将表达重复信息的变量删去（一般来说，相关性越强，所反映的信息重叠的可能性越高）。同时，建立尽可能少的新变量，使其两两不相关，并保持所反映信息的完整性。根据方差最大化原理，保持总方差不变，其中方差最大的新变量即为第一主成分，方差次大的新变量即为第二主成分，其他主成分以此类推。

设有 p 维原始变量 $x_i(i=1,2,\cdots,n)$，通过主成分分析法提取出一组新变量 $Y_j(j=1,2,\cdots,p)$，具体表示如下：

$$\begin{cases} \boldsymbol{Y}_1 = \boldsymbol{u}_{11}\boldsymbol{x}_1 + \boldsymbol{u}_{21}\boldsymbol{x}_2 + \cdots + \boldsymbol{u}_{i1}\boldsymbol{x}_i + \cdots + \boldsymbol{u}_{n1}\boldsymbol{x}_n \\ \boldsymbol{Y}_2 = \boldsymbol{u}_{12}\boldsymbol{x}_1 + \boldsymbol{u}_{22}\boldsymbol{x}_2 + \cdots + \boldsymbol{u}_{i2}\boldsymbol{x}_i + \cdots + \boldsymbol{u}_{n2}\boldsymbol{x}_n \\ \quad\cdots\cdots \\ \boldsymbol{Y}_j = \boldsymbol{u}_{1j}\boldsymbol{x}_1 + \boldsymbol{u}_{2j}\boldsymbol{x}_2 + \cdots + \boldsymbol{u}_{ij}\boldsymbol{x}_i + \cdots + \boldsymbol{u}_{nj}\boldsymbol{x}_n \\ \quad\cdots\cdots \\ \boldsymbol{Y}_p = \boldsymbol{u}_{1p}\boldsymbol{x}_1 + \boldsymbol{u}_{2p}\boldsymbol{x}_2 + \cdots + \boldsymbol{u}_{ip}\boldsymbol{x}_i + \cdots + \boldsymbol{u}_{np}\boldsymbol{x}_n \end{cases}, \qquad (6-2)$$

其中，$\boldsymbol{u}_{ij}$ 为样本协方差矩阵的单位化正交特征向量；$\boldsymbol{x}_i$ 为第 i 个原始变量；$\boldsymbol{Y}_j$ 为第 j 个主成分。

具体步骤包括以下六步：

第一，原始数据的收集及标准化。

收集 n 个样本，每个样本数据表示为一个 p 维随机向量 $\boldsymbol{x}_i = (x_{i1}, x_{i2}, x_{i3}, \cdots, x_{ip})$，$i=1,2,3,\cdots,n$，$n>p$。构建样本矩阵，并对矩阵元素进行标准化，即 $Z_{ij} = \dfrac{x_{ij} - \bar{x}_j}{s_j}$，$i=1,2,3,\cdots,n$，$j=1,2,3,\cdots,p$。其中，

$$\overline{x}_j = \frac{\sum_{i=1}^{n} x_{ij}}{n}, \quad s_j^2 = \frac{\sum_{i=1}^{n} (x_{ij} - \overline{x}_j)^2}{n-1}。$$

得到标准化矩阵 $\boldsymbol{Z}$。

第二，对标准化矩阵 $\boldsymbol{Z}$ 求相关系数矩阵 $\boldsymbol{R}$。

$$\boldsymbol{R} = \begin{bmatrix} r_{11} & r_{12} & \cdots & r_{1p} \\ r_{21} & r_{22} & \cdots & r_{2p} \\ \vdots & \vdots & & \vdots \\ r_{p1} & r_{p2} & \cdots & r_{pp} \end{bmatrix}, \tag{6-3}$$

其中，$r_{ij} = \frac{1}{n-1} \sum_{t=1}^{n} z_{ti} z_{tj}$，$i,j = 1,2,3,\cdots,p$。

第三，计算相关系数矩阵 $\boldsymbol{R}$ 的特征根及特征向量。

建立特征方程 $|\boldsymbol{R} - \lambda \boldsymbol{E}| = 0$，得出特征值 $\lambda_1, \lambda_2, \cdots, \lambda_p$ 及对应的特征向量 $\boldsymbol{U}_1, \boldsymbol{U}_2, \cdots, \boldsymbol{U}_p$。

第四，求每个主成分的贡献率，并确定其个数。

第 i 个主成分的贡献率为：

$$b_i = \frac{\lambda_i}{\sum_{i=1}^{n} \lambda_i} \quad i = 1,2,3,\cdots,n, \tag{6-4}$$

前 m 个主成分的累积贡献率为：

$$\frac{\sum_{i=1}^{m} \lambda_i}{\sum_{i=1}^{n} \lambda_i}。 \tag{6-5}$$

前 m 个主成分的累积贡献率一般以 85% 为界。如果前面 m 个主成分的累积贡献率超过 85%，那么基本保有原 n 个变量所反映的大多数信息。主成分个数因此确定为 m。

第五，确定主成分矩阵。

主成分对应的特征向量矩阵为 $U=(U_1,U_2,\cdots,U_m)$，其中 $U_i=(u_{i1},u_{i2},\cdots,u_{in})^T$，主成分矩阵则为：

$$Y=UX=(Y_1,Y_2,\cdots,Y_m)。$$

此时，m 个主成分的表达式为：

$$\begin{cases} Y_1=u_{11}x_1+u_{21}x_2+\cdots+u_{i1}x_i+\cdots+u_{n1}x_n \\ Y_2=u_{12}x_1+u_{22}x_2+\cdots+u_{i2}x_i+\cdots+u_{n2}x_n \\ \cdots\cdots \\ Y_m=u_{1m}x_1+u_{2m}x_2+\cdots+u_{im}x_i+\cdots+u_{nm}x_n \end{cases} \qquad (6-6)$$

第六，根据表达式计算综合得分。

$$Y=w_1Y_1+w_2Y_2+\cdots+w_mY_m，$$

其中，w_i 为第 i 个主成分的方差贡献率。

3. 主成分分析

基于以上方法，运用 SPSS 17 软件对 1984—2013 年中国各指标数据进行主成分分析，结果如表 6-7 所示。

表 6-7　KMO 和 Bartlett 检验

KMO 和 Bartlett 的检验		
取样足够度的 Kaiser-Meyer-Olkin 度量		0.734
Bartlett 的球形度检验	近似卡方	239.961
	df	6
	Sig.	0.000

采用 KMO 和 Bartlett 检验可以考查变量间的相关性。一般认为，KMO 检验值大于 0.5，Bartlett 检验的显著水平小于 1% 时，数据适合进行因子分析。从表 6-8 可以看出，本书中的 KMO 检验值为 0.734，大于 0.5，Bartlett 检验的显著水平接近 0.000，均通过检验。

表 6-8　总方差解释

成分	初始特征值			提取平方和载入		
	合计	方差的 百分比/%	累积 百分比/%	合计	方差的 百分比/%	累积 百分比/%
1	3.687	92.168	92.168	3.687	92.168	92.168
2	0.253	6.319	98.487			
3	0.058	1.452	99.940			
4	0.002	0.060	100.000			

此次分析涉及 4 个指标，提取主成分 1 个，累计方差贡献率为 92.168%，可以反映样本的大部分信息。主成分的成分矩阵如表 6-9 所示。

表 6-9　总方差解释表

指标	成分
	1
实际利用外资额/万美元	0.974
进口总额/亿元	0.971
出口总额/亿元	0.972
对外劳务合作年末在外人数/人	0.923

以样本中 2013 年数据为例，计算其主成分总得分：

$$Y_{2013}=0.9217\times\frac{0.9735\times1.8345+0.9710\times2.2395+0.9722\times2.1851+0.9225\times1.1072}{1.9201}$$

$$\approx3.4112。$$

运用相同的方法可以计算出 1984—2013 年间的总得分，计算结果如图 6-5 所示。

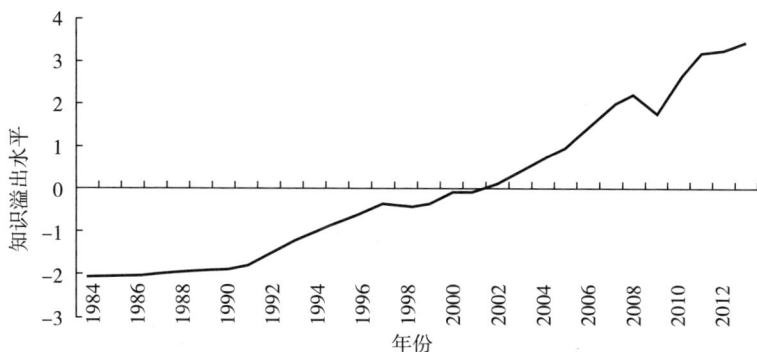

图 6-5　1984—2013 年中国知识溢出水平趋势

从图 6-5 可以看出，1984—2013 年，中国的知识溢出水平整体上呈现上升趋势。同时，笔者根据图 6-5 数据，对中国的知识溢出水平的增长率进行了计算，计算结果如图 6-6 所示。

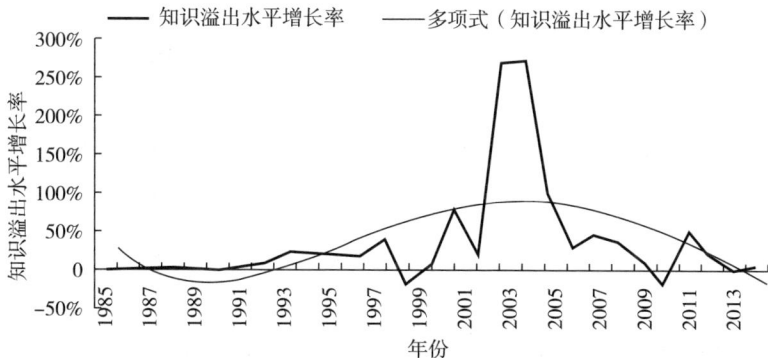

图 6-6　1985—2013 年中国知识溢出水平增长率变化趋势

为了排除经济周期造成的短期波动对数据的影响，以显示长期趋势，对知识溢出水平增长率变化趋势进行 4 次多项式拟合，得到拟合方程：

$$y = 0.0028x^4 - 0.215x^3 + 4.9427x^2 - 33.958x + 55.552。$$

从拟合出的趋势曲线可以看出，1985—1988 年，中国的对外获取知识溢

出水平增长率呈现小幅下降趋势。从 1988 年左右开始回升，至 2003 年达到
顶峰，然后又出现了一定程度的回落。这条曲线同第五章"中等收入陷阱"
产生原因示意所描绘的曲线（图 5-1）基本一致，证实了"中等收入陷阱"
形成原理模型。需要说明的是，图 5-1 的横轴指标为人均 GDP，而图 6-6 横
轴为时间轴，但由于中国人均 GDP 随时间逐年增长，它们在一定程度上表达
了同样的发展趋势。

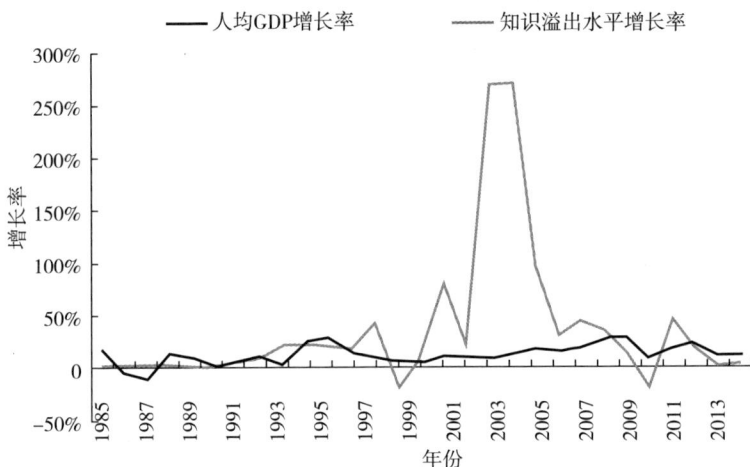

图 6-7　1985—2013 年中国人均 GDP 增长率、知识溢出水平增长率比较

　　而且拟合出的趋势曲线可以看出，1992—2011 年的 20 年间，中国的对外
获取知识溢出水平增长率一直维持高于 10% 的速度。而中国人均 GDP 增长率
拟合曲线显示的趋势，中国人均 GDP 增长率从 1986 年左右开始上升，直至
2007 年左右达到顶峰，之后开始逐渐放缓至 2013 年。两条拟合曲线显示了基
本相同的趋势。这从一个侧面说明，中国的对外获取知识溢出水平的增长，
伴随了中国近 30 年的经济高速增长。

　　比较中国人均 GDP 增速与知识溢出水平增长率，得到以下结果。

　　由以上数据也可以看出，1999—2008 年，中国的知识溢出水平增长率在
整体上均保持一个比较高的态势。与此同时，人均 GDP 增长率从 1999 年的
5.34% 稳步提升至 2008 年的 28.75%。这在一定程度也可以解释中国对外获取

的知识溢出对中国经济的增长产生了正向推动作用。

同时，从拟合出的趋势曲线可知中国的对外获取知识溢出水平增长率从2003年后开始不断下降的趋势，且从2012年起中国对外获取知识溢出水平进入低增长甚至负增长的趋势，同中国经济整体进入新常态相匹配，这警示我们，中国未来将无法再依赖对外获取知识，实现经济的高速增长。

综上，对中国对外获取知识溢出水平增长率的趋势分析，证实了本书第五章对"中等收入陷阱"形成原因的理论分析："中等收入陷阱"产生的原因是随着落后区域经济发展达到中等收入阶段，其与发达区域知识的差距大幅缩小，而自主知识创新能力未有效提升，对先进知识的吸收能力未有效提高，从而无法维持较高的对外获取知识溢出的增长速度，导致对外获取知识溢出的增长率迅速下降，经济均衡增长速度迅速下降，形成"中等收入陷阱"。

三、中国经济增长动力门槛效应研究

本章第一节、第二节分别介绍了全球典型发展中国家的经济增长现状、动力并以中国为研究对象分析了中国知识溢出水平的情况及发展趋势。本节将研究自主创新作为推动发展中国家经济经济增长的一大动力，在什么水平下能够实现对经济增长的推动效果最大，在什么水平下效果相对较小，中国不同地区又分别处于怎样的水平等问题。

（一）门槛效应模型

1. 门槛效应

门槛效应，是指当一个经济参数达到特定的数值后，引起另外一个经济参数发生突然转向其他发展形式的现象。作为原因现象的临界值称为门槛值。

本节假设自主创新水平与经济增长之间存在这样一种门槛关系。也就是说当自主创新水平小于某一门槛值时它与经济增长间存在某种相关关系，这种关系或正或负，可能显著，也可能不显著。一旦自主创新水平超过了这一门槛值，这种关系就会发生比较大的变化。因此，本节就是要通过建立一个

双门槛模型研究自主创新水平与经济增长之间的量化关系。

2. 模型的构建

基于柯布-道格拉斯（Cobb-Douglas）生产函数建立创新知识溢出门槛值研究模型：

$$Y_{it} = A_{it} L_{it}^{\alpha} K_{it}^{\beta},\qquad\qquad (6-7)$$

其中，Y 表示产出水平；L 表示人力资本投入；K 表示固定资本投入；A 表示全要素增长率；在规模报酬不变的情况下，$\alpha+\beta=1$。式（6-7）两侧同时除以 L_{it} 得：

$$\frac{Y_{it}}{L_{it}} = A_{it} \left(\frac{K_{it}}{L_{it}}\right)^{\beta},\qquad\qquad (6-8)$$

对等式两边同时取自然对数：

$$\ln\left(\frac{Y_{it}}{L_{it}}\right) = \ln A_{it} + \beta\ln\left(\frac{K_{it}}{L_{it}}\right)。\qquad\qquad (6-9)$$

根据第二章关于知识增长模型的论述，假设影响全要素生产率的要素为知识溢出水平（这里主要指获取外来的知识溢出）、自主创新水平（几个指标最主要成分）。

假设

$$A_{it} = F(S_{it}, I_{it}) = B \cdot S_{it}^{a} \cdot I_{it}^{b} \cdot \varepsilon^{e},\qquad\qquad (6-10)$$

两边再取自然对数：

$$\ln A_{it} = \ln B + a\ln S_{it} + b\ln I_{it} + e\ln\varepsilon,\qquad\qquad (6-11)$$

其中，B 为常数项，ε 为干扰项；S 表示知识溢出水平；I 表示自主创新水平。

将式（6-11）代入式（6-9），得：

$$\ln\left(\frac{Y_{it}}{L_{it}}\right) = \ln B + a\ln S_{it} + b\ln I_{it} + e\ln\varepsilon + \beta\ln\left(\frac{K_{it}}{L_{it}}\right),\qquad\qquad (6-12)$$

由此提出基于自主创新的双门槛模型：

$$\ln\left(\frac{Y_{it}}{L_{it}}\right) = \ln B + a\ln S_{it} + b_1\ln I_{it} \cdot H_1(I_{it} \leq \eta_1) + b_2\ln I_{it} \cdot H_2(\eta_1 < I_{it} \leq \eta_2) +$$

$$b_2\ln I_{it} \cdot H_3(I_{it} > \eta_2) + e\ln\varepsilon + \beta\ln\left(\frac{K_{it}}{L_{it}}\right), \tag{6-13}$$

其中,

$$H_1 = \begin{cases} 0, & \text{其他} \\ 1, & I_{it} \leq \eta_1 \end{cases}, \quad H_2 = \begin{cases} 0, & \text{其他} \\ 1, & \eta_1 \leq I_{it} \leq \eta_2 \end{cases}, \quad H_3 = \begin{cases} 0, & \text{其他} \\ 1, & I_{it} \geq \eta_2 \end{cases}。$$

（二）中国经济增长动力门槛值计算与分析

1. 数据样本及变量说明

本小节选取 2003—2013 年中国除西藏自治区以外的 30 个省（自治区、直辖市）的面板数据作为数据样本。

Y 为产出水平，用各地区的地区生产总值（亿元）表示；L 为人力资本投入，用各地区就业人数总量（人）表示；S 为知识溢出水平，在这里主要指获取知识溢出的水平，用外商投资企业投资总额（百万美元）表示；I 为自主创新水平，用专利授权总量表示；K 表示固定资本投入，用全社会固定资产投资表示。那么，Y/L 则代表劳动生产率，用就业人口人均地区生产总值表示，K/L 代表人均固定资本投入，用就业人口人均全社会固定资产投资表示。样本描述统计量如表 6-10 所示。

表 6-10　样本描述统计量

统计量	样本数	极小值	极大值	均值	标准差
Y/L	330	6733	235 491	52 312.77	38 582.698
S	330	700	666 376	73 480.90	112 798.630
I	330	51	117 377	10 272.35	17 689.511
K/L	330	3531.4982	142 102.3380	30 287.06	22 890.347
有效样本数	330				

2. 实证结果及分析

将各变量取自然对数后，根据模型估计及检验方法，运用 stata12 进行实证分析，结果如表 6-11 和表 6-12 所示。

表 6-11　门槛值模型估计结果

变量	第一阶段	P 值	第二阶段	P 值	第三阶段	P 值
$\ln I$	0.1152*** (7.8838)	0.0000	0.1265*** (9.2313)	0.0000	0.1199*** (9.0265)	0.0000
$\ln S$	0.0573*** (3.4081)					0.0007
$\ln(K/L)$	0.5007*** (29.6878)					0.0000

注：*** 表示在 99% 的置信水平下显著。

表 6-12　双门槛值结果

序号	门槛值	置信区间（95% 置信水平下）
1	656.5657	(206.0000, 2458.8283)
2	4711.6566	(3359.9596, 6063.3535)

由实证结果可以看出，核心变量 $\ln I$ 在 3 个阶段的 P 值均小于 0.01，说明回归结果在 99% 的置信水平下是显著的。同时，控制变量 $\ln S$ 及 $\ln(K/L)$ 的 P 值同样小于 0.01 说明 $\ln S$ 和 $\ln(K/L)$ 的结果也在 99% 的置信水平下是显著的。

从结果还可以看出，由双门槛划分出的 3 个阶段中，自主创新水平 I 与劳动生产率 Y/L 均呈现显著的正向关系。说明自主创新能力不管是在发达区域还是落后区域，都对人均经济增长产生正向推动作用。

另外，在第一阶段，模型的相关系数为 0.1152，说明 $\ln I$ 每变动一个单位，$\ln(Y/L)$ 会正向变动 0.1152 个单位。3 个阶段相关系数的变化趋势如

图 6-8 所示。

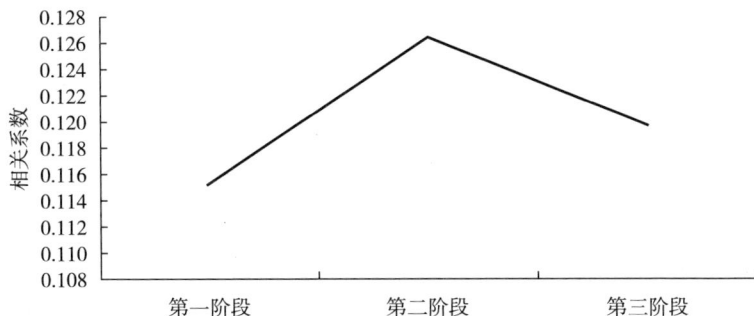

图 6-8 3 个阶段相关系数变化趋势

可以发现在门槛值 1 以下，即专利授权量小于 656.5657 时，自主创新对劳动生产率的推动作用相对较小，也可以理解为在这个阶段自主创新对于经济增长的推动效果相对后两个阶段较弱。当进入门槛值 1 与门槛值 2 之间，即专利授权量大于 656.5657 且小于 4711.6566 时，自主创新对劳动生产率的推动作用最大，这个阶段自主创新对于经济增长的推动效果最强。当大于门槛值 2，即专利授权量大于 4711.6566 时，自主创新对劳动生产率的推动作用要大于第一阶段，小于第二阶段。

下表对 2013 年中国 30 个省（自治区、直辖市）（除西藏）的数据进行统计，并分析了不同地区所处的不同阶段。

表 6-13 中国 30 个省（自治区、直辖市）（除西藏）所处阶段

序号	第一阶段	第二阶段	第三阶段
1	青海省	内蒙古自治区	北京市
2		海南省	天津市
3		贵州省	河北省
4		甘肃省	山西省
5		宁夏回族自治区	辽宁省

续表

序号	第一阶段	第二阶段	第三阶段
6		新疆维吾尔自治区	吉林省
7			黑龙江省
8			上海市
9			江苏省
10			浙江省
11			安徽省
12			福建省
13			江西省
14			山东省
15			河南省
16			湖北省
17			湖南省
18			广东省
19			广西壮族自治区
20			重庆市
21			四川省
22			云南省
23			陕西省

由表 6-13 可知，中国各地区中仅青海省处于第一阶段，处于第二阶段的地区除海南省以外均处于中国的西部，而所有中部、东部及一些西部地区均已进入了第三阶段。

对以上相关系数变化趋势可作如下解释。如本书第四章所述，落后区域对外获取知识溢出的速度，是落后区域与先进区域的知识差距和区域的知识吸收能力的函数。落后区域的知识吸收能力又是区域对外学习文化以及区域自身的知识生产能力两大因素的函数。

当某区域自主知识生产能力较低时，虽然此时知识差距较大，但知识吸收能力极差，对外获取知识溢出的速度反而较低。根据区域经济增长条件均衡公式（3-1），各项参数放大作用也小，因而对整个经济增长的推动作用较小。这实际上是低收入陷阱的表现形态。

随着区域自主知识生产能力的提高到中低等阶段，此时知识差距还是较大，但知识吸收能力有较大提高，对外获取知识溢出的速度明显提高。根据区域经济增长条件均衡公式，各项参数放大作用也增大，因而对整个经济增长的推动作用明显增大。

进一步，随着区域自主知识生产能力的进一步提高到中高等阶段时，此时虽然知识吸收能力有较大提高，但知识差距明显缩小，对外获取知识溢出的速度比前期明显下降。根据区域经济增长条件均衡公式，各项参数放大作用虽有所增大，但不足以弥补知识差异减小带来的影响，因而对整个经济增长的推动作用相对中低阶段有所下降，但要好于低级阶段。这实际上是"中等收入陷阱"的表现形态。

综上所述，自主创新能力，不管是在发达区域还是落后区域，都对人均经济增长产生正向推动作用。无论对于处于第一阶段的青海省还是处于第二阶段的内蒙古自治区、海南省、贵州省、甘肃省、宁夏回族自治区、新疆维吾尔自治区6个地区，还是处于第三阶段的23个地区，加大创新投入，提升自主创新水平是根本出路。

综上所述，本书首先通过对全球典型发展中国家"中等收入陷阱"问题的实证研究，揭示了"中等收入陷阱"现象在发展中国家具有普遍性和严重性。侧面印证了"中等收入陷阱"是发展中国家和地区经济发展过程中必然面临的挑战。其次，利用主成分分析法，对中国对外获取知识溢出进行实证研究，证明了本书提出的"中等收入陷阱"形成原理。根据中国从2012年起对外获取知识溢出水平进入低增长甚至负增长的趋势，对中国有可能掉入"中等收入陷阱"提出警示。最后，以中国30个省（自治区、直辖市）的面板数据为样本建立了自主创新的门槛回归模型，得出了自主创新在不同的发展阶段，对经济增长存在不同程度的推动作用。

第七章

未来展望

一、研究意义

对发展中国家和地区（以下统称"落后区域"）的经济增长研究，还有不少急待解决的问题。

第一，如何实现对先进区域的经济追赶和经济趋同，是落后区域经济增长研究面临的最大经济学问题，目前从理论研究到实证研究，并没有一致明确的结论。

新古典增长理论的经济增长趋同预期是区域经济趋同假说的理论基础。基于新古典经济增长理论，美国经济学家威廉姆森（Williamson）提出在要素完全流动性的假设下，由于要素的边际收入递减，区域收入水平随着经济的增长最终可以趋同的假说。但是新增长理论并不支持经济趋同假说。20 世纪 80 年代中期，保罗·罗默（Paul M. Romer，1986，1990）指出，一个多世纪以来多国的经济增长率存在上升的趋势，新古典增长模型的结论与现实的经济增长趋势不符。同时指出由于知识溢出导致资本产生社会报酬，社会经济总的要素报酬没有递减。

自威廉姆森提出区域收入趋同假说后，国际上对区域经济趋同的实证研究不断增多。许多经济学家使用趋同模型测算 β 系数及从检验区域之间相对人均收入的变异系数随时间的变化等不同的角度，对不同国家或地区进行了实证研究，但得出的结论却不尽相同。部分学者研究证实，区域之间存在着经济增长趋同现象。但也有不少学者的研究指出不能证实区域之间存在经济增长趋同现象，从世界范围看，绝对趋同的假设不成立。不同学者对中国区域经济增长趋同的实证分析也同样得出了不同的结论。

因此，由于新古典增长理论的局限性，对趋同原理的进一步研究多数还处于经验探索阶段，因而对趋同的实证研究也很难得出一致的结论，也无法解释各国学者对其进行实证分析所得出的各不相同的结论。

第二，当今世界已进入知识经济时代，对落后区域经济增长提出了新的要求。落后区域如何适应知识经济时代的要求，实现长期经济快速增长，是落后区域经济增长研究急待回答的问题。对落后区域在知识经济时代的经济增长机制进行理论分析，创新理论模型，揭示落后区域经济长期均衡增长方式与途径，为落后区域实现对先进区域的经济追赶，提供理论借鉴十分必要。

第三，落后区域在经济追赶过程中，出现了"中等收入陷阱"现象。对"中等收入陷阱"形成原理，理论上并没有一个成熟的模型加以解释，也成为落后区域经济增长研究中急待解决的难题。

目前，各国学者对"中等收入陷阱"的研究主要从实证的角度，对掉入"中等收入陷阱"的拉美国家和部分东南亚国家进行观察、经验总结，并通过将这些国家同日、韩等成功跨越"中等收入陷阱"国家的国际比较研究，对"中等收入陷阱"的表现、特征、形成原因及应对策略进行阐述。但是关于"中等收入陷阱"形成原理的理论解析研究文献不多，还没有公认成熟的理论解析模型。为此学术界关于"中等收入陷阱"的形成原因各有不同的解释，其中无论是阶段论还是多因素论，对于"中等收入陷阱"形成原理的解释还没有形成共识，由此导致在"中等收入陷阱"相关问题上，特别是关于中国是否会陷入"中等收入陷阱"、如何跨越"中等收入陷阱"的问题上，缺乏明确具体的理论依据，相应的对策研究各有千秋。为此，建立"中等收入陷阱"形成原理模型并进行理论解析，对于正确认识"中等收入陷阱"成因，进而采取有效措施使中国避免陷入"中等收入陷阱"，极为必要和关键。

第四，中国是世界上最大的发展中国家，改革开放40多年来，中国经济高速增长，迅速对发达国家的经济实现追赶，跨入中等收入国家行列。中国经济高速增长，实现经济追赶的主要原因是什么，发展中国家可以从中国经济增长中学到什么等问题，成为政治和经济学家们研究的热点问题。对中国经济高速增长的原因有许多研究，各有侧重。在国际上引起重大反响的是2004年5月美国高盛公司高级顾问雷默在英国思想库伦敦外交政策中心发表的题为《北京共识》（*The Beijing Consensus*）的论文。他认为，中国改革发展成功的经验为：创新、稳定、自主。同时随着中国跨入中等收入国家行列，中国会否掉入"中等收入陷阱"等相关问题，也成为热点问题。

为了回答落后区域经济发展面临的这些重大问题，我们必须紧紧把握知识经济的大时代背景，开展经济理论研究和创新。为此，立足于知识经济时代，笔者着重研究了知识溢出对落后区域实现经济长期增长，进而实现经济趋同的作用机制。依托空间知识溢出及创新扩散等理论中知识溢出对经济增长产生重大贡献的论断，以及知识溢出的特性分析，重新构建知识溢出的经济增长总量模型，从理论上研究落后区域经济追赶的基本途径，对经济趋同机制进行探索，并对"中等收入陷阱"形成原理进行理论理论研究，为落后区域特别是我国，如何实现对先进国家和地区的经济追赶、如何跨越"中等收入陷阱"提供建设性的建议。本书主要研究了以下内容：

① 通过新古典增长理论与新经济增长理论的研究，得出在知识经济时代知识增长是经济增长的主要动力的论断，从而确定从知识增长方式研究出发去研究落后区域经济长期增长与趋同。

② 深入分析前人对落后区域实现技术追赶相关研究，特别是知识溢出相关理论与实证研究，利用凯尼尔斯知识增长模型，探讨了落后区域经济发展的知识来源，在此基础上构建知识增长方程。

③ 在罗默两部门模型一般化基础上，重新构建了区域经济增长知识溢出总量模型。通过对该模型的均衡分析，得出了区域经济增长条件均衡公式。从而从理论上揭示了知识溢出、就业增长、人口增长与区域长期经济均衡增

长的关系。

④ 基于区域经济增长条件均衡公式，分析了落后区域经济长期均衡增长的规律，对经济趋同原理进行了研究，揭示了知识溢出、经济增长和经济趋同的关系。从理论上得出：由于知识从先进区域向落后区域的溢出，使得落后区域存在向先进区域经济趋同的可能。趋同能否成功在一定程度上取决于落后区域是否具有相应的知识溢出吸收能力，能否持续保持较高的对外获取知识溢出的增长速度。落后区域可以通过向先进区域获取知识溢出，从而实现对先进区域的经济趋同。从世界范围内来看，不存在整个落后国家和区域对发达国家和区域的整体 σ 趋同，但存在部分国家和区域之间的 σ 趋同。同时，对各国学者对经济趋同实证研究所得出的互相不一致的结论，进行了理论上的阐释。

⑤ 基于区域经济增长条件均衡公式，对落后地区经济长期均衡增长方式与途径进行了研究。与传统经济增长理论模型的结论"人口增长率提高意味着稳态收入的降低"不同，得出了维持适度的人口自然增长率将有利于长期经济增长的结论。

⑥ 从知识溢出角度，提出了"中等收入陷阱"分析的理论模型和框架，揭示了发展中国家经济掉入"中等收入陷阱"的因由，得出摆脱"中等收入陷阱"的相应措施，为我国如何防止掉入"中等收入陷阱"提出了建设性的建议。

⑦ 对中国经济增长与知识溢出与自主创新关系进行了实证研究。运用主成分分析、门槛回归等方法对中国经济增长与对外获取知识溢出和自主创新关系进行了实证研究，证明了"中等收入陷阱"形成原理，发现了自主创新在不同的发展阶段，对经济增长存在不同程度的推动作用。

本书主要创新点可以归结为如下4点：

第一，在构建了知识增长模型基础上，建立了区域经济增长知识溢出总量模型，导出了区域经济增长条件均衡公式。基于知识增长方式的视角，在内生经济增长模型基础上，引入从区域外获取的知识溢出，构建了知识增长模型。并在新经济增长理论两部门模型一般化基础上，构建了区域经济增长知识溢出总量模型。利用极值方法，导出了区域经济增长条件均衡公式。得出了落后区域经济长期均衡增长的规律，揭示了知识溢出、人口增长、就业增长与区域长期经济均衡增长的关系。

第二，基于区域经济增长条件均衡公式，对经济趋同机制进行了研究，揭示了知识溢出、经济趋同和经济增长的关系。由于知识从先进区域向落后区域的溢出，使得落后区域存在向先进区域经济趋同的可能。趋同能否成功在一定程度上取决于落后区域是否具有相应的知识溢出吸收能力，能否持续保持较高的对外获取知识溢出的增长速度。同时，对各国学者对经济趋同实证研究所得出的互相不一致的结论，进行了理论上的阐释。并对落后区域如何实现经济长期快速增长进行了研究，与传统经济增长理论模型的结论——"人口增长率提高意味着稳态收入的降低"不同，提出了维持适度的人口自然增长率将有利于长期经济增长的结论。

第三，从知识溢出角度，提出了"中等收入陷阱"分析的理论模型和框架，揭示了发展中国家经济掉入"中等收入陷阱"的因由。"中等收入陷阱"产生的原因是随着落后区域经济发展到达中等收入阶段，其与发达区域知识的差距大幅缩小，而自主知识创新能力未有效提升，对先进知识的吸收能力未有效提高，从而无法维持较高的对外获取知识溢出的增长速度，导致对外获取知识溢出的增长率迅速下降，经济均衡增长速度迅速下降，形成"中等收入陷阱"。得出摆脱"中等收入陷阱"的相应措施，并对我国如何防止掉入"中等收入陷阱"，提出了相应建议。

第四，提出了修正的柯布-道格拉斯生产函数，建立双门槛回归模型实证研究中国经济增长与对外获取知识溢出和自主创新的关系。运用主成分分析、门槛回归等方法进行了实证研究。

二、政策展望

本书依托空间知识溢出及创新扩散等理论中知识溢出对经济增长产生重大贡献的论断，以及知识溢出的特性分析，基于知识增长方式的视角，在综合内生经济增长模型和空间知识溢出学者在模型化过程中关于区域知识增长方式认识的成果的基础上，引入从区域外获取的知识溢出，重构了知识增长方程，并将新经济增长理论所提出的两部门模型进行一般化基础上，重新构建了区域经济增长知识溢出总量模型。通过对该模型的均衡分析，得出了区域经济增长条件均衡公式。在此模型分析基础上，从理论上研究了落后区域经济追赶的基本途径，对经济趋同机制进行探索，并对"中等收入陷阱"形成原理进行了理论模型化阐述，得出如下结论。

第一，当区域知识生产能力较低时，区域长期经济均衡增长将收敛。其收敛规律服从本书得出的区域经济增长条件均衡公式。当区域知识生产能力较高时，区域长期经济均衡增长将不收敛，而形成发散增长。

第二，封闭的落后区域很难实现较高的经济均衡增长水平。落后区域可以通过采用知识引进战略，保持较高的对外知识依赖度，加快对外获取知识溢出，从而实现快速的经济均衡增长。同时，区域也可以通过加快劳动增长率实现经济快速增长。为此，维持适度的人口自然增长率，将有利于长期的经济增长。

第三，封闭的落后区域很难实现对先进区域的经济追赶和趋同。但落后区域可以通过对外开放，向先进区域获取知识溢出，从而实现对先进区域的经济追赶和趋同。落后区域成功实现对外知识获取战略的前提是在不断加大对外知识获取的同时，不断加大自主知识生产能力的建设。落后区域不可能采取完全的对外知识依赖策略而不建立必要的自主知识生产能力，就能实现对先进区域的经济趋同。

第四，对经济趋同原理进行了重新探索，知识经济时代的经济趋同原理：由于知识从先进区域向落后区域的溢出，使得落后区域存在向先进区域经济趋同的可能。趋同能否成功的关键在于落后区域能否具有相应的知识溢出吸收能力，从而产生持续的较高的对外获取知识溢出的增长速度。落后区域可以通过向先进区域获取知识溢出，从而实现对先进区域的经济趋同。但是也会存在一些落后区域由于知识溢出获取不足，可能出现对先进区域的趋异。从世界范围内看，不存在整个落后区域对先进区域的整体 σ 趋同，但存在部分国家和区域之间的 σ 趋同。绝对 β 趋同现象有条件存在，条件 β 趋同现象和俱乐部趋同现象普遍存在。

第五，落后区域由于知识生产能力较低，长期经济增长收敛，当经济增长率收敛水平较低时，即形成所谓"收入陷阱"。"中等收入陷阱"产生的原因是随着落后区域经济发展达到中等收入阶段，其与发达区域知识的差距大幅缩小，而自主知识创新能力未有效提高，对先进知识的吸收能力未有效提高，从而无法维持较高的对外获取知识溢出的增长速度，导致对外获取知识溢出的增长率迅速下降，经济均衡增长速度迅速下降，形成"中等收入陷阱"。因此，知识生产效率低下，自主创新能力弱，是形成"中等收入陷阱"的根本原因。

第六，"中等收入陷阱"是落后区域经济发展过程中必然会面对的规律性问题。目前还没有证据表明中国能成功摆脱"中等收入陷阱"。经济增长均衡的形成并不一定在中等收入阶段。只要经济增长均衡水平较低，就将形成所谓"收入陷阱"。因此在低收入阶段、甚至在高收入阶段，都会出现增长停滞，形成"收入陷阱"。

基于以上分析，本书提出如下政策展望：

一是坚定不移地不断深化对外开放战略，继续强化和完善对国外先进知识溢出获取的体制机制建设，以有效延缓中国跌入中等收入均衡的趋势。"中等收入陷阱"产生的直接原因是随着落后区域经济发展达到中等收入阶段，其对外获取知识溢出的增长率必将迅速下降，导致经济均衡增长速度迅速下降。中国将对外获取知识溢出作为一个长期的国家战略，可以有效减缓因与发达区域知识的差距大幅缩小而导致的对外获取知识溢出的增长率的迅速下降趋势，从而有效减缓经济均衡增长速度的下降。

二是加强国家创新体系建设，大力提升我国自主创新能力。目前，中国经济增长模式已经不可持续，一直沿用至今的发展模式受到了严重挑战。改革开放40多年来，中国从西方发达国家成功获取现代产业相关的知识溢出，并通过引进、消化吸收和再创新，已掌握了一般性的生产技术性知识和经济管理知识，成为世界工厂，支撑着中国经济飞速发展。但由于缺少关键自主知识产权和缺乏核心产业技术，中国主要在劳动密集和资源消耗型产业，具有一定的国际比较竞争优势。因此，我国仍主要依靠廉价的传统生产要素如土地、劳动力和优惠政策在国际产业竞争中赢得优势。在国际产业分工中仍处于低端位置，知识含量较低，处于价值链的低端。随着经济和社会的迅猛发展，自然资源承载能力不足，环境严重恶化的矛盾和问题凸显出来。随着劳动力成本逐步提高，人口红利逐渐消失，传统比较优势产业，如劳动密集型产业竞争优势正逐渐消失，并进而对我国经济社会的发展产生连锁反应。例如，由于缺乏核心技术，我国企业不得不将计算机售价的约30%、国产手机售价的约20%支付给国外专利持有者，致使劳动者的工资水平很难提高，产品利润率较低，从而使得我国扩大内需、促进现代服务业的结构调整战略难以顺利进行（吴文学 等，2014）。

产业结构升级是中国未来经济发展的现实需要，为此中国需要大量高精尖的产业技术和知识。但是，我国在许多产业领域已经形成严重的对外技术依赖。发达国家的跨国公司在各个产业领域，大到飞机、汽车产业，小到服装、日化产业，在技术和品牌上的主导格局日益显现。中国很难从发达国家获得高精尖技术和高端产业的知识溢出。首先，以美国、日本及欧盟为主的西方发达国家，对中国进行高技术产品封锁，以国家安全和可能用于军事目的为由，限制中国高科技产业发展，导致中国产业结构升级所需的大量技术和产品无法进口。同时，在 WTO 规则下，发达国家通过设置技术壁垒，利用他们先期掌握的先进技术，编织多层次的产业专利保护体系，进行严格的专利保护，阻碍中国高科技产业的发展。因此，中国很难再通过简单的模仿和再创新，从而快速实现先进技术的产业化。据国家质检总局公布，我国 31.74% 的出口企业在 2010 年由于受到国外各种技术壁垒的阻碍，损失高达 582 亿美元。

其实，即使在一般性产品生产中，随着中国对这些产业相关知识的不断掌握，知识差距不断缩小，中国从发达国家获取知识溢出的速度也必将而不断减小。

为此，中国通过向西方先进国家获取现代产业发展所需的知识溢出，从而促进经济大发展的老路已经走不通了。中国必须且仅能依靠自主知识创新，实现对发达国家的知识追赶。自主知识创新是中国经济未来经济增长的主要动力。

综上，构建国家创新体系，大力提升我国自主创新能力是当务之急。

国家创新体系是由国家主导的推动创新的网络。它是由政府、科研机构、企业、高等院校等创新主体相互作用而形成的创新有机体系，其主要目标是提高创新效率，增强创新能力。主要功能是促进知识传播、知识创新和知识应用。当前形成我国自主创新能力严重不足的主要原因是缺乏自主创新的政策环境和动力机制。

从国家长期发展战略出发，充分认识到"自主知识创新"是我国长期经济增长的主要动力（吴文学 等，2014），将国家自主创新体系建设确立为我国中长期发展战略。要进一步转变政府职能，更好地发挥政府引导作用；充分发挥市场的决定性作用，落实企业创新主体地位。要加强对企业自主创新的引导与支持，加快科研院所的市场化进程，建立起以企业为主体、产学研相结合的国家自主创新体系。

三是认真研究适时调整生育政策，维持适度的人口自然增长率，将有利于我国长期的经济均衡增长。

人口问题事关中华民族生存与发展，事关中国现代化建设兴衰成败。人口增长必须与经济、社会、资源、环境相互协调，并可持续发展。20世纪70年代初开始，中国政府针对当时人口过快增长的不利现实，决定在全国城乡大力推行计划生育，并将人口发展计划纳入国民经济与社会发展规划。控制人口增长，提高人口素质作为一项基本国策，为我国走向国家富强、民族昌盛、人民幸福，发挥了重要作用。

随着计划生育政策的成功推行，我国人口自然增长率已得到有效控制。近年来，随着国民经济和科技、教育、卫生、社会福利事业的发展，人们生育观念的迅速转变，生育率明显下降。特别是在一些经济发展较快的地区，在较短时间内转变为低出生、低自然增长率。根据国家统计局2013年2月22日发布中华人民共和国《2012年国民经济和社会发展统计公报》，我国人口自然增长率为4.95‰，已处于极低水平。近年出现的民工荒和人口老龄化问题，正是这一问题的现实反映。

为此，适时调整生育政策，维持适度的人口自然增长率，有利于维持长期的人口就业增长率，从而促进我国经济长期均衡增长水平。

四是坚定不移推进城镇化战略，从而加大劳动增长率，促进经济较快均衡增长。

所谓城镇化，是指随着一个国家或地区社会生产力的发展、科学技术的进步及产业结构的调整，农村人口不断向城镇转移，产业不断向城镇聚集，从而使城镇数量不断增加、规模不断扩大的一种历史过程。

劳动增长率，长期来看决定于人口自然增长率，一般来说，不会有较大的长期增长。但中国有独特的条件。由于中国目前经济社会的城乡二元结构，大量人口还居住在农村。据国家统计局数据显示，2013 年年末，还有 46.27% 的人口为农村人口。农村中滞留了大量劳动力，且处于隐性失业状态。推进城镇化战略，就是要把农村富余劳动力从农村中解放出来，从隐性失业状态转为在城镇中就业，从而创造较高的劳动增长率。因此，中国有很好的条件，通过实施城镇化战略，加快劳动增长率，从而实现经济持续快速增长。

城镇化不是简单的"土地城镇化"和"人口城镇化"，核心在于实现农村富余劳力的城镇就业，提高劳动增长率和就业效率。因此，国家应从完善城镇体系，发展城镇经济，促进产业结构升级健全城镇功能，改善城镇环境着手，加强吸引农村富余劳动力到城镇就业和生活，才能真正使城镇化战略成为推动我国经济长期较高速增长的又一发动机。

五是要进一步强化国有企业在知识自主创新战略中的作用。中国的国有企业作为具有特殊目的的市场经济主体，在中国经济对外开放过程中，承担了对国外先进知识的引进者、消化吸收再创造者和传播者的重要角色。在未来的中国发展中，国有企业要进一步承担起中国经济发展的知识创造者、引进者与传播者角色。国有企业要在中国自主知识创新战略中，发挥好排头兵、领头羊作用，同时还要进一步强化作为先进知识的溢出者，成为先进知识在中国传播的放大器和加速器的角色作用。国有企业要进一步承担起先进知识人力资源培训基地的作用，为中国社会培养更多的新质生产力人才，要进一步鼓励国有企业人才流动，进而加速国有企业先进知识的社会溢出。国有企业还必须强化其在带领中国民族产业走向国际产业竞争中作为排头兵、探路者、领头羊角色，不断加强产业链的建设和协同。

三、未来展望

首先，只要妥善应对当前的短期冲击，中国必然能摆脱中等收入陷阱。绪章中从长期经济均衡增长角度对中国当前经济下行困难进行了分析，笔者认为中国 2020 年和 2022 年的较低的经济增长率，是短期因素冲击的结果，只要妥善应对，不会改变中国中长期较高的经济均衡增长水平。并由此推算，中国将在 2029 年摆脱"中等收入陷阱"，进入高收入国家行列。

其次，美国的"小院高墙"政策，不能阻碍中国的崛起和"东升西落"的趋势。美国推行的"小院高墙、脱钩断链"政策，试图助推我们对外获取知识溢出的增长率（g_T）的下降趋势，从而拉低长期经济均衡增长率，破坏中国的崛起过程。通过绪章中的分析，中国 2020 年和 2022 这两年的经济增长率降到 3% 及以下的困境，是中国经济长期增长动力转换与前所未有的强力的短期干扰因素叠加共振效应所致，从反面说明了中国长期人均经济均衡增长率有可能较高于 5% 的事实。只要中国应对适当，美国推行的"小院高墙、脱钩断链"政策，不能阻止中国获得知识溢出，反而会激励中国企业自主创新能力的提升，给中国的高技术产品提供了快速成长的市场机会。同时，美国推行的"小院高墙，脱钩断链"政策，以及个别西方政客不断掀起的"仇中排华"舆论，将阻碍他们从中国获取知识溢出，造成自我封闭，必然形成知识的单向流动趋势。从长期的知识增长视角来看，不利于西方的知识增长，只会加速中国的崛起和"东升西落"的趋势。

最后，经济无限增长"奇点"的理论预期，为人类实现共产主义的伟大理想提供了生产力基础。

通过构建区域经济增长知识溢出总量模型，从中发现了经济无限增长的"奇点"。当区域知识生产效率极大提高，到达"奇点"时，区域长期经济将会超高速增长，甚至不会收敛，而是发散性无限增长。经济增长的"奇点"，同许多学者和企业家所预见的以科学技术为主体的人类知识指数型超高速发展所带来的"奇点临近"的现实，相互印证。经济无限增长"奇点"的理论预期，为人类实现共产主义的伟大理想提供了生产力基础。

附　录

附录 1
科学全面认识我国国有经济的定位[①]

吴文学　祁金利

　　我国国有企业改革已经走过了 30 多年的历程，积累了丰富的改革经验。国内外实践证明，对于国有企业的评价绝对不是与民争利、效率低下就能概括的，私有化也并非国企改革的灵丹妙药。笔者认为，要科学认识国有企业的地位和作用，必须避免片面性和简单化，而代之以多角度、全方位的视角。

坚持用生产力标准来看待国有经济

　　生产力标准是马克思主义的基本观点。马克思主义认为，生产力决定生产关系，生产关系要适应生产力的发展。国有经济作为一种产权制度，体现着一种生产关系。判断某一生产关系是否适应生产力的发展水平和要求，就看其是否能够促进生产力的发展。在现实工作中，生产力的标准可进一步具体为经济发展这个标准。判断国有经济是否符合当今我国生产力的状况，应看它是否促进了中国经济的发展。为此，我们要站在中国特色社会主义建设、

　　① 吴文学，祁金利 . 科学全面认识我国国有经济的定位 [J]. 前线，2014（7）：29-30.

改革的历史长河中，看待国有经济对我国经济发展的作用。

新中国成立后的前30年，国有经济在我国经济发展中占有绝对优势地位。改革开放以来，我们逐步确立了以公有制为主体、多种所有制经济共同发展的基本经济制度。在国有经济不断做大做强的同时，非公经济也得到了长足发展，使得我国经济持续高速增长，迅速超越了以资本主义经济制度为主的其他发展中国家，创造出世界经济增长的奇迹。这说明，以国有经济为主导的社会主义市场经济体制，创新性地促进了多种所有制经济的合作发展，提高了我国当前社会主义初级阶段下生产力和生产关系的协调程度，代表了一种符合中国国情的、比单纯资本主义经济制度更具活力的制度安排。另外，中国特色社会主义事业是五位一体的总格局，国有经济的作用不仅体现在对经济子系统的贡献，还体现在对政治、文化、社会、生态等子系统的贡献，不仅有直接的、营利性贡献，还有间接的、隐性的社会责任的贡献。因此，在依据生产力标准进行分析判断时，也有一个避免简单化、教条化的问题。不如此，就不足以充分揭示国有经济的地位和作用。

立足世情国情认识国有经济

中国作为一个发展中的社会主义大国，西方敌对势力从来就没有放弃对我国的"西化""分化"图谋，周边某些国家同我国围绕领土的纷争也时有激化。中华民族要自立于世界民族之林，中国要摆脱成为西方国家附庸的危险，必须增强自立的本领。不论是政治自立、文化自立还是国防自立，基础都建立在经济自立上。应当承认，非公经济和公有经济都是社会主义经济的重要组成部分，但是在经济社会发展中的地位和作用各有侧重。在维护国家安全的问题上，国有经济坚定地从国家利益出发，具备强烈的政治责任感和使命感，形成了独立完整的体系，具有强大的力量，因而能够发挥更重要的作用。历史也证明，国企在过去和现在都起着中流砥柱的作用，是国家经济安全与自立的重要保障者。

社会主义初级阶段是中国特色社会主义的总依据，也是我国最大的国情。

研究中国国有企业在国民经济发展中的独特作用同样不能脱离这个实际。社会主义初级阶段的一个突出特点是，生产力发展水平总体比较低，地区、行业、产业生产力水平参差不齐。要改变这种面貌，不可能一蹴而就，也不可能齐头并进，必须首先实现重点带动、重点突破。虽然我国已是全球第二大经济体，但产业形态严重低值化、低端化，高端产业参与国际竞争的能力也不强。在当今时代，中华民族要实现伟大复兴，首先是建立在中国产业的大发展、大升级的基础上，必须要有一大批具有全球产业竞争能力的世界级企业率先突破。从我国发展的历史基础和现状看，能够充当排头兵和领头羊、在国际竞争舞台上一展风采的，目前主要是国有企业。

从知识溢出的角度看待国有经济

新经济增长理论认为，在知识经济时代，知识成为经济增长的主要动力。落后地区和国家对发达国家的经济追赶，关键在于知识的追赶。而从先进国家获取知识溢出，是知识追赶的主要途径。新中国成立以来，我们从"一穷二白"发展到全球第二大经济体，某种意义上也是知识追赶的过程。

一般认为，新中国成立后，我国经济有两次大飞跃，一次发生在新中国成立后的最初10多年中，还有一次是发生在改革开放以来。这两次经济大飞跃，相伴而行的是两次产业知识大流入。20世纪50年代主要依靠从苏联获取的知识溢出，创建了大量骨干国有企业，再由这些国有企业将新获得的产业知识溢出到其他企业，从而使我国基本建成了较为完整的国民经济体系。20世纪80年代到90年代，产业发展所需知识主要依赖从西方获取知识溢出。知识溢出理论也指出，知识获取方与知识溢出方之间要有一定的知识差距，这是知识溢出的前提，但差距又不能太大。知识差距太大，被溢出方无法有效理解和吸收先进知识。改革开放之初，中国的民营、个体经济非常弱小，此时的国有企业事实上义无反顾地承担了中国获取知识溢出的重任。通过引进技术、设备、人才，派人出国考察和学习培训以及创建合资、合作企业等方式方法，获取了大量的先进产业知识。大量国企人才流向社会，又将这些知识在中国加速溢出。一段时期内绝大多数民营或乡镇企业的创业者、中高级管理人员和技术骨干，都是从国有或集体企业出来的员工。

　　正是由于国有企业在中国两次知识大飞跃中充当了国外先进知识溢出的吸收者和二次溢出者，成为国外先进知识在中国传播的"放大器"和"加速器"，使得中国社会快速获取了产业发展所需知识，创造了中国两次大的经济腾飞的奇迹。由此看来，国有企业是中国经济发展的知识创造、引进与传播者，是其他经济成分快速发展背后的重要贡献者。综上分析可以看出，国有企业在我国至少应当发挥四个方面的作用：一是作为重要的市场力量，同其他经济成分一起形成多元化的市场主体和竞争环境，推动我国经济社会的发展，满足人民日益增长的物质文化需要；二是作为引领中国民族产业参与全球竞争的排头兵、领头羊，通过率先突破而提升民族经济整体水平；三是作为中国国家经济安全与自立的重要保障者，在维护民族和国家整体利益方面发挥不可替代的支撑作用；四是作为推动中国经济发展的知识创造、引进与传播者，通过知识溢出对整个经济社会的发展提供源泉和动力。正是因为国有企业在中国经济社会中的以上四大角色，引领了中国改革开放以来的伟大经济奇迹。在未来对国企的全面深化改革中，应该充分考虑这四大定位，制定改革方案，形成中国特色社会主义的国有经济体系。

　　（作者：吴文学，北京电子控股有限责任集团副总经理；祁金利，北京市委《前线》杂志社副总编）

责任编辑：魏晔玲

附录 2
自主知识创新是中国经济未来增长的主要动力①

吴文学　祁金利

[**摘要**] 当今世界已进入知识经济时代，知识增长成为经济增长的主要动力。知识追赶成为中国经济追赶先进国家的主要途径。改革开放以来，从先进国家获取知识溢出成为中国实现知识追赶的主要捷径，但是这条捷径日益难以为继。中国未来必须靠自主知识创新继续对发达国家进行知识追赶，从而实现产业结构升级和持续的经济增长。自主知识创新是中国经济未来增长的主要动力。

[**关键词**] 知识追赶；经济增长动力；自主知识创新

[**中图分类号**] F124　　　　[**文献标识码**] A　　　　[**文章编号**] 1006-6470
（2014）03-0038-06

[**作者简介**] 吴文学，北京理工大学管理与经济学院博士生；祁金利，中共北京市委《前线》杂志社研究员

　　要实现中华民族的伟大复兴，使我国经济快速追赶上世界发达经济体，保持稳定较快的经济增长是重要前提之一。改革开放 30 多年来，我国经济创造了"中国奇迹"，我国成为世界第二大经济体。目前，中国经济增长进入了下行通道，拉动经济高速增长的投资、出口和消费三驾马车已经动力不足。未来中国经济发展的长期动力是什么，是政治家和经济学家关注的焦点问题。

---

　　① 吴文学，祁金利. 自主知识创新是中国经济未来增长的主要动力 [J]. 中国特色社会主义研究，2014（3）：38-43.

一、知识增长是经济增长的主要动力

所谓经济增长，就是社会物质财富不断增加的过程，是一般社会再生产动态过程的共性实质。它表征为一国潜在的 GDP 或国民产出的增加。如何实现经济增长，一直是现代经济学界久盛不衰的热点课题。以美国的经济学家罗伯特·索洛（Robert M. Solow）[1] 为代表的新古典经济增长理论，早在1956 年就以柯布—道格拉斯生产函数为基本模型，提出了经济增长模型。他们将产出的增长解释为要素投入的增长，特别是资本与劳动增长的函数。由于要素的边际产品递减，资本边际产品终将递减到零，经济增长也将停止。索洛模型的中心结论是，由于要素的边际产品递减，在缺乏连续技术进步的情况下，人均增长将最终停止，经济体系无法实现持续的增长。

20 世纪 80 年代中期，罗默（Paul Romer, 1986）[2] 发现，索洛模型的结论与一个多世纪以来所观察到的多国经济增长率上升的趋势这一经验事实不符。发现由于知识溢出的存在，资本产生社会报酬，社会经济总的要素报酬没有递减，所以经济仍将会持续增长。由此他提出了新经济增长理论。

新经济增长理论是基于新古典经济增长理论发展起来的。它从研究经济增长的动力出发，发现了知识的溢出特性和溢出效应，揭示了经济增长率差异的原因，解释了持续经济增长的可能。罗默（Paul Romer, 1986）认为，由于技术知识的非竞争性和部分排他性特征产生知识溢出。社会一旦产生了一种有利的新发现，每个人就都可以利用它。这个事实意味着，随着一种新发现利益的扩散，社会就可以得到免费的资源了。这些资源之所以是免费的，是因为当它们被利用时人们并没有放弃什么，也就是其机会成本为零。由于知识的溢出，社会经济总的要素报酬没有递减。由于知识溢出的存在，资本投入将产生私产报酬和社会报酬。根据微观经济学的基本原理，对个别厂商来说资本的私产报酬是递减的。但由于知识溢出的存在，资本产生社会报酬，因此资本总的要素报酬则存在递增的可能。如果一个企业增加自己的资本和产量，企业就可能产生规模收益递减。但社会经济可以通过增加另一个相同的企业来增加其资本和产量，而且总的社会经济没有产生收益递减。由于社会总的要素报酬没有递减，和新古典经济增长理论模型比较，新增长理论中没有了增长停止机制。随着资本积累，实际利率并不受影响。实际利率自然可以无限高于目标利率。只要人们可以进行使实际利率高于目标利率的研究与开发，人均实际 GDP 就可以无限增长，增长率取决于人们创新的能力和实际利率。新经济增长理论物质生产模型：

$$Y(t) = \left[a_K K(t)\right]^{\theta} \left[A(t) a_L L(t)\right]^{1-\theta} \quad 0<\theta<1 \tag{1}$$

该模型利用 Cobb-Douglas 生产函数，是一次齐次的。其中 Y 为产出，K 为资本，L 为劳动，A 为知识，θ 为收入的资本弹性，$(1-\theta)$ 为收入的劳动与知识的弹性。其中 a_L 为用于物质生产部门的劳动力的比例，a_K 为用于物质生产部门的资本的比例。

设人均经济增长 $y=Y/L$，人均资本 $k=K/L$，g 为增长率。则：

根据 1 式，可进一步推导得人均经济增长方程：

$$g_y = \theta g_y + (1-\theta) g_A \tag{2}$$

人均经济增长方程指出，人均经济增长率主要是人均资本增长率和知识技术增长率两大因素贡献的结果。西方学者进行了大量实证研究，θ 约为 0.25[3]。得出在人均经济增长率中，人均资本增长贡献仅占 25% 左右，而知识增长贡献占 75% 左右，进一步说明了知识增长是人均经济增长的主要动力。新经济增长理论通过知识的溢出特性，从理论和实证上进一步说明了经济的长期增长是技术进步的结果，从而得出了知识增长是经济增长的主要动力的论断。当今世界已经进入知识经济时代，新经济增长理论为我们研究经济的发展，提供了重要的理论基础和指导。

二、知识追赶是中国对发达国家经济追赶的主要途径

落后国家和地区对发达国家和地区的经济追赶，主要依赖于对发达国家的知识追赶。由人均经济增长方程，可推论得出落后国家和地区对发达国家

和地区的经济追赶方程:

$$\Delta g_y = \theta \Delta g_k + (1-\theta) \Delta g_A \qquad (3)$$

即区域间人均经济增长率的差异,主要由于人均资本增长率的差异和知识增长率差异引起。由于 θ 约为 0.25,则人均经济增长率差异的 75% 是由知识增长率的差异所引起,其余 25% 则是由人均资本增长率的差异所引起。为此,落后国家和地区要实现对发达国家和地区的经济追赶,不能仅依赖传统生产要素的较高增长率,更重要的是要使知识增长速度实现较高增长,从而实现对发达经济体绝对知识量的追赶。

国际上大量的实证研究表明,经济增长过程中 70% 的增长不能用传统的生产要素投入增长进行解释。胡鞍钢 (1999)[4] 对我国长期经济统计数据进行分析,得出 80% 的经济增长不能用传统的生产要素投入增长进行解释。由此,知识因素成为解释各国和地区之间经济增长率差距的最重要因素。

同时大量的实证研究表明,战后日本、韩国和一些东亚经济体如香港、新加坡等对美国经济的追赶都证明了知识追赶是经济追赶的主要途径。日本在第二次世界大战战败后,经济重新回到了人均产出约占美国五分之一的水平,与中国今天的水平大体相当。从 20 世纪 50 年代中期起,日本花了 20 年左右的时间,基本实现了国民经济现代化。至 20 世纪 70 年代初,日本人均产出已发展到美国的 70% 的水平。

1990 年,日本人均产出达到历史巅峰水平,接近美国的 90%。日本从一个后进的工业国发展成为工业技术高度发达、在当今世界有着重要影响的经济大国,可谓是世界经济发展史上的奇迹。新古典的自然趋同力理论是无法解释这一发展奇迹的。多恩布什 (1998)[5] 研究表明,1950—1992 年,日本人均年经济增长率高出美国 3.79%,通过从西方积极引进技术、消化吸收再创新的"知识追赶"解释了其中的 2.68 个百分点,即解释了 70% 以上的增长差异。

我们对改革开放 30 年来中国对美国经济追赶的研究,也得出相同的结论,即知识追赶是中国对发达国家经济追赶的主要途径。

我们通过查阅 2012 年中国统计年鉴和美国经济分析局公布的相关数据，分析得出中美经济增长相关数据。由于没有直接的人均资本统计数据，我们采用两国当年固定资产形成总额再除以当年人口总数，求出人均固定资产占有数，代替人均资本数。表 1 是我们调研形成的 1980—2010 年中美人均经济相关增长率数据。

表 1　1980—2010 年中美人均经济相关增长率

年份	人均 GDP 增长率（%）			人均资本增长率（%）		
	美国	中国	差异	美国	中国	差异
1980—2010	4.58	14.9	10.34	3.52	16.68	13.16

利用经济追赶方程，我们得出，1980—2010 年中国人均 GDP 增长率高出美国 10.34 个百分点，其中 3.29 个百分点是由于中美人均资本增长率的差异引起，而剩余的 7.05 个百分点只能由知识追赶或技术变革的相对差异来解释。即中国对美国经济的追赶过程中，传统要素增长的贡献仅占 32% 左右，技术进步或知识追赶的贡献则占 68% 左右。

三、中国对发达国家的知识追赶，主要依赖于从发达国家和地区获取的知识溢出

研究表明，改革开放 30 多年来，中国经济大发展所需的知识主要通过从西方发达国家和地区获取知识溢出而来。朱锡庆[6] 指出，1978 年中国进行改革开放时，还是一个农业国家，80% 的劳动力从事农业生产，大规模制造的工业知识和大规模的市场交换的契约知识是中国社会的知识空白。30 多年过去了，中国迅速从一个农业国家转变为一个工业国家，很多产品从零开始，发展成为世界第一生产大国，以至于有"世界工厂"的美誉。那么在中国社会迅速普及的大规模制造的工业知识和大规模的市场交换的契约知识是从何而来的呢？

深圳经济特区建立，对于民众知识体系的更新，起到了十分重要的作用。从 1979 年到 1987 年，深圳共签订 5517 个外商投资合同，其中 5264 个，即 95% 是与港商签订的。香港人已掌握了丰富的合约知识并在少数的工业种类上积累了丰富的技术知识。这些知识，通过到深圳的香港企业，经由日常的生产经营活动产生知识溢出，传授给深圳的民众。香港成为中国社会转型一个重要的知识来源地[7]。

外资企业进入中国相当于从国外引入一个知识源。这些企业在中国从事生产经营活动中，将相关的技术知识和市场经济的制度知识扩散出去，形成知识溢出，在更广大的范围内促进中国民众知识体系的更新。从 20 世纪 80 年代中期开始，中国形成整个沿海地区开放带。20 世纪 90 年代初期形成了外资企业进入中国的第一次高潮。1992 年，长江沿岸地区以及几条交通干线的沿线地区对外资企业开放。从这个时候开始，外源知识加速传播到广大内陆地区。

2001 年，中国加入 WTO，出现了第二次外资企业进入高潮。日、韩、美、欧资企业及东南亚的华人企业、台资企业，纷纷来中国投资，来源地多样化。来源地多样化意味着知识来源的多样化。来自世界各地的知识和信息，通过日常的活动发生知识溢出，在民众中传播和普及。

此外，大规模的国外产品与技术引进、大规模的出国考察与交流，都是我国获取国外先进知识溢出的重要渠道。

四、自主知识创新是中国经济未来增长的主要动力

目前，中国沿用的发展模式受到了挑战，经济增长模式已经不可持续。改革开放 30 多年来，中国通过从西方发达国家获取知识溢出，并进一步吸收、应用、扩散和再创新，已掌握了一般性的生产技术和管理知识，支撑着中国经济飞速发展并成为世界工厂。但由于缺乏核心技术，缺少自主知识产权，我国仍主要靠廉价劳动力、资源、土地和优惠政策赢得竞争优势，在国际产业分工中处于低端位置，具有比较优势的产业大多是劳动密集和资源消

耗型产业，知识含量较低，处于价值链的低端。随着经济的飞速发展，一些新的矛盾和问题凸显出来。资源消耗型产业带来环境的严重恶化，自然资源承载能力捉襟见肘。随着劳动力成本的逐步提高，劳动密集型产业的传统比较优势将逐步丧失，我国产业竞争优势正逐渐消失，进而对我国经济社会的发展产生连锁反应。由于缺乏核心技术，我国企业不得不将每部国产手机售价的约20%、计算机售价的约30%、数控机床售价的20%~40%支付给国外专利持有者，致使产品利润率较低，劳动者的工资水平很难提高，从而使得我国扩大内需、促进现代服务业的结构调整战略难以顺利进行。中国未来经济要实现可持续发展，必须对产业结构进行升级，为此，中国需要高精尖的技术和产业知识。但是，发达国家企业在品牌和技术上的主导格局日益显现。大到飞机、汽车、制造装备产业，小到服装、日化用品产业，我国在许多产业领域的对外技术依赖很严重。中国很难从发达国家获得高精尖技术及高端产业的知识溢出。首先，以美国、日本及欧盟为主的西方发达国家，以可能用于军事目的为由，对中国进行高技术产品封锁，导致中国产业结构升级所需的大量技术和产品无法进口。同时，在WTO规则下，发达国家通过严格的专利保护和技术壁垒，阻碍中国高科技产业的发展。由于发达国家已先期掌握了先进技术，并形成了广泛的多层次的产业专利保护体系，使后发国家很难再通过简单的模仿和创新，实现先进技术的产业化，更不要说打入国际市场。据国家质检总局公布，2010年我国31.74%的出口企业受到国外技术性贸易措施的影响，损失高达582亿美元。

其实，即使在一般性产品生产技术中，随着中国对这些知识的不断掌握，知识差距不断缩小，中国从发达国家获取知识溢出的速度也必将不断减小。为此，中国过去通过向西方先进国家获取先进知识溢出，从而成功促进经济大发展的捷径越来越走不通了。未来中国对发达国家的知识追赶，必须且仅能依靠自主知识创新。自主知识创新是中国经济未来增长的主要动力。

五、构建国家创新体系，大力提升我国自主创新能力

国家创新体系是指一个国家内由政府、企业、科研机构、高等院校等各

有关部门和机构间相互作用而形成的推动创新的网络，其主要目标是增强创新能力，提高创新效率，主要功能是知识与技术创新、知识传播和知识应用。国家创新体系由知识与技术创新系统、知识传播系统、知识应用系统和知识制度创新系统四个子系统组成。

当前我国自主创新能力严重不足，原因是多方面的，但缺乏自主创新的动力机制和政策环境则是公认的原因。具体表现在：

1. 有效推进自主创新的体制和制度环境没有形成整个社会没有形成

良好的创新文化和创新环境。缺乏尊重创新精神、尊重个性、恪守诚信、公平竞争、激励探索、宽容失败的良好的价值观念。未建立起有利于自主知识产权创造和有效转移的法制环境，也没有形成公平竞争、讲究诚信的市场环境。

2. 科学技术与经济社会发展脱节

虽然经济体制和科技体制改革已经进行了 30 多年，但经济、科技两个系统仍相对封闭。表现为科技成果转化为现实生产力的比率不高、教育特别是高等教育对于科技发展的贡献不高、科研机构成果同产业发展的契合度不高。同时，产业技术进步主要依靠从国外引进技术，缺乏自主创新能力，造成产业缺乏核心竞争力。科技改革和发展主要在科技系统内部完成，没有全面进入经济社会发展大循环体系之中，经济与科技两大系统远未达到深度融合。

3. 企业的创新主体地位落实不够

科技创新目的不仅是为了创造科研成果，更重要的是要转化为现实生产力，实现成果产业化应用和市场化。只有这样，才能形成科研与经济互相促进、共荣发展的良性互动。企业是市场的主体，直接面对市场，了解市场需求，是科技成果的直接应用者，是科研成果市场转化的主体，因此企业应该成为国家科技创新的主体。从世界经验看，近百年来，发达国家 80% 的科研工作是在大型企业的研究机构中完成的，而世界上对经济发展起决定作用的科学技术几乎全部产生于企业的创新活动，如通信领域的贝尔实验室、计算机领域的英特尔和微软、飞机领域的波音和空客、化工领域的杜邦和拜耳、机床领域的西门子、汽车领域的福特公司等。

我国企业在发挥科技创新主体作用方面差距很大。中小企业由于经济技术能力较弱，无法承受新技术研发的风险和费用。大中型企业，特别是国有大中型企业，由于产权制度和法人治理结构不完善，利益机制不健全，还没有真正形成企业家创新的激励机制，企业普遍创新投入不足。例如，我国大中型工业企业研发经费支出与其销售收入的比例，多年来不足1%，而主要发达国家已达 2.5%～4%。其次，我国企业研发机构数量较少，研发能力不足，企业技术创新机构不健全，科技活动层次大多处于低端。企业普遍重生产轻研发，重引进轻消化吸收，重模仿轻创新，创新层次低，高端发明少。在"产学研"结合中，企业基本处于从属地位。无法承担起创新主体的角色。

4. 高校和科研院所创新机制不健全，创新能力不足

高校和科研院所市场化程度总体偏低，缺乏市场化的创新激励机制，科研成果市场转化不足，无法形成现实生产力，无法从市场获取资金，无法形成科研与市场的良性互动。最终导致我国科研机构创新能力不足，科研技术工作缺少长期、持续发展的综合目标，科研技术力量比较分散，科学技术研究、学科发展缺乏核心竞争能力。

为此，构建和完善知识制度创新子系统，进行科学的制度安排，调控整个国家创新体系，健全我国自主创新的动力机制和政策环境，加强我国国家自主创新体系的顶层设计，是构建我国国家创新体系，大力提升我国自主创新能力的关键环节。

六、结论与政策建议

当今世界已进入知识经济时代，知识增长成为经济增长的主要动力。基于上述分析，从国家长期发展战略出发，应将"自主知识创新"确立为我国长期经济增长的主要动力源，将国家自主创新体系建设作为国家中长期战略。为了建设好国家自主创新体系，重点应解决好如下问题：

1. 转变政府职能，充分发挥市场的决定性作用和更好地发挥政府作用

国家创新体系的核心就是科学技术知识的创造、循环流转及其应用，而

其流转和应用的效率决定了一国经济的国际竞争力。党的十八届三中全会提出了市场在资源配置中的决定性作用和更好地发挥政府作用的重要原则，为今后的改革指明了方向。科学技术是第一生产力，对国家和社会的发展具有长远的、战略性的影响，已经为近现代国家的发展所证实。可以说，重视科学技术是超越意识形态和发展阶段的各国的共识。即使是一些所谓的自由市场经济国家，对于科学技术的发展也从来没有采取放任自由的态度，相反是把推动科技发展作为国家和社会经济进步的重要发动机。20 世纪 60 年代以来美国政府的阿波罗计划、欧洲的尤里卡计划就是生动例证。因此，重视科学技术的发展、发挥其在国家经济社会发展中的重要作用，就是发挥政府更好作用的重要内容。政府一方面要制定好国家科学技术发展的总体规划，抓好国家创新的总体布局，在抓好一批事关科技发展全局的战略性项目和团队建设之外，更应强化顶层设计，按照"有所为，有所不为"的原则，从以组织创新活动为主，转变为通过构建和完善知识制度创新子系统，进行科学的制度安排，着力构建全社会的创新环境和创新文化，形成创新氛围，打造我国自主创新的动力机制和政策环境；调控国家创新体系，着力改进科技知识流转和应用的效率，真正发挥市场在资源配置中的决定性作用，使整个国家自主创新体系成为自组织系统，使各子系统间良性互动、协调发展。

2. 落实企业创新主体地位，加强企业自主创新的引导与支持

要从构建企业自主创新的动力机制出发，建立起有利于自主知识产权创造和有效转移的法治环境，从而形成公平竞争、讲究诚信的市场环境，促进鼓励企业自主创新的利益机制的形成。特别是作为中国特色社会主义重要经济成分的国有大中型企业，要进一步完善产权制度和法人治理结构，建立起鼓励创新的利益机制；同时要将知识自主创新和科技进步作为国有企业的战略任务，纳入企业家的绩效考评体系，使推进知识自主创新成为各级国有企业家的自觉行动。经过改革开放 30 多年的发展，我国民营经济获得了长足发展，一批在全国乃至世界市场具有重要影响力的企业已经崭露头角。提高这些企业的科技创新能力，是企业自身发展的需要，也是整体提升我国企业竞争力和可持续发展能力的需要。对此要给予充分重视，加强对骨干民营企业

的研究和引导。对于外资、合资等各类企业，要继续发挥它们知识溢出的重要作用。随着经济和科技整体实力的提升，我们要优化招商引资、合资的结构，提高外资企业、合资企业的科技门槛，把企业科技创新能力的本土化作为重要导向。政府要建立企业创新支持体系，要从资金、人才、信息、财税、政策、科研公共服务体系建立、科研资源开放等方面，支持企业自主知识创新。特别是我国的中小企业数量众多，但经济技术能力较弱，对新技术研发的风险和费用的承受能力较弱，只有对中小企业的知识创新活动大力扶持，才能使其充满创造力，才能使其成为国民经济中最具活力的部分。当前，世界范围内正在发生的信息技术革命正在极大地改变企业的形态和方式，我们应该看到这种革命性的变化。既要重视传统的行业，更要重视新型业态的发展。新型业态的发展往往是从中小企业起步的，由于其发展的新特点、新方式，使得其往往具备传统行业所不具备的惊人的发展潜力和速度。如果我们不重视对中小企业的扶植和支持，很可能会丧失很多重要的发展机会，在新的竞争中输在起跑线上。因此，对于中小企业自主创新的支持绝对不可忽视。

3. 加强科研院所的市场化进程

按照让市场在资源配置中发挥决定性作用的要求，区分科研院所的内容和性质，基础研究必须充分保证和支持，应用研究必须大力推向市场。重视科研和实践相结合、和国家社会的发展相结合，也是科技发展的必由之路。因此，要改革科技人员激励机制，将科研成果市场化利益作为重要的激励手段，从而形成推动科技成果市场化的动力。各级政府在安排国家科研经费投入和科研项目时，要将成果市场化作为重要考核和验收指标，并制定有利于推进科研院所市场化的整体计划。改革科研院所的用人机制，按照市场化的要求，实行更加灵活的用人政策和体制机制，增强科研院所走向市场的动力和能力。

4. 建立以企业为主体、产学研相结合的国家自主创新体系

国家和社会的科技总体进步是一个系统工程，承担这个系统工程的只能是政府。科技创新能力的形成，也不可能单靠某一个环节或者方面。因此，必须是在政府的总体规划和组织下，形成我国独立自主的知识创新体系。从某种意义上讲，没有科技创新体系的独立，就没有经济体系的真正独立，也就没有国家主权的真正独立。在当今全球化条件下，这依然是一个真理。社会经济的活力在于企业，科技创新的主体也应当是企业。这是世界科技发展的经验总结，也是我国改革开放得出的重要结论。只有建立起以企业为主体、产学研相结合的国家自主创新体系，通过产学研结合，为企业提供必要的科技研发力量，帮助它们实现科技创新，不断增强科技研发的能力，才能真正帮助企业成为科技创新的主体。这个技术创新体系能否建设成功，在很大程度上决定了我国自主知识创新战略的成败。政府在科技研发资金和项目安排上，要坚持企业为主导的产学研合作的方向。只有这样，才能彻底打破科技与经济分离的局面，实现科研成果的市场化导向。

注释：

[1] R. M. Solow. A Contribution to the Theory of Economic Growth [J]. Quarterly Journal of Economics, 1956 (70).

[2] Paul M. Romer. Increasing Returns and Long Run Growth [J]. Journal of Political Economy, 1986 (94).

[3] [5] R. Dornbusch, S. Fisher, R. Startz. Macroeconomics [M]. 7th edition. The McGraw-Hill companies, inc. 1998：30.

[4] 胡鞍钢. 知识与发展：中国新的追赶策略：写于建国50周年 [J]. 管理世界, 1999 (6).

[6] 朱锡庆. 中国经济发展的知识来源 [J]. 北京大学学报, 2008 (6).

[7] 郑海天. 深圳工业化发展模式实证研究 [M]. 北京：经济科学出版社, 2006：56.

责任编辑：李瑞山

附录3
创新丰富研究视角　正确认识国有经济[①]

吴文学　周建军

当前对国有经济的研究，仍然未能体现当下中国国有企业蓬勃发展的事实，未能真实反映中国国有企业改革的成果。

十八届三中全会吹响了我国全面深化改革的号角。国有经济在我国经济中处于主导地位，是中国特色社会主义市场经济制度的重要组成部分。如何深化国有企业改革是经济体制改革的焦点问题。尤其，当前关于中国国有企业的定位，还存在许多争论。甚至出现了国有企业发展越好受到的苛责越多的现象。正确认识国有经济，准确定位国有企业，是我国进一步深化国有企业改革的前提和基础。

理论论争：发展还是限制国企

主张限制国有企业发展的学者，主要依据市场配置资源的效率假说和科斯定理，由此出发，认为国有企业的发展应被限制。首先，依据传统的市场理论，完全竞争的市场最有效率，但由于存在垄断、外部性和信息不对称的情况，可导致市场失灵。因此，国有企业可作的领域，应从竞争性领域退出。其次，以科斯定理为依据，新自由经济学派认为，产权明晰能大大降低交易成本，国有企业由于产权不清晰，应该从市场中退出。他们认为，即使是为

---

① 吴文学，周建军．创新丰富研究视角　正确认识国有经济［J］．现代国企研究，2015（Z1）：48-53.

了弥补"市场失灵"的缺陷，政府也可以通过提供资金给私有企业，由私有企业来完成公共品的供给，因此创办和发展国有企业并非经济发展的必然选项。以 John Williamson 所提出的"华盛顿共识"为代表的新自由主义学派，提出了一系列经济私有化的改革措施，一度得到世界银行、国际货币基金组织的支持，在全世界广泛传播，为包括美国里根政府、英国撒切尔政府、俄罗斯、东欧和拉丁美洲的私有化经济改革提供了理论和政策依据。

支持国有企业发展的学者，主要从中国的社会主义制度出发，认为中国社会主义制度决定了公有制为基础、国有经济为主导，国有企业是社会主义基本经济制度的重要基础。这类学者以中国改革开放三十年的经济成就和中国国有企业的发展壮大为证据，证明中国国有经济对于国民经济发展的重要性。他们认为国有经济应在三个方面发挥重要作用：一是提供公共产品，维系国计民生。国有企业应在国计民生领域居于主导地位。二是有利于国家进行宏观调控。国有经济作为国家所有的经济成分，能够更好地实现政府的经济意图。三是维护国家经济安全和实现国家战略目标。国有企业应控制国家的经济命脉和战略性产业。

实证研究：正相关还是负相关

中外许多学者对国有企业效率、国有企业与经济增长的关系问题进行了大量实证研究，没有得出一致的结论。

关于国有企业是否有效率问题，现有的研究还没有得出一致的结论。通过对直到 1982 年为止的实证文献研究，Millward（1982）指出："似乎没有足够理由相信国有企业的内部管理效率低于私营企业。"通过对 1975 年至 1999 年间所公开发表的 52 篇关于国有企业效率的研究文献进行分类，M. Shirley and P. Walsh（2000）指出：有 5 篇文章的结论认为国有企业效率高于私营企业，15 篇文章的结论认为两者没有明显差异，32 篇文章的结论认为国有企业效率较私营企业低。按照不同的市场类型，在完全竞争市场，11 篇文献认为私营企业高效率，5 篇为中性；而在垄断性市场上，有 6 篇文献支持私营企业高效率，5 篇为中性，5 篇认为国有企业的效率较高。

关于国有经济与经济增长的关系，现有的研究也存在着较大的分歧。以国有企业产出在国民产值中的比重来衡量国有企业部门规模，Plane（1992）利用两部门生产函数，考察 45 个发展中国家的国有企业部门规模对经济增长的影响，其研究表明国有企业部门规模对经济增长有负向的影响作用。以国有企业投资占国内总投资的比重来衡量国有企业部门规模，Jalilian 和 Weiss（1997）研究了 31 个发展中国家的国有企业部门规模与经济增长的关系，其研究结果并不支持国有企业部门较大规模可能对经济长期增长产生负面影响的假说。以国有企业增加值占 GDP 的比重来衡量国有企业部门规模，Doamekpor（1998）研究了 28 个发展中国家和 9 个发达国家国有企业部门规模对经济增长的影响，其研究结果发现发展中国家的国有企业对经济增长有正的贡献，而发达国家则相反。进一步的，Hamm Patrick，Lawrence P. King，and DavidStucklerb（2012）则通过对 25 个后共产主义国家的 1990 年到 2000年的跨国面板数据，研究了"私有化、国家能力和经济增长"的相互关系，回归结果表明："大规模的私有化项目，给这些后共产主义国家的经济增长、国家能力和产权保护造成了负面影响。""大规模的私有化，给这些后共产主义国家政府造成了大规模的财政冲击，因而破坏了这些国家私人部门的治理体系，极大地加深了这些国家的转型衰退。"

同时，学者们对中国国有企业对中国经济增长的作用也进行了探索，结论也是各执一词。林双林（2000）研究认为，无论是在 1983—1996 年的整个时期里，还是将其分为 1983—1990 年和 1990—1996 年这两个时段里，国有部门规模对经济增长都存在显著的负面影响。林毅夫、刘明兴（2003）研究认为，在 1978—1999 年，国有企业部门规模对经济增长的速度有负向的影响关系。董先安（2004）研究认为，在 1985—2002 年，"国有企业比重对经济收敛性存在显著的负影响"。黄险峰、李平（2006）研究认为，1992—2004 年，在中国的经济转轨过程中，国有企业对中国经济增长的贡献与其他部门相比并不存在显著差异。黄险峰、李平（2008）还对 Mankiw、Romer 和 Weil（1992）附加人力资本的模型加以扩展，利用 1990—2004 年的中国各省区的有关数据，他们得出结论：国有企业部门规模对经济增长并不存在显著的正面或负面影响。Carsten A. Holz（2002，2011）的实证研究发现：1994—1997年，国有企业对经济增长的影响是负的；1997—2000年，国有企业对经济增长的负面影响更少或没有；2000—2003年，国有企业对经济增长没有负面影响。

由于学者们的分析方法不同、选择指标不同、数据选取时段不同，关于国有企业的效率往往会得出不同的结论。考察国有企业与经济增长的关系方面的研究，试图将国有企业规模数据与一国或某一区域经济增长的数据直接建立相关关系模型，然后利用实证数据进行检验，从而得出国有经济规模与一国或一区域经济增长是正相关、负相关或无关的结论。然而，由于一国或一区域国有经济规模受宏观政策的影响，特别是中国国有企业近年来处于持续的改革和结构调整中，国有企业规模相关数据（如国有企业在某区域内总的营业收入增长数据、国有企业总就业人数、国有企业户数、国有企业固定资产数据、国有企业新增投资数据等），并不一定与地区经济总量增长成同向变化，因此简单地寻找这些数据同区域或国家经济增长数据的相关关系，很难得出一致的结论。

创新视角：正确认识国有经济

当前对国有经济的研究，仍然未能体现当下中国国有企业蓬勃发展的事实，未能真实反映中国国有企业改革的成果。当然，不用问，正如现实中的私有企业一样，现实中的国有企业也是有各种各样的问题的。但是，这些问题的存在不能解释为中国的市场经济不需要国有企业或国有经济。关于中国国有经济的定位问题，我们有必要进一步创新研究的视角，以全面反映国有经济发展的深层次因果规律。

首先，要从马克思主义唯物辩证法和唯物史观出发，研究中国国有企业在中国经济大发展中的重要作用。马克思主义认为，生产力决定生产关系，先进的生产关系必须适应生产力的发展。生产力的标准可进一步具体化为经济增长标准。国有经济作为一种产权制度，是一种生产关系。因此判断中国国有经济是否促进中国当代生产力的发展，应看中国国有经济是否促进了中国经济增长。为此我们要站在宏观历史发展高度，看待中国国企发展的实践，从中国崛起中、从中国国企改革实践中去找规律，研究国有经济是否促进了中国经济增长和如何促进中国经济增长。改革开放以来，我们逐步确立了以公有制为主体多种所有制成分共同发展的社会主义市场经济体制，在国有经济不断做强做大的同时，非公经济也得到了长足进展，使得我国经济持续高速增长，迅速超越了以资本主义经济制度为主的其他发展中国家，创造出世界经济增长的奇迹。

2004 年，美国学者雷默在英国思想库伦敦外交政策中心发表了一篇题为《北京共识》（*The Beijing Consensus*）的论文，向全世界宣告了中国社会主义市场经济制度的独特探索和成功经验。这有力说明，以国有经济为主导的社会主义市场经济体制，创新性地促进了多种所有制经济的合作发展，提高了我国当前社会主义初级阶段下生产力和生产关系的协调程度，代表了一种符合中国国情的、比单纯资本主义经济制度更具活力的制度安排。

其次，要从经济增长原动力出发，研究中国国企在中国产业大发展中的重要作用。研究当今世界的新经济变革，应该充分吸收当代最新经济研究成果，以深化认识国有企业在中国经济振兴中的重要作用。新经济增长理论认为，在知识经济时代，知识成为经济增长的主要源泉。落后地区和国家对发达国家的经济追赶，关键在于知识的追赶。从发达国家获取知识溢出，一度成为知识追赶的主要途径。新中国成立以来，我们从"一穷二白"发展到全球第二大经济体，知识从何而来？新中国成立后的两次经济大飞跃，也伴随着两次产业知识的大流入。20 世纪 50 年代，中国依靠从苏联获取的知识溢出，创建了大量的国有企业，再由这些国有企业将新获得的产业知识溢出到其他企业，从而使我国基本建成了较为完整的国民经济体系。20 世纪 80 年代到 90 年代，产业发展所需知识主要依赖从西方获取知识溢出。改革开放初期，中国的非公经济非常弱小，此时的国有企业义无反顾，事实上担当起了中国获取知识溢出的重任。通过引进技术、设备、人才，派人出国考察和学习培训以及创建合资合作企业等方式方法，中国获取了不少先进的产业知识。同时，由于国有企业的特殊性，当时大量人才流动，又将这些知识在中国加速溢出。当时，绝大多数民营或乡镇企业的创业者、中高级管理人员和技术骨干，都来源于国有或集体企业。正是由于国有企业在中国两次知识大飞跃中，充当了国外先进知识溢出的吸收者和二次溢出者，成为国外先进知识在中国传播的放大器和加速器，使得中国社会快速获取了产业发展所需的知识，夯实了中国经济腾飞的基础。从这个意义上看，中国的国有企业是中国经济发展的知识创造者、引进者与传播者。

　　第三，要站在中国特色社会主义理论角度，特别是中国还处于社会主义初级阶段的论述，来研究中国国有企业在国民经济发展中的独特作用。中国当前虽然是全球第二大经济体，但产业严重低值化、低端化。中华民族的伟大复兴，首先建立在中国产业的大发展、大升级上，必须有一大批具有全球产业竞争能力的世界级的企业。为此，要站在全球产业竞争高度，看待国企在中国经济发展中的重要作用。国企在中国过去、现在的产业发展中，都是中国民族产业在国际竞争中的排头兵、领头羊，是中国经济崛起的标杆。中国国有企业在载人航天、绕月探测、高速动车、特高压电网、青藏铁路、三峡工程、西气东输、南水北调、重要 IT 产品制造等关键技术和重大工程攻关中发挥着不可替代的重要作用。如北京京东方科技公司，通过引进消化吸收再创新，2005 年建设起国内第一家液晶面板企业。在严峻的国际竞争下，投产一年后，其主导产品价格从 320 美元，降低到 125 美元，现金流缺口巨大，面临倒闭危机。但在北京市及各地政府的共同支持下，经过 8 年的漫漫经营巨亏之路，于 2013 年起实现了经营性盈利，成为民族面板显示产业的领头羊，并为中国消费者创造了巨大的“消费者剩余”。未来，中国国企还必须继续高举民族产业大旗，成为中国民族产业在国际产业竞争中的排头兵、探路者、领头羊。从世界经济发展的历史来看，为数众多的经济体凭借庞大的国有经济部门取得其经济成功，而许多不成功的经济体的国有经济部门却非常之小。比如，新加坡、奥地利、法国、挪威和西德等都有为数庞大的国有经济部门，且运作很好。世界知名的新加坡航空、法国雷诺汽车、巴西航空工业公司、韩国浦项钢铁都是以国有企业起家的，至今仍是各国经济发展的重要领头羊。

第四，要站在民族自立与国家经济安全的视角，研究国企的重要作用。中国作为一个处于初级阶段的社会主义大国，还存在许多敌对势力。中华民族要自立于世界民族之林，首先要自给自强。中国的国企在过去和现在都在民族自立和国家经济安全方面（落实国家宏观调控政策、应对国际金融危机、处理各类突发事件、抗击重大自然灾害、保障国家重大活动和维护经济社会稳定等），发挥着中流砥柱的作用，这是新中国成立以来中国社会自立自强的重要保障。未来，中国国企改革也必须站在民族自立和国家经济安全的高度，国企仍将是中国国家经济安全与自立的重要保障者。

综上，提出中国国有企业至少应有的三大定位：一是中国经济发展的知识创造、引进与传播者；二是中国民族产业全球竞争排头兵、领头羊；三是中国国家经济安全与自立的重要保障者。正是因为国有企业在中国经济社会中的以上三大角色，成就了中国改革开放以来的伟大经济奇迹。在未来对国企的全面深化改革中，应该以这三大定位为基础，制定改革方案，形成中国特色社会主义的国有经济体系。中国国企必须担当起产业报国的民族大任、科技强国的伟大理想、安全稳定的社会责任和保值增值的企业义务。

（作者分别为：北京市国有企业监事会主席，国务院国资委研究中心助理研究员）

附　表

附表 1　中国知识溢出水平指标标准化数据

年份	实际利用外资额/万美元	进口总额/亿元	出口总额/亿元	对外劳务合作年末在外人数/人
1984	−1.390 88	−0.861 27	−0.8601	−1.376 59
1985	−1.338 26	−0.844 86	−0.855	−1.391 33
1986	−1.258 41	−0.838 67	−0.848 91	−1.423 53
1987	−1.235 47	−0.835 69	−0.840 26	−1.353 11
1988	−1.186 08	−0.824 33	−0.833 64	−1.309 99
1989	−1.1907	−0.8206	−0.829 42	−1.291 98
1990	−1.184 33	−0.810 96	−0.806 46	−1.330 19
1991	−1.149 11	−0.789 73	−0.787 69	−1.154 41
1992	−0.936 15	−0.762 84	−0.768 75	−0.9508
1993	−0.3861	−0.723 11	−0.755 18	−0.8127
1994	−0.267 69	−0.620 78	−0.640 62	−0.5212
1995	−0.130 71	−0.592 76	−0.595 35	−0.294 11
1996	0.055 04	−0.579 65	−0.592 57	−0.181 12
1997	0.3224	−0.573 23	−0.534 94	0.031 23
1998	0.1595	−0.577 88	−0.533 53	0.060 16
1999	−0.0047	−0.523 54	−0.512 66	0.255 04
2000	0.181 75	−0.3973	−0.412 86	0.488 68

年份	实际利用外资额/万美元	进口总额/亿元	出口总额/亿元	对外劳务合作年末在外人数/人
2001	-0.087 87	-0.358 15	-0.381 87	0.7365
2002	0.060 78	-0.248 17	-0.272 06	0.713 03
2003	0.092 21	0.003 29	-0.063 77	0.818 39
2004	0.313 05	0.318 47	0.222 03	0.762 16
2005	0.305 61	0.5203	0.5241	0.758 34
2006	0.396 68	0.754 71	0.857 49	1.066 76
2007	0.710 25	1.010 23	1.213 57	1.229 98
2008	1.181 16	1.170 56	1.365 92	1.0226
2009	1.085 13	0.889 68	0.956 34	0.930 71
2010	1.5589	1.561 26	1.513 73	1.038 89
2011	1.806 05	2.036 66	1.875 41	1.138 86
2012	1.683 44	2.078 88	2.011 86	1.2325
2013	1.834 53	2.239 47	2.185 19	1.107 21

附表 2　中国知识溢出水平主成分分析结果

年份	知识溢出水平	知识溢出水平增长率/%
1984	−2.062 37	—
1985	−2.034 28	1.362 082
1986	−2.0055	1.414 888
1987	−1.958 17	2.359 986
1988	−1.907 61	2.581 966
1989	−1.898 09	0.499 273
1990	−1.896 82	0.066 598
1991	−1.783 87	5.954 861
1992	−1.572 82	11.831 25
1993	−1.229 77	21.811 13
1994	−0.944 19	23.221 85
1995	−0.745 43	21.050 74
1996	−0.601 19	19.3506
1997	−0.352 33	41.394 82
1998	−0.417 15	−18.3986
1999	−0.372 52	10.699 43
2000	−0.076 51	79.460 71
2001	−0.060 06	21.505 85
2002	0.101 52	269.0377
2003	0.377 27	271.6202
2004	0.735 847	95.045 27
2005	0.965 716	31.238 63
2006	1.409 688	45.973 44

年份	知识溢出水平	知识溢出水平增长率/%
2007	1. 913 767	35. 758 17
2008	2. 187 82	14. 320 08
2009	1. 7802	−18. 6313
2010	2. 622 637	47. 322 59
2011	3. 172 767	20. 976 22
2012	3. 240 291	2. 128 236
2013	3. 411 152	5. 273 021

参考文献

[1] ACS Z, ANSELIN L, VARGA A. Enterpreneurship, geographic spillovers and university research: a spatial econometric approach [J]. Zoltan acs, 1997.

[2] ACS Z, AUDRESTCH D B, FELDMAN M. R&D spillovers and recipient firm size [J]. The review of economics and statistics, 1994, 76: 336-340.

[3] ALMEIDA P, KOGUT B. Localization of knowledge and the mobility of engineers in regional networks [J]. Management science, 1999, 45 (7): 905-917.

[4] ALWYN Y. Learning by doing and the dynamic effects of international trade [J]. Quarterly journal of economics, 1991, 106 (2): 369-405.

[5] ANGEL D L F. Convergence across countries and regions: theory and empirics [J]. Social science electronic publishing, 2000, 5 (2): 25-46.

[6] ANSELIN L, VARGAA, ACS Z. Local geographic spillovers between university research and high technology innovations [J]. Journal of urban economics, 1997, 42 (3): 422-448.

[7] ARROW K J. The economic implications of learning by doing [J]. Review of economic studies, 1962, 29 (3): 155-173.

[8] ARROW K J. The five most significant developments in economics of the twentieth century [J]. The European journal of the history of economic thought, 2001, 8 (3): 298-304.

[9] ATKINSON A, STIGLITZ J. A new view of technological change [J]. Economic journal, 1969, 79 (315): 573-578.

[10] AUDRETSCH D, FELDMAN M. R&D Spillovers and the geography of pro-

duction [J]. American economic review, 1996, 86 (3): 630-640.

[11] BARRO R J, SALA-I-MARTIN X. Converge [J]. Journal of political economy, 1992, 100 (2): 223-251.

[12] BARRO R J, SALAIMARTIN X. Convergence across States and Regions [J]. Brookings Papers on Economic Activity, 1991, 22 (1): 107-182.

[13] BARRO R J, SALA-I-MARTIN X. Economic growth [M]. New York: McGraw Hill companies, inc. , 1995.

[14] BEN-DAVID D. Convergence clubs and diverging economies [M]. Centre for Economic Policy Research, 1994.

[15] BERNARD A B, DURLAUF S N. Convergence in international output [J]. Journal of applied econometrics, 1995, 10 (2): 97-108.

[16] BLACK D, HENDERSON V. A Theory of urban growth [J]. Journal of political economy, 1999, 107 (2): 252-284.

[17] BLOMSTRÖM M, KOKKO A. Multinational corporations and spillovers [J]. Journal of economic surveys, 1998, 12 (3): 247-277.

[18] BORTS G H. The equalization of returns and regional economic growth [J]. American economic review, 1960, 50 (3): 319-347.

[19] CANIËLS, MARJOLEIN C J. Knowledge spillovers and economic growth: regional growth differentials across Europe [M]. Cheltenham: Edward Elgar Publishing, 2000.

[20] CHEN J, FLEISHER B M. Regional income inequality and economic growth in China [J]. Journal of comparative economics, 1996, 22 (2): 141-164.

[21] COHEN W, LEVINTAHAL D. Absorptive capacity: a new perspective on learning and innovation [J]. Administrative science quarterly, 1990, 35 (1): 128-152.

[22] COSTA M, IEZZI S. Technology spillover and regional convergence process: a statistical analysis of the Italian case [J]. Statistical methods & applications, 2004, 13 (3): 375-398.

[23] COULOMBE S, LEE F. Convergence across Canadian provinces, 1961 to 1991 [J]. The Canadian journal of economics, 1995, 28 (4a): 886-898.

[24] COWAN R, DAVID P A, FORAY D. The explicit economics of knowledge codification and tacitness [J]. Industrial and corporate change, 2000, 9 (2): 211-253.

[25] DORNBUSCH R, FISHER S, STARTZ R. Macroeconomics [M]. 7th ed. New York: The McGraw-Hill companies, inc. , 1998.

[26] DOSI G. Sources, procedures, and microeconomic effects of innovation [J]. Journal of economic literature, 1988, 26 (3): 1120-1171.

[27] ECKHARDT B. The spatial pattern of localized R&D spillovers: an empirical investigation for Germany [J]. Journal of economic geography, 2003 (1): 43-64.

[28] ENGLMANN F C, WALZ U. Industrial-centers and regional growth in the presence of local inputs [J]. Journal of regional science, 2010, 35 (1): 3-27.

[29] FAGERBERG J. Technology and international differencesin growth rates [J]. Journal of economic literature, 1994 (32): 1147- 1175.

[30] FAGERBERG J. "Why Growth Rates Differ" [A]. Technical Change and Economic Theory [C]. London: Edward Elgar, 1998.

[31] FALLAH M H, IBRAHIM S. Knowledge spillover and innovation in technological clusters [J]. Proceedings, IAMOT 2004 Conference, At: Washington, DC, 2004.

[32] FULLER R B. Critical path [M]. New York: St. Martin's Griffin, 1981.

[33] GILL I, KHARAS H, BHATTASALI D, et al. An east Asian renaissance: ideas for economic growth [J]. World bank publications, 2007, 22 (2): 57-59.

[34] GLAESER E L, SAIZ A. The rise of the skilled city [R]. National Bureau of Economic Research, 2003.

[35] GREGORY M N, DAVID R, WEIL D N. A contribution to the empirics of e-

conomic growth [J]. Quarterly journal of economics, 1992 (2): 407-437.

[36] GRILICHES Z. Issues in assessing the contribution of R&D to productivity [J]. The Bell journal of economics, 1979, 10 (1): 92-116.

[37] GROSSMAN G M, HELPMAN E. Trade, knowledge spillovers, and growth [J]. European economic review, 1991, 35 (2): 517-526.

[38] Henderson J V, Wang H G. Urbanization and city growth [D]. Providence: Brown University, 2006.

[39] HÄGERSTRAND T. Survival and arena: on the life-history of individuals in relation to their geographical environment [M]. [S. l.]: [s. n.], 1975.

[40] HUDSON J. Diffusion in a central place system [J]. Geographical analysis, 1969, 1 (1): 45-58.

[41] JAFFE A B, HENDERSON T R. Geographic localization of knowledge spillovers as evidenced by patent citations [J]. Quarterly journal of economics, 1993, 108 (3): 577-598.

[42] JAFFE A B. The real effects of academic research [J]. American economic review, 1989, 79 (5): 957-970.

[43] JAFFE A B, TRAJTENBERG M. Patents, citations, and innovations: a window on the knowledge economy [M]. Cambridge: MIT Press, 2002.

[44] JAMES P. Spatial Econometrics Modeling of Spillovers [R]. 2004, 5.

[45] JAYARAMAN V, BHATTI M I, SABER H. Towards optimal testing of an hypothesis based on dynamic technology transfer model [J]. Applied mathematics & computation, 2004, 147 (1): 115-129.

[46] JONES C I. On the evolution of the world income distribution [J]. Journal of economic perspectives, 1997, 11 (3): 19-36.

[47] KALDOR N. The scourge of monetarism [J]. Economic journal, 1982, 93 (370). 134-159.

[48] KALDOR N. The Scourge of Monetarism [M]. 2nd ed. Oxford: Oxford University Press, 1985

[49] KANGASHARJU A. Relative economic performance in finland: regional convergence, 1934-1993 [J]. Regional studies, 1999, 33: 207-217.

[50] KEILBACH M. Spatial knowledge spillovers and the dynamics of agglomeration and regional growth [J]. Contributions to economics, 2000. DOI: 10. 1007/978-3-642-57698-0.

[51] KELLER W. Trade and the transmission of technology [J]. Journal of economic growth, 2002, 7 (1): 5-24.

[52] KHARAS H. China's transition to a high income economy: escaping the middle income trap [J]. The brookings institution, 2009.

[53] KRUGMAN P. Development, geography and economic theory [M]. Cambridge: MIT Press, 1995.

[54] KURZWEI R. The law of accelerating returns [M] // TEUSCHER C. Alan Turing: Life and Legacy of a Great Thinker. Berlin: Springer, 2001.

[55] LANT P. Divergence, big time [J]. The journal of economic perspectives, 1997, 11 (3): 3-17.

[56] LUCAS J R, ROBERT E. On the mechanics of economic delopment [J]. Journal of monetary economics, 1988, 22 (1): 3-42.

[57] MACDOUGALL G D A . The benefits and costs of private investment from a-broad: a theoretical approach [J]. Economic record, 1960, 36 (73): 13-35.

[58] MACHLUP F. Knowledge and knowledge production [M]. Princeton: Princeton University Press, 1980.

[59] MARSHALL A. Principles of economics [M]. London: Macmillan, 1890.

[60] MARTIN P. The Role of public policy in the process of regional convergence [J]. EIB papers 2000, 5 (2): 69-79.

[61] MARTIN R, SUNLEY P. Slow convergence? the new endogenous growth theory and regional development [J]. Economic geography, 1998, 74 (3): 201-227.

[62] MASSOUD K, PAUL S. Handbook of the economics of innovation and technological change [M]. New Jersey: Wiley-Blackwell, 1995.

[63] MAURO L, PODRECCA E. The case of Italian regions: convergence or dualism [J]. Economic notes, 1994, 23 (3): 447-472.

[64] MICHEAL POLYANI. Personal Knowledge: The Tacit Dimension [M]. London: Rutledge & Kegan, 1966.

[65] MILLWARD R. The comparative performance of public and private ownership [J]. The Mixed Economy, 1982. DOI: 10. 1007/978-1-349-07419-8_4.

[66] MORRILL R. Waves of spatial difusion [J]. Journal of regional science, 1968 (8): 1-19.

[67] MOSES A. Catching up, forging ahead and falling behind [J]. Journal of economic history, 1986, 46 (2): 385-406.

[68] MOSES A. Thinking about growth: and other essays [M]. Cambridge: Cambridge University Press, 1989.

[69] MYRDAL G. The Economic Theory and the Underdevelopped Regions [C] //Aps April Meeting. APS April Meeting Abstracts, 1957.

[70] NICHOLAS K. Further essays on economic theory [M]. London: Holmes & Meier Pub, 1978.

[71] NONAKA, TAKAUCHI. The knowledge-creating company: how Japanese companies create the dynamics of innovation [M]. Oxford: Oxford University Press, 1995.

[72] OHNO K. Avoiding the middle-income trap: renovating industrial policy formulation in Vietnam [J]. ASEAN economic bulletin, 2009, 26 (1): 25-43.

[73] O'LEARY E. Convergence of Living Standards Among Irish Regions: The Roles of Productivity, Profit Outflows and Demography, 1960-1996 [J]. Regional Studies, 2001, 35 (3): 197-205.

[74] PAUL KRUGMAN. The self-organizing economy [M]. New Jersey: Black-

well Publishers, 1996.

[75] POSNER M V. International trade and technical change [J]. Oxford economic papers, 1961, 13: 323-341.

[76] RAMO J C. The Beijing consensus [J]. le monde diplomatique, 2004.

[77] REBELO S. Long run policy analysis and long run growth [J]. Journal of political economy, 1991, 99 (3): 500-521.

[78] REY S J, MONTOURI B D. US regional income convergence: a spatial econometric perspective [J]. Regional studies, 1999, 33: 143-156.

[79] RICHARDSON H W. Regional growth theory [M]. London: Palgrave Macmillan, 1973.

[80] ROMER P M. Endogenous technological change [J]. Journal of political economy, 1990, 98 (5): 71-102.

[81] ROMER P M. Increasing returns and long-run growth [J]. Journal of political economy, 1986, 94 (5): 1002-1037.

[82] ROSENBERG N. Why do firms do basic research (with their own money)? [J]. Research policy, 1990, 19 (2): 165-174.

[83] ROSTOW W W. The stages of economic growth : a non-communist manifesto [M]. 3rd ed. Cambridge: Cambridge University Press, 1991.

[84] SCHUMPETER J A, BACKHAUS U, VOLKSWIRT D, et al. The theory of economics development [J]. Journal of political economy, 1934, 1 (2): 170-172.

[85] SHIRLEY M, WALSH P. Public versus private ownership: the current state of the debate [R]. World Bank Policy ResearchSeries, 2000.

[86] SIRIOPOULOS C, ASTERIOU D. Testing for convergence across the Greek regions [J]. Regional studies, 1998, 32 (6): 537-546.

[87] SOLOW R M. A contribution to the theory of economic growth [J]. The quarterly journal of economics, 1956, 70 (1): 65-94.

[88] SPENDER J C. Competitive advantage from tacit knowledge? unpacking the

concept and its strategic implications [J]. Academy of management proceedings, 1993, 1993 (1): 37-41.

[89] TSIONAS, EFTHYMIOS G. Productivity convergence in Europe [J]. Eastern economic journal, 2000, 26 (3): 297.

[90] VERSPAGEN B. A new empirical approach to catching up or falling behind [J]. Structural change and economic dynamics, 1991, 2 (2): 359-380.

[91] VERSPAGEN B. Technological and social factors in long term fluctuations [A]. Lecture notes in economics and mathematical systems, 1993.

[92] WORLD BANK. World Development Report 1998/1999: Knowledge for Development [M]. New York: Oxford University Press, 1998.

[93] YOUNG A. The tyranny of numbers: confronting the statistical realities of the east Asian growth experience [J]. Quarterly journal of economics, 1995, 110 (3): 641-680.

[94] ZAHRA S A, GEORGE G. Absorptive capacity: a review, reconceptualization, and extension [J]. The academy of management review, 2002, 27 (2): 185-203.

[95] ZOLTAN J A. Geography, endogenous growth, and innovation [J]. International regional science review, 2002 (1): 132-148.

[96] 蔡昉, 都阳. 中国地区经济增长的趋同与差异: 对西部开发战略的启示 [J]. 经济研究, 2000 (10): 30-37, 80.

[97] 蔡昉. "中等收入陷阱" 的理论、经验与针对性 [J]. 经济学动态, 2011 (12): 4-9.

[98] 蔡杰, 龙志和. 知识溢出研究的比较分析 [J]. 科技进步与对策, 2007, 24 (9): 91-93.

[99] 陈傲, 柳卸林, 程鹏. 空间知识溢出影响因素的作用机制 [J]. 科学学研究, 2011, 29 (6): 883-889.

[100] 陈涛涛. 影响中国外商直接投资溢出效应的行业特征 [J]. 中国社会科学, 2003 (4): 33-43, 204.

[101] 樊明大. 新经济理论和政策 [N]. 中国经济时报, 2001-01-03.

[102] 高伟. 中等收入陷阱假说 [J]. 人民论坛, 2010 (13): 12-13.

[103] 格罗斯曼, 赫尔普曼. 全球经济中的创新与增长 [M]. 北京: 中国人民大学出版社, 2003.

[104] 侯贵松. 知识管理与创新 [M]. 北京: 中国纺织出版社, 2002.

[105] 侯汉平, 王浣尘. R&D 知识溢出的效应模型分析 [J]. 系统工程理论与实践, 2001, 21 (9): 29-32.

[106] 胡鞍钢. 知识与发展: 中国新的追赶策略: 写于建国 50 周年 [J]. 管理世界, 1999 (6): 7-24.

[107] 胡鞍钢. 中国如何跨越 "中等收入陷阱" [J]. 当代经济, 2010 (5): 7-8.

[108] 胡乃武, 金碚. 国外经济增长理论比较研究 [M]. 北京: 中国人民大学出版社, 1990.

[109] 贾兴梅, 李玖蓉. 知识溢出对创新者的影响: 基于产品生命周期视角的分析 [J]. 沿海企业与科技, 2010 (9): 40-43.

[110] 经济合作与发展组织 (OECD). 以知识为基础的经济 [M]. 杨宏进, 薛澜, 译. 北京: 机械工业出版社, 1997.

[111] 库姆斯, 萨维奥带, 沃尔什. 经济学与技术进步 [M]. 北京: 商务印书馆, 1991.

[112] 库兹韦尔. 奇点临近 [M]. 李庆诚, 董振华, 田源, 译. 北京: 机械工业出版社, 2011.

[113] 赖明勇, 包群. 关于技术外溢与吸收能力的研究综述: 外商直接投资理论研究新进展 [J]. 经济学动态, 2003 (8): 75-79.

[114] 李长玲. 知识存量及其测度 [J]. 情报杂志, 2004 (7): 65-66.

[115] 李富强, 关忠良, 张景曾, 等. 知识经济与信息化 [M]. 北京: 社会科学文献出版社, 1998.

[116] 李顺才, 邹珊刚, 苏子仪. 一种基于永续盘存的知识存量测度改进模型 [J]. 科学学与科学技术管理, 2003 (9): 13-15.

[117] 林毅夫, 董先安, 殷韦. 技术选择、技术扩散与经济收敛 [J]. 财经问题研究, 2004 (6): 3-10.

[118] 刘丽, 王铮, 王莹, 等. 中国东中西部 GDP 溢出再分析 [J]. 中国管理科学, 2003, 11, 6: 81-85.

[119] 刘木平, 舒元. 我国地区经济的收敛与增长决定力量: 1978—1997 [J]. 中山大学学报 (社会科学版), 2000 (5): 11-16.

[120] 路风. 光变: 一个企业及其工业史 [M]. 北京: 当代中国出版社, 2016.

[121] 马丁. 地方劳动力市场: 本质、表现与管制, 牛津经济地理学手册 [M]. 北京: 商务印书馆, 2005.

[122] 马克. 高度警惕 "中等收入陷阱" [J]. 人民论坛, 2010 (19): 31.

[123] 梅多斯, 兰德斯, 梅多斯. 增长的极限 [M]. 李涛, 王智勇, 译. 北京: 机械工业出版社, 2006.

[124] 孟亮, 宣国良, 王洪庆. 国外 FDI 技术溢出效应实证研究综述 [J]. 外国经济与管理, 2004, 26 (6): 36-40.

[125] 孟巧爽, 李乐逸, 王艺萌. 企业基础研究的知识溢出效应研究 [J/OL]. 科学学研究: 1-18 [2024-06-15]. https://doi.org/10.16192/j.cnki.1003-2053.20231016.002.

[126] 潘士远, 史晋川. 知识吸收能力与内生经济增长: 关于罗默模型的改进与扩展 [J]. 数量经济技术经济研究, 2001, 11: 82-85.

[127] 蒲勇健, 杨秀苔. 人力资本增长与新产品开发: 一种修正的 Romer 内生经济增长模型 [J]. 重庆大学学报 (社会科学版), 2000, 6 (2): 48-52.

[128] 戚聿东, 褚席. 数字经济发展、经济结构转型与跨越中等收入陷阱 [J]. 财经研究, 2021, 47 (7): 18-32.

[129] 沈坤荣, 马俊. 中国经济增长的 "俱乐部收敛" 特征及其成因研究 [J]. 经济研究, 2002 (1): 33-39, 94-95.

[130] 沈志华. 新中国建立初期苏联对华经济援助的基本情况 (上): 来自中

国和俄国的档案材料［J］．俄罗斯研究，2001（1）：53-66.

［131］沈志华．新中国建立初期苏联对华经济援助的基本情况（下）：来自中国和俄罗斯的档案材料［J］．俄罗斯研究，2001（2）：49-58.

［132］宋学明．中国区域经济发展及其收敛性［J］．经济研究，1996（9）：38-44.

［133］隋晓锋．FDI 行为机制、知识溢出约束条件与发展中国家经济增长［D］．武汉：武汉大学，2014.

［134］孙兆刚．知识溢出的发生机制与路径研究［D/OL］．大连：大连理工大学，2006［2024-07-01］．https：//kns.cnki.net/kcms2/article/abstract？v=0rU-DchPtss891rST5BzifZOioyADt0yjnlwkegkcUA6RCrwzzQa3FR-Zu-BuKhd4yf P7ot5u4CAEHJ_QgyqEA-t3aSXSvpxxBi91fsM31OUEvXNY_cwpj-EEt_nEInQJk7Cl2YqxLq7EwQa0DxDFNbZ7Uky4pGFJ&uniplatform = NZKPT&language = CHS.

［135］王安宇，司春林，陈志洪．技术进步内生化理论进展及启示［J］．研究与发展管理 2001，13（3）：19-24.

［136］王娟茹，赵嵩正，杨瑾．基于知识溢出和吸收能力的知识联盟动态模型［J］．中国管理科学，2005，13（1）：107-111.

［137］王一鸣．跨越"中等收入陷阱"的战略选择［J］．中国投资（中英文），2011（3）：6.

［138］王玥，姜蓉．屏之物联："穿越周期"企业如何实现战略升维［M］．北京：中信出版社，2023.

［139］王铮，马翠芳，王莹，等．区域知识溢出的空间认识［J］．地理学报，2003，58（5）：773-780.

［140］吴文学，韩伯棠．知识生产效率不足是中等收入陷阱形成的根本原因［J］．财政研究，2014（12）：75-78.

［141］吴文学，祁金利．自主知识创新是中国经济未来增长的主要动力［J］．中国特色社会主义研究，2014（3）：38-43.

［142］吴延兵．R&D 存量、知识函数与生产效率［J］．经济学（季刊），2006

（3）：1129-1156.

[143] 谢建国，吴国锋．FDI 技术溢出的门槛效应：基于 1992—2012 年中国省际面板数据的研究 [J]．世界经济研究，2014（11）：74-79，89.

[144] 徐康宁．"中等收入陷阱"：一个值得商榷的概念 [N]．中国社会科学报，2012-03-26（B2）．

[145] 许晓雯，杨鹏，蔡虹．我国区域 R&D 投入分析及知识存量研究 [J]．科学管理研究，2005，23（6）：102-104.

[146] 杨志锋，邹珊刚．知识资源、知识存量和知识流量：概念、特征和测度 [J]．科研管理，2000，21（4）：105-111.

[147] 尹静．边干边学和人力资本内生化的内生经济增长模型 [J]．世界经济文汇，2003（1）：30-43.

[148] 张可云，王裕瑾．区域经济 β 趋同的空间计量检验 [J]．南开学报（哲学社会科学版），2016（1）：89-96.

[149] 张胜，郭军，陈金贤．中国省际长期经济增长绝对收敛的经验分析 [J]．世界经济，2001（6）：67-70.

[150] 赵勇，白永秀．知识溢出：一个文献综述 [J]．经济研究，2009，44（1）：144-156.

[151] 郑秉文．"中等收入陷阱"与中国发展道路：基于国际经验教训的视角 [J]．中国人口科学，2011（1）：2-15，111.

[152] 郑德渊，李湛．R&D 的溢出效应研究 [J]．中国软科学，2002（9）：77-81.

[153] 中国经济增长与宏观稳定课题组，张平，刘霞辉，等．劳动力供给效应与中国经济增长路径转换 [J]．经济研究，2007（10）：4-16.

[154] 中国社会科学院，中央档案馆．1953—1957 中华人民共和国经济档案资料选编：固定资产投资和建筑业卷 [M]．北京：中国物价出版社，1998.

[155] 中国社会科学院，中央档案馆．1949—1952 中华人民共和国经济档案资料选编：基本建设投资和建筑业卷 [M]．北京：中国城市经济社会

出版社，1989.

[156] 朱保华．新经济增长理论［M］．上海：上海财经大学出版社，1999.

[157] 朱美光，韩伯棠．空间知识溢出与中国区域经济增长的研究框架［J］.
科技进步与对策，2005，22（10）：18-20.

[158] 朱美光，韩伯棠，祁立伟．云南省科技企业孵化器发展研究［J］．科技
成果纵横，2005（2）：10-13.

[159] 朱美光，韩伯棠，徐春杰，等．知识溢出与高新区科技人力资源流动研
究［J］．科学学与科学技术管理，2005（5）：100-104.

[160] 朱美光．云南省区域科技竞争力模糊评判指标设计及测度方法研究
［J］．经济体制改革（增刊1），2005，5：244-247.

[161] 朱锡庆．中国经济发展的知识来源［J］．北京大学学报（哲学社会科
学版），2008（6）：115-122.

[162] 朱勇．新增长理论［D］．北京：中国人民大学，1998.

致　谢

谨将此书献给我亲爱的母亲，祝母亲88岁生日快乐！

感谢我的博士生导师韩伯棠教授，本书的理论创新是在韩老师的悉心指导下完成的。特别感谢韩老师将我带入知识溢出的研究领域，使我在当今知识经济时代下，找到了一个全新的"望远镜"，去观察世界经济与社会的发展，去观察和分析中国的经济与社会的发展。

感谢韩磊同志在实证分析中给予的大力帮助，感谢丁韦娜同志给我提供了大量的实证数据，感谢袁也同志在数据更新方面给予的大力帮助，感谢王曷灵同志对本书出版给予的宝贵意见和建议！

感谢科学技术文献出版社的丁坤善社长、李蕊主任以及崔静、韩晶等编辑部的同志在成书过程中的辛勤付出与支持！

感谢我的妻子在成书过程中给予我的宝贵意见、建议及多方支持！

对所有给予我支持和帮助的朋友们再次表示衷心感谢！